생사 해탈의 관문

선문촬요

禪 門 撮 要

생사 해탈의 관문
선문촬요
禪門撮要

1판 1쇄 펴낸 날 2012년 11월 7일
1판 2쇄 펴낸 날 2013년 1월 12일
2판 1쇄 펴낸 날 2016년 7월 18일

편저 혜암당 현문대선사 **한역** 묘봉 운륵선사 **엮음** 건우회
발행인 김재경 **기획·편집** 김성우 **디자인** 최정근 **마케팅** 권태형 **제작** 대명인쇄

펴낸곳 도서출판 비움과소통 서울시 구로구 구로동 487-36번지 1층 **전화** (02)2632-8739
팩스 0505-115-2068 **이메일** buddhapia5@daum.net **트위터** @kjk5555 **페이스북 ID** 김성우
홈페이지 http://blog.daum.net/kudoyukjung **출판등록** 2010년 6월 18일 제318-2010-000092호

ⓒ 건우회, 2012
ISBN : 979-11-6016-002-4 03220

책값은 뒤표지에 표시되어 있습니다.
잘못된 책은 교환해 드립니다.
이 책은 저작권법에 따라 보호받는 저작물이므로 무단전재와 복제를 금지하며,
이 책 내용의 일부를 이용할 때도 반드시 지은이와 본 출판사의 서면동의를 받아야 합니다.
불교 또는 동양고전, 자기계발, 경제·경영 관련 원고를 모집합니다.
※ 사찰 및 불교단체의 법보시용 불서 제작해 드립니다.

생사 해탈의 관문
선문촬요
禪門撮要

편서 혜암당현문대선사
한역 묘봉운록선사
엮음 견우회

비움과소통

| 서문 |

황금닭이 새벽녘 봄소식 알리네

이제 세계 속에 꽃 – 바람 – 향기 되어 法音(법음)은 널리 널리 흩어 퍼지리라.

꽃망울 가지마다 솔솔바람 불어오니

十方(시방) 세계 가득히 香雲(향운)으로 뒤덮히네.

뉘 있어 西洋(서양)의 初祖(초조)가 되었던가?

황금 – 닭이 새벽녘 봄소식 알리네.

老(노)스님!

"心月(심월)은 相照(상조) 한다." 일러 주셨지만, 겨우 눈 – 뜬 젖먹이들을 이렇듯 훌쩍 떠나실 수 있으리오?

모질고 험악하여 있는 공부도 사라지고,

미혹하고 어리석어 길이 없음을 한탄하니

뼈를 부수고 살을 오려내며 피를 토해 가르치신 은혜는 남의 일처럼 되었습니다.

공부하는 중은 없고 琢磨(탁마)하는 수좌는 자취도 없으며, 祖位(조위)나 탐내고 求名 愛利(구명 애리)하는 徒輩(도배)들로 叢林(총림)을 덮으니, 염려하시든 그대로이며 한탄하시든 그대로라.

어찌할꼬, 어찌할꼬, 답답할 뿐입니다.

다시 여쭈오니

스님! 지금 어디에 게시나이까?

문득 소스라치며 놀라 깨어보니

삼십년 그때 그 일이 겨우 오늘임을 알겠더이다.

滿空(만공)스님께서 自讚(자찬)하시되;

我不離汝 汝不離我

未審 復是何物?

나는 너를 여의지 못하고, 너는 나를 여의지 못하니

아지 못할 손 다시 이 무슨 물건이든고? 앗!

하시니,

혜암 노선사께서 여기에 거량하여

汝是非汝汝 我是非我我
我與汝無二 則是本汝我

너는 너라는 그 네가 아니요, 나는 나라는 그 내가 아니로다.
나와 너 둘이 없는 그 곳에 즉시 본래의 너와 나로다.

하였으나,

나는(묘봉 운륵) 다시 이와 같이 擧揚(거량)하리라.

離汝汝無汝 離我我無我
無離無無二 何處本汝我

너라는 너를 여의고 네가 없으며
나라는 나를 여의고 나 또한 없도다.
여읠 것도 없고 둘 아닌 것도 없으니
본래의 너와 내가 어디 있으랴!

하겠다.

이제 見牛(견우)회 鶴松(학송) 거사께서
노 선사의 선문촬요를 다시 流布(유포)코자
緖言(서언)을 부탁하니 때맞추어 봄바람에 단비가 내림이라,
즐겁고 즐거우며 다행스럽고 반가운 요청 아니겠는가!
이에 緖(서)하였노라.

갑사(岬寺)에서 묘봉(妙峰) 쓰다
여래응화(如來應化) 2556년 9월

머리말

생사심(生死心) 깨뜨리는 선문(禪門)의 핵심 법문

　선문촬요(禪門撮要)는 한국 선종(禪宗)의 중흥조인 경허(鏡虛, 1849~1912)선사가 엮은 책으로, 중국과 한국불교 선문의 중요한 어록을 모은 것입니다.
　상권(上卷)에는 달마대사(達摩大師)의 혈맥론(血脈論)·관심론(觀心論)·사행론(四行論), 홍인대사(弘忍大師)의 최상승론(最上乘論) 등 중국 고승들의 저술이 실려 있으며, 하권에는 보조국사 지눌(知訥)의 수심결(修心訣), 진심직설(眞心直說), 권수정혜결사문(勸修定慧結社文), 간화결의론(看話決疑論), 천책의 선문보장록(禪門寶藏錄) 등 한국 고승들의 저술로 이루어져 있습니다.
　이번 어록편찬에는 방대한 내용을 다 싣지 못하고 달마혈맥론(達磨血脈論), 달마관심론(達磨觀心論), 보조수심결(普照修心訣), 보조진심직설(普照眞心

直說), 선경어(禪警語) 다섯 법문(法門)만 실었습니다.

　달마스님이 말씀하시기를 "내가 본래 이 땅에 온 것은 법을 전하여 미혹한 중생들을 구하려 함이니, 꽃 한 송이에 다섯 개의 잎이 열렸으니 그 열매 저절로 맺어지리라."

　혜가는 소림굴에 계시는 달마대사를 찾아가 "마음이 몹시 불안합니다. 마음을 편하게 해 주십시오" 라고 하니, 달마대사는 "불안한 마음을 가지고 오면 내가 너의 마음을 편안하게 해주겠다" 고 하였습니다. 이에 혜가는 "불안할 때마다 불안한 마음을 아무리 찾아도 찾을 수가 없습니다" 하자, 달마대사는 "벌써 너의 마음을 편안케 하였느니라." 하였습니다.

　혜가스님은 그때 큰 깨달음을 얻고, 달마 대사에 이어 중국 고대 선불교의 2대 조사가 되어 법맥을 잇게 됩니다.

　달마로부터 선법이 혜가(慧可), 승찬(僧璨), 도신(道信), 홍인(弘忍), 혜능(慧能)에 이어서 우리나라에 이르기까지 신라의 원효대사, 고려의 보조국사, 조선의 서산대사를 위시하여 이루 헤아릴 수 없는 많은 스님들이 정법(正法)의 선풍(禪風)을 떨치시었습니다.

　혜암현문(惠菴玄門, 1886~1985) 스님은 호서(湖西) 덕숭산(德崇山)의 대선지식(大善知識)이신 경허대종사(鏡虛 大宗師), 만공대선사(滿空 大禪師)로부터 면면히 이어져 내려오는 선풍을 계승한 선사입니다.

○ 경허(鏡虛) 선사 오도송(悟道頌)

忽聞人語無鼻孔 (홀문인어무비공)
頓覺三千是吾家 (돈각삼천시오가)
六月燕岩山下路 (유월연암산하로)
野人無事太平歌 (야인무사태평가)

홀연히 콧구멍 없다는 말을 듣고
비로소 삼천대천 세계가 내 집임을 깨달았네
유월 연암산 아래 길에서
나 일없이 태평가를 부르노라.

○ 만공(滿空) 선사 오도송(悟道頌)

응관법계성 일체법유심조를 외다가 법계성을 깨달아 다음과 같은 오도송을 읊으시었습니다.

空山理氣古今外 (공산이기고금외)
白雲淸風自去來 (백운청풍자거래)

何事達摩越西天(하사달마월서천)
鷄鳴丑時寅日出(계명축시인일출)

공산 이치가 다 고금 밖에 있고
흰 구름 맑은 바람 예부터 왔도다.
달마대사는 무슨 일로 서천을 넘었는가
닭은 축시에 울고 해는 인시에 뜨는구나.

○ 혜암(惠庵) 선사 오도송(悟道頌)

1911년 해담(海曇) 화상으로부터 구족계를 받았고, 1913년 성월(性月) 선사로부터 화두를 간택 받았습니다. 그 뒤 만공·혜월(慧月)·용성(龍城) 선사를 차례로 모시고 6년 동안 용맹정진하여 도를 깨닫고 오도송(悟道頌)을 지었습니다.

어묵동정 한 마디 글귀를(語默動靜句)
누가 감히 손댈 것인가(箇中誰敢着)
내게 동정을 여의고 한 마디 이르라면(問我動靜離)
곧 깨진 그릇은 서로 맞추지 못한다 하리라(卽破器相從).

선사는 그 뒤 묘향산 상원사 주지와 정선 정암사 주지를 역임하셨고, 1929년 수덕사 조실 만공 선사로부터 깨달음을 인정받아 전법게(傳法偈)를 받고 법통을 이어받았습니다.

구름과 산은 다름 없으나(雲山無同別)
또한 대 가풍도 없다(亦無大家風)
글자 없는 도장을(如是無文印)
그대 혜암에게 주노라(分付慧菴汝).

見牛會는 평소 혜암(惠菴)스님의 가르침을 받으면서 법어를 받은 불자가 중심이 되어 '상구보리 하화중생'의 터전을 더욱 확고히 할 수 있도록 혜암큰스님은 1985년 5월15일 見牛會(견우회)라는 이름을 하사하시고 다음과 같이 송을 읊어 주시었습니다.

一兎橫身堂古路(일토횡신당고로)
蒼鷹一見便生擒(창응일견변생금)
後來獵犬無靈性(후래엽견무영성)
空向古椿舊處尋(공향고춘구처심)

한 토끼가 몸을 비껴서 옛길에 드러나니
눈 푸른 매가 한번 보고 문득 날아 사로잡았다.
뒤에 온 사냥개가 성품에 신령함이 없어서
짐짓 고목의 둥지를 향해 옛 처소를 찾는구나.

世尊應化(세존응화: 불기) 2529년 5월 15일
湖西 德崇山人(호서 덕숭산인) 崔惠菴(최혜암)

○ 칠불통게(七佛通偈)

제악막작(諸惡莫作)하고 중선봉행(衆善奉行)하라.
자정기의(自淨其意)하면 시제불교(是諸佛敎)이니라.
온갖 악을 짓지 말고, 온갖 선을 받들어 행하라.
스스로 그 마음 깨끗이 하는 것, 이것이 모든 부처님의 가르침이니라.

사대를 빌려서 몸이라 하고 마음은 본래 없어 경계 따라 일어난다. 경계가 없으면 마음도 없어지나니 죄와 복이 요술 같아 일어나자 멸한다.
　혜암(惠菴) 선사께서 강조하신 말씀 중에 이런 법문이 있습니다.
　"공부를 하되 가장 긴요한 것은 '간절 절(切)' 자이니, '절' 자가 가장 힘이 있느니라. 간절하지 않으면 게으름이 생기고 게으름이 생기면 방종(放縱)이 이르지 않는 곳이 없으리라."

화두 참구는 선사와 제자 사이에 주고 받는 대화나 행동이기에 명안종사(明眼宗師)를 친참(親參)하여 공안을 타파하고 조사의 관문을 투과함에 있어 스승 없이 참구한다는 것은 불가능합니다. 그러기에 화두는 반드시 선지식으로부터 받아야 하며 점검도 그 스승으로부터 꼭 확인을 받아야 합니다. 역대 조사와 천하 선지식들은 한결같이 말씀하시기를 "스승 없이 홀로 깨닫기란 만(萬)에 하나도 드물다. 스승 없이 홀로 깨닫는 자는 천연외도(天然外道)"라고 하였습니다.

우리는 큰스님의 가르침을 받을 수 있기에 얼마나 다행한 줄 모르겠습니다. 특히 참구하는 과정에 큰스님께서 일일이 점검하여 주심에 감읍할 따름입니다. 화두는 '수미산(須彌山)' 공안을 투득하지 않고는 안 된다고 하셨습니다. 대혜스님도 조사 공안 천칠백 칙이 모두 운문 스님의 이 '수미산' 화두 하나에 근본을 두어 일어난 것이라 하였습니다.

'수미산' 화두를 타파하여도 계속 공(功)을 들여야 합니다. 공을 들이지만 공(功)들인다는 생각 없이 공들여야 합니다. 공들인다는 것은 주력하듯 해야 한다는 말입니다. 혜암선사님께서는 "나는 오십 년을 공(功)들였다. 이십 년은 별로 모르겠고 삼십 년 되니까 스승 없는 지혜가 나온다." 고 하셨습니다. 화두를 타파할 때 마다 특별히 강조하시는 말씀이 "공을 들여야 하고 결코 파설하면 안된다."는 말씀을 항상 강조하셨습니다.

"불도를 구하고자 할진댄 마땅히 어떤 법을 닦아야 가장 뚜렷하고 요긴하겠습니까?"

"오직 마음을 관(觀)하는 한 가지 법이 모든 행(行)을 포섭하나니, 이를 뚜렷하고도 요긴한 것이라 부르느니라. 삼계[三界]의 업보(業報)는 오직 마음에서 생긴 것이니, 마음을 깨달으면 삼계 안에서 삼계를 벗어나리라. 땅을 인해 넘어지면 땅을 인해 일어나거니, 땅이 너를 향해 무어라고 하겠는가?(因地而倒 因地而起 地向爾道什)

이 마음을 제하고는 따로이 부처를 찾을 수 없나니, 이 마음을 떠나서 보리(菩提)와 열반을 구한다는 것은 옳지 못하니라. 부처는 허물이 없건만 중생이 전도(顚倒)되어 자기의 마음이 곧 부처임을 깨닫지도 알지도 못하느니라. 자기의 마음이 부처인 줄 안다면 마음 밖에서 부처를 찾지 말지어다. 부처가 부처를 제도할 수 없는 것이니, 마음을 가지고 부처를 찾으면 부처를 알지 못하리라.

나고 죽는 일이 크니 헛되이 살아 버리지 말라. 진기한 보물이 산 같이 쌓이고 권속이 항하의 모래만큼 많더라도 눈이 떠있을 때는 보이거니와 눈이 감긴 뒤에도 보이던가? 그러므로 유위법(有爲法)은 꿈이나 허깨비 등과 같은 것임을 알 수 있으리라.

삼계(三界)의 뜨거운 번뇌(煩惱)가 마치 불타는 집[火宅] 같나니 그곳에 오래 머물러 길고 긴 고통을 달게 받을 수 있으랴? 윤회를 면하려 하면 부처를 구하는 것만 못하니, 부처를 구하려 한다면 부처는 곧 이 마음이니라.

그러므로 세존께서 말씀하시기를 '모든 중생들을 두루 관찰하건대 모두가 여래의 지혜와 덕상(德相)을 갖추고 있다.' 하시고, 또 말씀하시기를 '모든 중생의 가지가지 허환(虛幻)한 변화가 모두가 여래의 원각묘심(圓覺妙心)에서 나왔다.' 하시니,

이로써 알라! 마음을 떠나서는 부처를 이룰 수가 없느니라. 마음의 성품은 물듦이 없어 본래 스스로 원만히 이루어 졌으니 다만 허망한 인연[妄緣]을 여의기만 하면 곧 여여(如如)한 부처니라. 만일 알기를 바란다면 끝내 알지 못하리니, 오직 알려 하지 않을 줄만 알면 이것이 곧 성품을 보는 것이다.

보조스님의 옛말에도 있듯이 도(道)란 아는 데 속한 것이 아니며 알지 못하는데 속하지도 않는 것이니, 안다는 것은 망상(妄想)이요, 알지 못하는 것은 무기(無記)이니, 만일 참으로 통달하여 의심하지 않는 경지는 큰 허공같이 넓고 끝이 없거니와 어찌 시비를 억지로 일으키겠는가?

'티끌 번뇌를 활짝 벗어나는 일은 예사롭지 않으니, 고삐를 꼭 잡고 한바탕 애쓸 지어다. 한차례 추위가 뼈에 사무치지 않으면 코를 찌르는 매화향기 어찌 얻으랴.' 하였으니

공부를 하되 가장 긴요한 것은 간절 절(切)자이니, 절 자가 가장 힘이 있느

니라. 간절하지 않으면 게으름이 생기고 게으름이 생기면 방종(放縱)이 이르지 않는 곳이 없으리라."

대장경은 부처님의 가르침으로 삼장이라고 합니다. 삼장은 부처님의 말씀을 기록한 경장(經藏), 율을 기록한 율장(律藏), 논을 모은 논장(論藏)을 합해서 삼장(三藏)이라고 합니다. 팔만대장경은 부처님의 가르침을 기록한 내용입니다. 불자 누구에게나 소중한 보물입니다. 부처님이 깨달은 연기법은 불교의 근본적이고 핵심적인 교리이며 그 의미가 심원하여 바르게 이해하기 어렵다고 말씀하십니다.

연기(緣起)라는 말은 빨리어로 'paticcasamuppada', 우리말로 번역하면 '의지하여 함께 일어남'입니다. 부처님은 연기법의 순관과 역관 및 사성제를 깨닫고 탐진치 삼독을 멸하는 팔정도의 수행을 한 결과 열반을 성취하였습니다.

중아함경 상적유경에 부처님은 "연기법을 보는 자는 나를 보고 나를 보는 자는 연기법을 본다"고 말씀하십니다. 부처님이 깨달은 진리는 바로 이와 같은 연기법입니다. 우리도 연기법을 깨닫고 실천을 하면 누구나 부처님과 꼭 같은 지혜 덕성을 구비하고 있는 사실을 확인할 수 있다는 말씀입니다.

남방불교를 소승이라고 폄하하는 것은 큰 잘못입니다. 어떤 분은 부처님 말씀만 불교라고 합니다. 대승불교를 위시하여 오랜 역사를 통해서 진리를 전해주신 조사님 어록도 바르게 이해를 할 수 있다면 부처님의 말씀과 다를 바 없다고 생각하며, 조사님을 존경하지 않을 수 없을 것입니다. 달마대사와 혜가스님의 대화 핵심도 부처님께서 말씀한 무아를 뜻한다고 생각합니다.

"공부를 하되, 첫째는 생사의 마음을 깨뜨리는 것이 가장 요긴하니라, 세계와 몸과 마음이 모두가 거짓 인연이라 실로 주재자가 없음을 굳게 간파(看破)하라."

이에 견우회 일동은 큰스님께서 열반하신 뒤에도 큰스님께서 항상 강조하신 "계속 공들여 정진하라" 는 가르침에 다소나마 보은(報恩)코자 합니다.
견우회는 2011년 5월,《바다밑의 진흙소 달을 물고 뛰네》및 2012년 3월,《무엇이 그대의 본래 얼굴인가》를 출판한 바 있습니다.
혜암선사께서는 불문에 들어온 사부대중은 누구나 선문촬요를 읽도록 평소에 말씀하심에 이번에 인연이 닿아서 혜암선사께서 편역한 바 있는 선문촬요를 다시 묘봉(妙峯)스님께서 보완하여 편찬·번역하신 선문촬요를 보태게 되었습니다. 항상 지도편달을 아끼지 않으신 묘봉선사께 견우회 회원과 함께 심심한 감사의 뜻을 표합니다. 출판을 위하여 애쓴 '비움과 소통' 김성우 사장님과 협조하여 주신 모든 분께도 감사를 표합니다.
혜암스님의 어록《바다 밑의진흙소 달을 물고 뛰네》,《무엇이 그대의 본래

면목인가》에 이어서 《생사해탈의 관문 선문촬요》를 출판함에 견우회 회원님들이 물심양면으로 협조하여 주신데 대하여 감사드립니다. 정성어린 후원금을 내어주신 묘적화, 혜덕심, 원각심, 보림, 원명, 대덕행, 정관, 보리심, 연기행, 원만행, 만덕행, 일심행, 자혜심, 지덕행, 보리월, 대원행, 반야심님께 감사의 뜻을 표하며, 특히 어록 편찬에 직접 수고를 아끼지 않으신 묘적화, 혜덕심, 원각심, 일심행님의 노고에 찬사를 보냅니다.

불기 2566(2012)년 9월
견우회(見牛會) 지도법사 학송(鶴松)

> **차례**

서문 : 묘봉선사   4
머리말 : 학송법사   8

達磨 血脈論(달마혈맥론)

1. 마음밖에 불성이 따로 없다   26
2. 미한 마음으로 만행을 해도 윤회는 면치 못한다   39
3. 공경치 말라는 이유를 밝히다   58
4. 도는 승과 속인을 분별하지 않는다   77
5. 백정도 도를 이룰 수 있다   81

達磨 觀心論(달마관심론)

1. 마음을 관(觀)하다   94
2-1. 마음에는 염법과 정법의 요인을 갖추었다   97
2-2. 망(妄) 때문에 진심(眞心)이 나타나지 않는다   100
2-3. 착한 법은 깨달음이 그 뿌리다   102
3-1. 나쁜 법은 삼독(三毒)이 뿌리라   103
3-2. 여섯 가지 노석의 성제를 밝히나   105
4-1. 삼독의 뿌리를 끊으라   107

4-2. 깨달으면 삼계를 벗어난다	108
5. 미혹하여 육취가 나타난다	110
6. 삼독에 의하여 아승지(阿僧祇)가 나타난다	113
7. 삼취정계와 육바라밀을 밝히다	116
8. 마음이 깨끗하면 불국토도 깨끗하다	121
9. 육도의 이치를 거듭 밝히다	123
10. 법의 젖을 밝히다	127
11. 절 짓는 법	131
12. 불상 조성하는 법	134
13. 다섯 가지 향 피우는 법	136
14. 꽃을 흩는 법	139
15. 등불 밝히는 법	141
16. 도를 행하는 법	144
17. 재계를 지키는 법	146
18. 밥 먹는 법	148
19. 단식하는 법	151
20. 예배하는 법	153
21. 목욕하는 법	156
22. 염불하는 법	163
23. 형상을 모아 마음으로 돌아감	167
24. 망령되이 불상과 절을 조성하지 말라	169
25. 마음을 관하도록 당부하는 말씀을 맺다	171

普照 修心訣 (보조 수심결)

1. 괴로움을 들어 참됨을 보이다	176
2. 미혹한 마음으로 수도한들 이익이 없다	178

3. 성인과 범부는 한길이니, 오직 한마음만을 밝히라 … 180
4. 중생은 매일 활용하되 그 한 물건을 모른다 … 182
5. 옛사람이 분명한 증거를 제시하다 … 185
6. 깨달음에 의하여 닦는 것이요, 한꺼번에 신통이 나타나는 것이 아님 … 192
7. 먼저 활짝 깨닫고 차츰 닦는 법을 밝힘 … 199
8. 깨닫는 방편을 구하면 더욱 어긋난다 … 203
9. 비고 고요하며 신령스런 지혜를 바로 보이다 … 205
10. 인간의 마음이 본래 부처임을 곧장 보이다 … 208
11. 관음이 깨달아 들어간 법문을 곧장 보이다 … 212
12. 수행하기를 권함 … 220
13. 깨달은 뒤에 차츰 닦는 것을 거듭 보이다 … 222
14. 정과 혜를 바로 보이다 … 232
15. 선정과 지혜를 자세히 밝히다 … 241
16. 수행을 권하는 말씀으로 맺다 … 253

普照 眞心直說 (보조 진심직설)

自序(자서) … 268
1. 참마음의 바른 이해 … 273
2. 참마음의 다른 이름 … 280
3. 참마음의 묘한 본체 … 288
4. 참마음의 묘한 작용 … 296
5. 참마음의 본체와 작용은 같은가, 다른가 … 301
6. 참마음은 미혹 속에 있음 … 304
7. 참마음엔 망혹이 없다 … 308
8. 참마음 밝히는 네 가지 위의 … 328
9. 참마음이 있는 곳 … 335

10. 참마음은 죽지 않음 339
11. 참마음의 주된 노력과 보조가 되는 노력 346
12. 참마음의 공덕 353
13. 참마음 공부의 증험(證驗) 357
14. 참마음은 알음알이가 없다 361
15. 참마음이 가는 곳 371

禪警語(선경어)

1. 박산 무이선사의 말씀
   ○ 먼저 생사의 마음을 깨뜨려라 382
   ○ 인정에 이끌리지 말고 의심덩어리와 더불어 오직 한 곳만 386
   ○ 마음에 머무름이 있으면 도(道)와 멀다 390
   ○ 오로지 의정 일으켜 귀결처 찾아내야 394
   ○ 진전 없다 물러나면 백천 겁 태어나도 어쩔 수 없다 400
   ○ 알음알이는 도의 안목을 막는다 403
   ○ 시방세계가 하나의 의심덩어리 408
   ○ 의심이 일어나면 그것을 깨부셔라 413
2. 몽산화상이 총상인에게 보이심 416
3. 완산 정응선사가 몽산(蒙山)에게 주신 법어 429
4. 고담화상 법어 433
5. 보제존자가 각오 납자에게 보이심 437

발문 : 묘봉선사 440

부록
보지공 화상 대승찬 453
부대사 심왕명 465

達磨 血脈論
달마혈맥론

부처란 자기 마음으로 지어서 얻는 것이거늘
어찌 마음을 떠나 부처를 구할 수 있으리오
앞 부처와 뒷 부처가 오직 마음 하나를 말씀하셨으니,
마음이 곧 부처요 부처가 곧 마음이라.
마음 밖에 부처 없고 부처밖에 마음이 없느니라.
마음 밖에 부처가 있다고 할진댄
부처가 어디에 있는가.

1. 心外無佛性(심외무불성)
-마음밖에 불성이 따로 없다-

三界混起나 同歸一心이니 前佛後佛이 以心傳心하사 不立文字하시니라.
삼계혼기　동귀일심　　전불후불　이심전심　　불립문자

問曰 若不立文字인댄 以何로 爲心이니꼬?
문왈 약불립문자　　이하　위심

答曰 汝問吾가 卽是汝心이요, 吾答汝가 卽是吾心이니, 吾若無心이면
답왈 여문오 즉시여심　　오답여 즉시오심　　오약무심

因何解答汝하여 汝若無心이면 因何解問吾리오 問吾卽是汝心이니라.
인하해답여　　여약무심　　인하해문오　　문오즉시여심

從無始曠大劫以來로 乃至施爲運動하난 一切時中과 一切處所가
종무시광대겁이래　내지시위운동　　일체시중　일체처소

皆是汝의 本心이며, 皆是汝의 本佛이니 卽心是佛도 亦復如是하니라.

개시여 본심　개시여 본불　즉심시불 역부여시

除此心外에는 終無別佛可得이니 離此心外에 覓菩提涅槃이
제차심외　　종무별불가득　　이차심외　　멱보리일반

無有是處니라. 自性은 眞實하야 非因非果이며 法卽是心義라
무유시처　　자성 진실　　비인비과　　법즉시심의

自心이 是菩提며 自心이 是涅槃이니라. 若言心外에
자심 시보리　자심 시열반　　약언심외

有佛及菩提可得인댄 無有是處니라 佛及菩提 皆在何處오 譬如有人이
유불급보리가득　　무유시처　　불급보리 개재하처　　비여유인

以手로 捉虛空得否아 虛空은 但有名이오 亦無相貌니 取不得捨不得이라
이수　착허공득부　허공　단유명　　역무상모　　취부득사부득

是捉空不得인달하야 除此心外에 覓佛은 終不得也니라.
시착공부득　　　제차심외　　멱불 종부득야

達磨 血脈論(달마 혈맥론)

삼계(三界)가 혼돈하여 일어났으나 모두가 한마음[一心]으로 돌아가나니, 앞 부처와 뒷 부처가 마음으로 마음을 전하사 문자를 세우지 않았느니라.

[학인] 문자를 세우지 않는다면, 무엇으로 마음을 삼습니까?

[달마] 그대가 나에게 묻는 것이 곧 그대의 마음이요, 내가 그대에게 대답하는 것이 곧 나의 마음이니 나에게 만약 마음이 없다면 어찌 그대에게 대답할 수 있으며, 그대에게 만약 마음이 없다면 어찌 나에게 물을 수 있겠느냐. 나에게 묻는 것이 곧 그대의 마음이니 끝없는 옛부터 온갖 동작을 하는 모든 시각과 온갖 장소가 그대의 근본 마음이며 그대의 근본 부처이니, 마음 그대로가 부처 그대로라 함도 이와 마찬가지니라. 이 마음을 제하고는 따로이 부처를 찾을 수 없나니 이 마음을 떠나서 보리(菩提)와 열반을 구한다는 것은 옳지 못하니라.

제 성품(自性)은 진실해서 인(因)도 아니고 과(果)도 아니며, 또 법 그대로가 마음이니, 자기의 마음이 보리요, 자기의 마음이 열반이니라.

만일 "마음 밖에 부처와 보리(菩提)가 있어 얻을 수 있다"고 한다면 옳지 못하니라. 부처와 보리가 모두 어디에 있는고? 어떤 사람이 손으로 허공을 잡을 수 있겠는가? 허공이란 이름뿐이요 형상도 부피도 없나니, 잡을 수도 버릴 수도 없느니라. 이렇게 허공을 잡을 수 없는 것 같이, 이 마음을 제하고 부처를 찾는다면 끝내 얻지 못하리라.

佛是自心作得이니 因何離此心外에 覓佛이리요. 前佛後佛이 只言其心하시니
불시자심작득   인하이차심외   멱불   전불후불   지언기심

心卽是佛이요 佛卽是心이라 心外에 無佛하고 佛外에 無心이니라.
심즉시불   불즉시심   심외   무불   불외   무심

若言心外에 有佛인댄 佛在何處오 心外에 旣無佛인댄 何起佛見이리요.
약언심외   유불   불재하처   심외   기무불   하기불견

遞相誑惑하야 不能了本心하고 被他無情物攝하야 無自由로다.
체상광혹   불능료본심   피타무정물섭   무자유

若也不信인댄 自誑無益이니라. 佛無過患이언만 衆生이 顚倒하야
약야불신   자광무익   불무과환   중생   전도

不覺不知自心是佛이니라. 若知自心是佛인댄 不應心外에 覓佛이이다.
불각부지자심시불   약지자심시불   불응심외   멱불

達磨 血脈論(달마 혈맥론)

29

佛不度佛이니 將心覓佛하면 不識佛이라 但是外佛者니
불부도불　장심멱불　불식불　단시외불자

盡是不識自心是佛이니라. 亦不得將佛禮佛하며 不得將心念佛이어다.
진시불식자심시불　　역부득장불예불　　부득장심염불

佛不誦經하고 佛不持戒하며 佛不犯戒하고 佛無持犯하며 亦不造善惡이니라.
불부송경　　불부지계　　불부범계　　불무지범　　역부조선악

若欲覓佛인댄 須是見性이라사 卽是佛이요 若不見性이면
약욕멱불　수시견성　　즉시불　약불견성

念佛誦經持齋持戒하야도 亦無益處니라. 念佛은 得因果하고
염불송경지재지계　　역무익처　　염불　득인과

誦經은 得聰明하고 持戒는 得生天하고 布施는 得福報어니와
송경　득총명　　지계　득생천　　보시　득복보

覓佛은 終不得也니라.

염불 종부득야

　부처란 자기 마음으로 지어서 얻는 것이거늘 어찌 마음을 떠나 부처를 구할 수 있으리오. 앞 부처와 뒷 부처가 오직 마음 하나를 말씀하셨으니, 마음이 곧 부처요 부처가 곧 마음이라, 마음 밖에 부처 없고 부처밖에 마음이 없느니라. 마음 밖에 부처가 있다고 할진댄 부처가 어디에 있는가.
　마음 밖에 부처가 없다면 어찌 부처라는 소견을 일으키리오. 서로서로 속여서 근본 마음을 알지 못하고 무정물(無情物)에 얽매여서 자유롭지 못하도다. 만일 믿지 못한다면 스스로 속이고 있는지라 이익이 없느니라. 부처는 허물이 없건만 중생이 전도(顚倒)되어 자기의 마음이 곧 부처임을 깨닫지도 알지도 못하느니라.
　자기의 마음이 부처인 줄 안다면 마음 밖에서 부처를 찾지 말지어다. 부처가 부처를 제도할 수 없는 것이니, 마음을 가지고 부처를 찾으면 부처를 알지 못하리라. 다만 밖에 있는 부처일 뿐이니, 모두 자기의 마음이 바로 부처임을 모르는 때문이니라.
　또 부처를 가지고 부처에게 절하지 말며 마음을 가지고 부처에게 염불하지도 말라. 부처는 경을 읽지도 않으며 계를 지키지도 않으며, 부처는 계를 범하지도 않으며, 부처는 지키는 것도 범하는 것도 없으며, 선과 악을 짓지도 않느니라.
　만일 부처를 구하고자 할진댄 반드시 성품을 봄으로써 곧 부처일 것이요, 성품을 보지 못한 채 염불을 하거나 경을 읽거나 재계(齋戒)를 지키거나 계를 지키더라도 아무런 이익이 없느니라. 염불은 왕생의 인과를 얻고 경을 읽으면 총명해지며 계를 지키면 하늘에 태어나고 보시를 하면 복된 과보를 받거니와 부처는 끝내 얻을 수 없느니라.

若自己를 不明了어든 須參善知識하야 了却生死根本이어다.
약자기　불명료　　수참선지식　　요각생사근본

若不見性이면 卽不名善知識이니 若不如此면 縱說得十二部經하야도
약불견성　　즉불명선지식　　약불여차　종설득십이부경

亦不免生死하야 輪廻三界受苦하야 無出期時하리라.
역불면생사　　윤회삼계수고　　무출기시

昔에 有善星하야 比丘誦得十二部經하야도 猶自不免輪廻는
석　 유선성　　비구송득십이부경　　　유자불면윤회

緣爲不見性일새니라. 善性도 旣如此온 今時人이 講得三五本經論하고
연위불견성　　　　선성　기여차　금시인　강득삼오본경론

以爲佛法者는 愚人也로다. 若不識得自心이면 誦得閑文書하야도
이위불법자 우인야   약불식득자심   송득한문서

都無用處니라. 若要覓佛인댄 直須見性이니 性卽是佛이라.
도무용처   약요멱불   직수견성   성즉시불

佛卽是自在人이며 無事無作人이니라 若不見性이면 終日茫茫하야
불즉시자재인   무사무작인   약불견성   종일망망

向外馳求할새 覓佛하야도 元來不得이니라.
향외치구   멱불   원래부득

雖無一物可得이나 若未會인댄 亦須參善知識하야 切須苦求하야 令心會解어다.
수무일물가득   약미회   역수참선지식   절수고구   영심회해

만일 자기를 분명히 알지 못했거든 반드시 선지식에게 참문[叅]해서 생사의 근본을 깨치도록 할지어다. 만일 성품을 보지 못했으면 선지식이라 할 수 없나니 만약 그러하다면 비록 12부경을 다 외운다 하여도 생사를 벗어나지 못하고 삼계에 윤회하면서 고통을 받되 벗어날 기약이 없게 되리라.

옛날 선성(善性)이란 비구가 12부경을 다 외웠건만 여전히 윤회를 면치 못했으니, 이는 오직 성품을 보지 못했기 때문이었다. 선성도 그러하였거늘 요즘 사람들은 겨우 서너 권의 경론(經論)을 외우고서 불법을 아는 것처럼 외치니, 어리석은 사람이로다.

만일 자기의 마음을 알지 못하면 부질없는 문구나 외우는 것으로는 아무 쓸모도 없느니라. 만일 부처를 찾으려면 모름지기 성품을 보아야 하나니, 성품이 곧 부처니라.

부처란 곧 자유로운 사람이며 할 것도 없고 해야 할 것도 없는 사람이니라. 만일 성품을 보지 못하면 종일토록 분주히 밖을 향해 구하면서 부처를 찾더라도 원래 얻을 수 없느니라. 비록 한 물건도 얻을 것이 없다고는 하나 아직 알지 못한다면 반드시 선지식을 참문해 간절히 애써 구함으로 마음이 열리도록 해야 할지어다.

生死事大하니 不得空過어다 自誑無益이니라.
생사사대   부득공과   자광무익

縱有珍寶 如山하고 眷屬이 如恒河沙라도 開眼에 卽見이어니와
종유진보 여산   권속 여항하사   개안 즉견

合眼에 還見麽아 故知有爲之法이 如夢幻等이로다.
합안 환견마 고지유위지법 여몽환등

若不急尋師면 空過一生하리라 然卽佛性이 自有나
약불급심사 공과일생 연즉불성 자유

若不因師면 終不明了니 不因師悟者는 萬中希有니라.
약불인사 종불명료 불인사오자 만중희유

나고 죽는 일이 크니 헛되이 살아 버리지 말라. 스스로 속여서 이익이 없느니라. 진기한 보물이 산같이 쌓이고 권속이 항하의 모래만큼 많더라도 눈이 떠있을 때는 보이거니와 눈이 감긴 뒤에도 보이던가. 그러므로 유위법(有爲法)은 꿈이나 허깨비 등과 같은 것임을 알 수 있으리라.

만일 서둘러서 스승을 찾지 않으면 헛되이 한평생을 보내게 되리라. 부처될 성품을 본래 가지고 있더라도 스승을 비롯하지 않으면 끝내 분명하게 깨닫기 어려우니 스승을 비롯하지 않고 깨닫는 이는 만에 하나가 드무니라.

若自己가 以緣會合하야 得聖人意는 卽不用參 善知識이니
약자기 이연회합 득성인의 즉불용참 선지식

達磨 血脈論(달마 혈맥론)

此卽是生而知之勝學也어니와 若未悟解인댄 須勤苦叅學이니
차즉시생이지지승학야   약미오해   수근고참학

因敎方得悟니라 若自明了인댄 不學亦得이니 不同迷人이어니와
인교방득오   약자명료   불학역득   부동미인

不能分別皂白하고 妄言宣佛勅인댄 謗佛妄法이니 如斯等類는
불능분별조백   망언선불칙   방불망법   여사등류

說法如雨라도 盡是魔說이라 卽非佛說이 師是魔王이요
설법여우   진시마설   즉비불설   사시마왕

弟子是魔民이어늘 迷人이 任他指揮하야 不覺墮生死海로다.
제자시마민   미인 임타지휘   불각타생사해

만일 자기 스스로가 인연 따라 깨달아서 성인의 뜻을 얻은 이는 선지식을 참문할 필요가 없으니, 이는 태어날 때부터 아는 수승한 지혜이거니와, 만일 아직도 깨닫지 못했을진댄 모름지기 애써 참구해 배워야 하리니, 가르침에 의하여서만 비로소 깨달음을 얻게 되리라.

만일 스스로가 분명히 깨달았을진댄 배우지 않아도 되리니, 미혹한 사람과는 같지 않거니와 검고 흰 것을 아직 분별치 못하면서 부처님의 가르침을 펴노라 망언(妄言) 한다면 부처님을 비방하고 법을 욕되게 하는 것이니 이런 종류는 청산유수로 설법을 하더라도 모두가 마구니의 설(說)이요 부처님의 설은 아니니라. 저 스승은 마구니의 왕이요, 제자는 마구니의 백성이거늘 미혹한 사람들은 그의 지휘에 따라 모르는 결에 생사의 바다로 이끌려 들어가는도다.

但是不見性人이 妄稱是佛이나 此等衆生은 是大罪人이라
단시불견성인　망칭시불　차등중생　시대죄인

誑他一切衆生하야 令入魔界니라 若不見性이면 說得十二部經敎하야도
광타일체중생　　영입마계　　약불견성　　설득십이부경교

盡是魔說이며 魔家眷屬이라 不是佛家弟子니라 旣不辨緇白이어니
진시마설　　마가권속　　불시불가제자　　기불변치백

憑何免生死리요. 若見性이면 卽是佛이요 不見性이면 卽是衆生이니라.
빙하면생사　　약견성　　즉시불　　불견성　　즉시중생

達磨 血脈論(달마 혈맥론)

若離衆生性하고 別有佛性可得者인댄 佛이 今在何處오.
약리중생성　　별유불성가득자　　불　금재하처

即衆生性이 即是佛性이니라. 性外에 無佛이라 佛即是性이니
즉중생성　　즉시불성야　　성외　무불　　불즉시성

除此性外에는 無佛可得이요 佛外에는 無性可得이니라.
제차성외　　무불가득　　　불외　　무성가득

　다만 성품을 보지 못한 사람이 망녕되이 부처라 하나 이러한 중생들은 큰 죄인이라, 온갖 중생들을 속여서 마구니의 세계에 들게 하느니라. 만일 성품을 보지 못했으면 설사 12부경의 가르침을 연설하더라도 모두가 마구니의 말이며, 마구니의 권속이 될지언정 부처의 제자는 못되느니라. 이와 같이 검고 흰 것도 가릴 줄 모르거늘 어떻게 생사를 면할 수 있으리오?
　만일 성품을 보면 부처요, 성품을 보지 못하면 중생이니, 중생의 성품을 떠나서 부처의 성품을 얻을 수 있다고 여긴다면 부처가 지금 어디에 있겠는가? 중생의 성품이 곧 부처의 성품이니라. 성품 밖에는 부처가 없는지라 부처가 곧 성품이니, 이 성품을 제하고는 부처를 얻을 수 없고 부처 밖에는 성품을 얻을 수 없느니라.

2. 迷心萬行未免輪廻(미심만행미면윤회)
   -미한 마음으로 만행을 해도 윤회는 면치 못한다-

問曰 若不見性이라도 念佛誦經 布施持戒精進하야 廣興福利하면
문왈 약불견성   염불송경 보시지계정진   광흥복리

得成佛否아 答曰 不得이니라. 又問 因何不得이니꼬
득성불부 답왈 부득   우문 인하부득

答曰 有少法可得이면 是有爲法이며 是因果며 是受報며 是輪廻法이라.
답왈 유소법가득   시유위법   시인과 시수보 시윤회법

不免生死니 何時에 得成佛道리요. 成佛은 須是見性이니
불면생사 하시 득성불도   성불 수시견성

若不見性이면 因果等語가 是一外道法이니라.
약불견성   인과등어   시 외도법

若是佛인댄 不習外道法이니라 佛是無業人이며 無因果니
약시불　　불습외도법　　　불시무업인　　　무인과

但有少法可得이면 盡是謗佛이라 憑何得成이리요 但有住着
단유소법가득　　진시방불　　빙하득성　　　단유주착

一心一能一解一見이면 佛이 都不許시니라. 佛無持犯이라
일심일능일해일견　　불　도불허　　　불무지범

心性이 本空이요 亦非垢淨諸法이라 無修無證이오 無因無果니라.
심성　본공　역비구정제법　　　무수무증　　　무인무과

佛不持戒하며 佛不修善하고 佛不造惡하며 佛不精進하고 佛不懈怠하나니
불부지계　　불부수선　　　불부조악　　　불부정진　　　불부해태

佛是無作人이라 但有住着心見하면 佛이 卽不許也시니라.
불시무작인　　단유주착심견　　　불　즉불허야

[학인] 성품을 보지 못했더라도, 염불하고 경 읽으며 계행 지켜 보시하고

정진하여 널리 복을 닦으면 부처를 이루지 않겠습니까?

[달마] 못하느니라.

[학인] 어찌하여 못 합니까?

[달마] 조금이라도 얻을 法이 있다면 이는 유위(有爲)의 法이며, 인과(因果)의 法이며, 과보(果報)를 받는 法이며, 윤회하는 법이라 생사(生死)를 면치 못하거늘 언제 부처를 이루리요.

부처를 이루려면 성품을 보아야 하나니, 성품을 보지 못하면 인과(因果) 등의 말이 모두가 외도(外道)의 법이니라. 만일 부처라면 외도의 법을 익히지 않으리니, 부처란 업(業)도 없는 사람이며 인과도 없는 지위라

작은 법이라도 얻을 것이 있다면 모두가 부처를 비방하는 짓이니 어떻게 부처를 이루겠는가?

한마음, 한 기능, 한 견해, 한 소견에라도 집착해 있다면 부처는 모두 허용치 않느니라. 부처는 지키고 범함이 없는지라 심성(心性)이 본래 공(空)하고, 또 더럽거나 깨끗한 법도 아닌지라 닦을 것도 증득할 것도 없으며 원인도 결과도 없느니라.

부처는 계를 지키거나 범하지도 않으며, 선을 닦지도 악을 짓지도 않으며, 부처는 정진을 하지도 게으르지도 않나니, 부처란 작위(作爲) 없는 사람이라 집착하는 마음이 있기만 하면 부처는 이를 허락치 않느니라.

佛不是佛이니 莫作佛解이다 若不見此義하면 一切時中과 一切處所에
불불시불　　막작불해　　약불견차의　　일체시중　　일체처소

皆是不了本心이니라. 若不見性하고 一切時中에 擬作無作想인댄
개시불료본심　　　약불견성　　일체시중　　의작무작상

是 大罪人이며 是 癡人이며 落無記空中하야 昏昏如醉人하며
시 대죄인　　　시 치인　　낙무기공중　　　혼혼여취인

不辨好惡하리라 若擬修無作法인댄 先須見性然後에 息緣慮니
불변호오　　　약의수무작법　　　선수견성연후　　식연려

若不見性코 得成佛道 無有是處니라. 有人이 撥無因果하야
약불견성　득성불도 무유시처　　　유인　　발무인과

熾然作惡業호대 妄言本空하야 作惡無過라 하나니 如此之人은
치연작악업　　　망언본공　　작악무과　　　　　여차지인

墮無間黑闇地獄하야 永無出期하리니 若是智人인댄 不應如是見解니라.

타무간흑암지옥   영무출기   약시지인   불응어시견해

부처라 하면 부처가 아니니 부처라는 견해를 짓지 말지어다. 만일 이런 이치를 보지 못하면 언제 어디서나 근본 마음을 알 수가 없느니라.

성품을 보지 못하고서 항상 작(作)할 것이 없다는 생각을 지어낸다면 이는 큰 죄인이며 어리석은 사람이라, 무기공(無記空)에 떨어져서 캄캄함이 마치 취한 사람 같아서 좋은 것과 나쁜 것을 가리지 못하리라, 만일 작위 없는 법을 닦으려 하거든 우선 성품을 본 뒤에 반연하는 생각을 쉴지니, 성품을 보지 못하고 불도를 이룬다는 것은 옳지 못하니라.

어떤 사람이 인과를 무시하고 분주히 온갖 나쁜 업을 지으면서 망령되이 말하기를 "본래 공(空)해서 나쁜 업을 지어도 아무런 허물이 없다" 한다면, 이런 사람은 무간지옥·흑암지옥에 빠져 영원히 벗어날 기약이 없으리니, 지혜로운 사람이라면 마땅히 이런 견해를 짓지 않으리라.

問曰 旣若施爲運動 一切時中에 皆是本心인대 色身無常之時에는
문왈 기약시위운동 일체시중   개시본심   색신무상지시

云何不見本心고 答曰 本心이 常現前호대 汝自不見이로다.
운하불건본심   답왈 본심   상현전   여자불건

達磨 血脈論(달마 혈맥론)

問曰 心旣見在인댄 何故로 不見고 師云 汝曾作夢否아.
문왈 심기견재   하고 불견 사운 여증작몽부

答曰 曾作夢이니다. 問曰 汝作夢之時에 是汝本身否아.
답왈 증작몽   문왈 여작몽지시   시여본신부

答曰 是本身이니다. 又問 汝言語施爲運動이 以汝로 別가 不別가.
답왈 시본신   우문 여언어시위운동   이여   별   부별

答曰 不別이니다. 師云 旣若不別인댄 卽此身이 是汝의 本法身이며
답왈 부별   사운 기약부별   즉차신 시여   본법신

卽此法身이 是汝의 本心이니라.
즉차법신   시여   본심

此心이 從無始曠大劫來로 與如今不別하야 未曾有生死라
차심   종무시광대겁래   여여금부별   미증유생사

不生不滅하며 不增不減하며 不垢不淨하며 不好不惡하며

불생불멸   부증불감   불구부정   불호불오

不來不去하며 亦無是非하며 亦無男女相하며 亦無僧俗老少하며
불래불거   역무시비   역무남녀상   역무승속노소

無聖無凡하며 亦無佛亦無衆生하며 亦無修證하며 亦無因果하며
무성무범   역무불역무중생   역무수증   역무인과

亦無筋力하며 亦無相貌호미 猶如虛空하야 取不得捨不得이니라.
역무근력   역무상모   유여허공   취부득사부득

山河石壁이 不能爲礙하야 出沒往來에 自在神通이라.
산하석벽   불능위애   출몰왕래   자재신통

透五蘊山하며 渡生死河하나니 一切業이 拘此法身不得이니라.
투오온산   도생사하   일체업   구차법신부득

此心은 微妙難見이라 此心은 不同色相이니 此心이 是佛이니라.
차심 미묘난견   차심 부동색상   차심 시불

[학인] 만일 분별하고 운동하는 온갖 시간이 모두가 본래 마음일진댄 색신이 죽을 때엔 어찌 하여 본래 마음이 보이지 않을까요?

[달마] 본래 마음이 항상 앞에 나타나 있으되 그대 스스로가 보지 못할 뿐이로구나.

[학인] 마음이 이미 보고 있는 곳에 있는 것이라면 무엇 때문에 제가 보지 못하는 것입니까?

[달마] 그대는 꿈을 꾼 적이 있던가?

[학인] 있습니다.

[달마] 그대가 꿈을 꿀 때에 그것이 본래 그대의 몸이던가?

[학인] 예, 제 본래 몸이었습니다.

[달마] 그대가 말하고 분별하고 운동하는 것이 그대와 다르던가, 같던가?

[학인] 다르지 않았습니다.

[달마] 이미 다르지 않다면 이 몸 그대로가 그대의 본래 법신이며, 이 본래의 법신 그대로가 그대의 본래 마음이니라.

이 마음이 끝없는 광대 겁 전부터 지금과 더불어 조금도 다르지 않아 전혀 나고 죽은 적이 없는지라 나지도 없어지지도 않으며, 늘지도 줄지도 않으며, 더럽지도 깨끗하지도 않으며, 좋지도 나쁘지도 않으며, 오지도 가지도 않으며, 옳고 그름도 없으며, 남자와 여자의 모습도 없으며, 승(僧)과 속(俗),

늙고 젊음도 없으며, 성인도 없고 범부도 없으며, 부처나 중생도 없으며, 닦을 것도 증득할 것도 없으며, 인(因)도 과(果)도 없으며, 힘쓸 것도 힘 자체도 없고 모양도 모습도 없는 것이 마치 허공과 같아서 취할 수도 없고 버릴 수도 없느니라.

 산이나 강이나 석벽이라도 장애하지 못하며, 나오고 들어가고 왔다 가는데 신통 자재하여, 오온(五蘊)의 산을 벗어나 생사의 바다를 건너니 온갖 업이 이 법신을 구속할 수 없느니라. 이 마음은 미묘하여 보기 어려우니라. 이 마음은 물질의 모습과는 같지 않아서 이 마음이 곧 부처이니라.

人皆欲得見이어니와 於此光明中에 運手動足者 如恒河沙로대
인개욕득견　　　어차광명중　운수동족자 여항하사

及乎問着하야는 摠道不得이 猶如木人相似하나니 摠是自己受用.
급호문착　　총도부득　유여목인상사　　총시자기수용

因何不識고. 佛言 一切衆生이 盡是迷人이라 因此作業할새
인하불식　불언 일체중생　진시미인　　인차작업

達磨 血脈論(달마 혈맥론)

墮生死河하야 欲出還沒하나니 只爲不見性일새니라.
타생사하   욕출환몰   지위불견성

衆生이 若不迷인댄 因何問着하면 其中에 無有一人도 得會者오
중생   약불미   인하문착   기중   무유일인   득회자

自家運手動足을 因何不識고. 故知하라 聖人語不錯이로되
자가운수동족 인하불식   고지   성인어불착

迷人이 自不會曉로다. 故知하라 此心을 難明이니
미인   자불회효   고지   차심   난명

唯佛一人이라야 能會此心하고 餘人天及衆生等은 盡不明了하나니라
유불일인   능회차심   여인천급중생등   진불명료

若智慧로 明了此心하면 方名法性이며 亦名解脫이니 生死不拘하며
약지혜 명료차심   방명법성   역명해탈   생사불구

一切法이 拘他不得일새 是名大自在王如來며 亦名不思議며
일체법　구타부득　　시명대자재왕여래　역명불사의

亦名聖體며 亦名長生不死며 亦名人仙이며 名雖不同體卽是一이니라.
역명성체　역명장생불사　역명대선　　명수부동체즉시일

사람들은 모두가 보고자 하거니와 이 광명 가운데서 손을 흔들고 발을 움직이는 일이 항하의 모래 같되 물어보면 전혀 대답치 못함이 마치 허수아비 같나니, 모두가 자기의 수용(受用: 활동)이거늘 어찌하여 알지 못하는가?

부처님께서도 말씀하시기를 "온갖 중생은 모두 미혹한 사람이라 이로 인하여 업을 지으므로 생사의 바다에 빠져서 나오려 하다가도 도리어 빠지나니 오직 성품을 보지 못하기 때문이라" 하시니 중생이 미혹하지 않았다면 어찌하여 물은 즉, 한 사람도 아는 이가 없는가? 자기의 손과 발을 움직이는 것을 어찌하여 알지 못하는가? 그러므로, 성인의 말씀은 틀리지 않건만 사람이 미혹하여 스스로가 알지 못할뿐임을 알겠도다.

그러기에 이 마음은 밝히기 어려우니 부처님 한 분만이 능히 아시고 그 밖의 인간, 하늘 등의 무리는 아무도 밝히지 못하는 줄 알지니라.

만일 지혜(智慧)로써 이 마음을 분명히 알면 비로소 법성(法性)이라 부르며, 해탈(解脫)이라고도 하나니, 생사가 구애하지 못하며 온갖 법도 구속하지 못하므로 대자재왕여래(大自在如來)라 이름하며, 부사의(不思議)라고도 하며 성인의 본체 라고도 하며, 장생불사(長生不死)라고도 하며, 큰 선인(大仙)이라고도 하며, 이름은 비록 다르지만 체는 곧 하나이니라.

聖人의 種種分別이 皆不離自心하시니 心量이 廣大하야 應用無窮이라
성인   종종분별   개불리자심   심량   광대   응용무궁

應眼見色하며 應耳聞聲하며 應鼻嗅香하며 應舌知味하며 乃至施爲運動이
응안견색   응이문성   응비후향   응설지미   내지시위운동

皆是自心이며 一切時中에 但有言語道斷하며 卽是自心이니라.
개시자심   일체시중   단유언어도단   즉시자심

故로 云하사대 如來의 色이 無盡하며 智慧도 亦復然이라 하시니
고 운   여래 색   무진   지혜   역부연

色無盡이 是 自心이니라. 心識이 善能分別一切하며
색무진 시 자심   심식   선능분별일체

乃至施爲運用이 皆是智慧니 心無形相일새 智慧도 亦無盡하니라.
내지시위운용　개시지혜　심무형상　　지혜　역무진

故로 云 如來의 色이 無盡하고 智慧도 亦復然이라 하니
고　운 여래　색　무진　　지혜　역부연

四大色身은 卽是煩惱라 色身卽有生滅이어니와
사대색신　즉시번뇌　색신즉유생멸

法身은 常住無所住라 如來法身이 常不變異니라.
법신　상주무소주　여래법신　상불변이

　성인들의 갖가지 분별이 모두가 자기의 마음을 여의지 않았나니, 마음의 기량(量)이 광대하여 응용에 끝이 없느니라. 눈에 응하여 빛을 보고, 귀에 응하여 소리를 들으며, 코에 응하여 냄새를 맡으며, 혀에 응하여 맛을 알며, 나아가 온갖 활동이 모두가 자기의 마음(自心)이며 언제든지 다만 언어의 길이 끊어진 것이니, 이것이 자기의 마음이라.
　그러므로 말씀하시되, "여래의 형색(形色)이 다함이 없으며 지혜도 그러하다" 하셨으니 형색이 다함 없는 것이 곧 자기의 마음이니라.

達磨 血脈論(달마 혈맥론)

마음[心識]이 능히 일체를 분별하며, 나아가 온갖 동작을 쓰는 것이 모두 지혜이니, 마음은 형상이 없으며 지혜도 또한 다함이 없기 때문이니라.

　"그러므로 말씀하시되 여래의 형색(形色)이 다함이 없으며 지혜도 그러하다"하시니 사대(四大)로 된 형색이 번뇌의 몸으로 생멸이 있거니와, 법신(法身)은 항상 머무르매 머무는 바가 없으므로 여래의 법신이 항상 변해 바뀌지 않느니라.

故로 經에 云하사대 衆生이 應知佛性本身有之라 하시니
고　경　운　　　중생　응지불성본신유지

迦葉은 只是悟得本性하시고 本性이 卽是心이요 心卽是性이니
가섭　지시오득본성　　　본성　즉시심　　심즉시성

卽此同諸佛心이라 前佛後佛이 只傳此心이시니 除此心外에 無佛可得이니라.
즉차동제불심　　　전불후불　지전차심　　　제차심외　무불가득

顚倒衆生이 不知自心是佛하고 向外馳求호대 終日忙忙하야 念佛禮佛하나니
전도중생　부지자심시불　　향외치구　　종일망망　　염불예불

佛在何處오. 不應作如是等見이어다 但識自心하면 心外에 更無別佛이니라.
불재하처   불응작여시등견   단식자심   심외   갱무별불

그러므로, 경에 말씀하시기를 "중생이란 마땅히 불성이 본래 있는 몸임을 알아야 한다" 하시니 가섭(迦葉)은 다만 본성을 깨달았을 뿐이요, 딴 일이 없느니라.

본래의 성품이 곧 마음이요 마음이 곧 성품이니, 이것이 모든 부처님의 마음과 같느니라. 앞 부처와 뒷 부처가 오직 이 마음을 전하셨을 뿐 이 마음 외에 따로이 부처를 볼 수 없느니라.

뒤바뀐 중생이 자기의 마음이 부처인 줄 알지 못하고 밖으로 구해 달리되 종일토록 설치며 부처를 염(念)하고 부처에게 예배한다니, 부처가 어느 곳에 있단 말인가? 이와 같은 소견을 짓지 말지니라. 다만 자기의 마음을 알기만 하면 마음 밖에 다시 다른 부처가 없느니라.

經에 云하사대 凡所有相이 皆是虛妄이라 하시고 又云하사대
경 운   범소유상   개시허망   우운

所在之處에 即爲有佛이라시니 自心이 是佛이리 不應將佛禮佛이니라.
소재지처   즉위유불   자심   시불   불응장불예불

達磨 血脈論(달마 혈맥론)

但是有佛과 及菩薩相貌가 忽爾現前이어든 切不可禮敬이어다.
단시유불　급보살상모　홀이현전　　절불가예경

我心이 空寂하야 本無如是相貌하니 若取相이면 卽是魔攝이라
아심　공적　본무여시상모　약취상　즉시마섭

盡落邪道하리라. 若知幻從心起하면 卽不用禮니라 禮者는 不知오
진락사도　　약지환종심기　즉불용례　예자　부지

知者는 不禮니 禮하면 被魔攝이니라. 恐學人이 不知故로 作是辨하나니라.
지자　불례　예　피마섭　　공학인　부지고　작시변

諸佛의 如來本相體上에는 都無如是相貌니 切須在意어다
제불　여래본상체상　　도무여시상모　절수재의

但有異境界어든 切不用採括하며 亦莫生怕怖하며 不要疑惑이니라.
단유이경계　절불용채괄　역막생파포　불요의혹

我心이 本來淸淨이어니 何處에 有 如許相貌리오

아심 본래청정 하처 유여허상모

乃至天龍夜叉鬼神帝釋梵王等相이라도 亦不用心生敬重하며 亦莫怕懼니라.
내지천룡야차귀신제석범왕등상   역불용심생경중   역막파구

我心이 本來空寂이라 一切相貌가 皆是妄相이니 但莫取相이어라
아심 본래공적 일체상모 개시망상   단막취상

若起佛見法見커나 及佛菩薩等相貌에 而生敬重하면 自墮衆生位나 하리라.
약기불견법견   급불보살등상모   이생경중   자타중생위중

若欲眞會인댄 但莫取一切相이면 卽得이니 更無別語니라
약욕진회 단막취일체상   즉득   갱무별어

故로 經에 云하사대 凡所有相이 皆是虛妄이라 하시니
고 경   운   범소유상 개시허망

都無定實하며 幻無定相이라 是無常法이니 但不取相하면 合他聖意하리라
도무정실   환무정상   시무상법   단불취상   합타성의

達磨 血脈論(달마 혈맥론)

故로 經에 云하사대 離一切相하면 卽名諸佛이라 하시니라.
고 경 운   이일체상   즉명제불

경에 "무릇 형상 있는 것은 모두가 허망하다" 하시고 또 "있는 것이 있는 곳에 부처가 있다" 하셨으니, 자기의 마음이 곧 부처인지라, 부처를 가지고 부처에게 예배(禮拜)하지 말지니라. 만일 부처와 보살의 모습이 홀연히 나타나더라도 절대로 예경 하지 말지어다. 내 마음이 공적(空寂)하여 본래 이러한 모습이 없나니 만일 형상을 취한다면 곧 마에 포섭되어 모두가 삿된 도에 떨어지리라. 만일 허깨비가 마음에서 일어난 줄 알면 예경할 필요가 없나니, 예배하는 이는 알지 못하고, 아는 이는 예배하지 않느니라. 예경하면 곧 마에 포섭되리니 학인(學人)이 행여나 알지 못할까 걱정되어 이와 같이 밝혀 두노라.

부처님들의 근본 성품 바탕 위에는 도무지 이런 안팎의 모습이 없나니 간절한 마음으로 새겨 둘지어다. 특이한 경계가 나타나거든 결단코 취하거나[採捉] 끌리지도 말고 또 두려워하거나 겁내지도 말고 의심하거나 헛갈리지도 말지니라. 내 마음이 본래 청정하거늘 어느 곳에 이러한 모습이 있단 말인가?

나아가서는 하늘, 용, 야차, 귀신, 범왕 등의 상(相)에라도 공경하는 생각을 내지 말 것이며, 두려워하지도 말지니라. 내 마음이 본래 공적한지라 저들 모습이 모두 허망한 형상(形相)이니, 결코 형상을 취하지 말도록 할 것이니라.

만일 부처나 법이라는 견해를 일으키거나, 또는 부처나 보살의 모습에 공경할 생각을 낸다면 스스로를 중생의 축에 집어던지는 격이라 하리니 만일 바르게 알고자 할진댄 다만 온갖 형상에 집착하지 않기만 하면 되리니 따로이 할 말이 없느니라.

그러므로 경에 "무릇 형상 있는 것은 모두가 허망하다" 하신 것이니, 도무지 일정한 실체랄 게 없으며, 환(幻)에 일정한 상이 없는지라 이것이 무상한 법이니 다만 형상을 취하지 않으면 거룩한 뜻에 부합되리라. 그러므로 경에 말씀하시기를 "온갖 형상을 여의면 곧 부처라 한다" 하셨느니라.

達磨 血脈論(달마 혈맥론)

3. 明不敬所以(명불경소이)
- 공경치 말라는 이유를 밝히다 -

問曰 因何不得禮 佛菩薩等이니꼬.
문왈 인하부득예 불보살등

答曰 天魔波旬과 阿修羅等이 示現神通하야 皆作佛菩薩相貌호대
답왈 천마파순 아수라등   시현신통   개작불보살상모

以能種種變化하나니 是外道라 摠不是佛이니라. 佛是自心이라 莫錯禮佛이니라.
이능종종변화   시외도 총불시불   불시자심   막착예불

佛은 是西國語며 此土云覺性이니 覺者란 是靈覺으로 應機接物이니
불 시서국어 차토운각성   각자 시영각   응기접물

揚眉瞬目하며 運手動足이 皆是自己靈覺之性이니라. 性卽是心이요
양미순목   운수동족 개시자기영각지성   성즉시심

心卽是佛이며 佛卽是道요 道卽是禪이니 禪之一字는 非凡夫所測이니라.

심즉시불　　불즉시도　도즉시선　　선지일자　비범 부소측

又云 見本性이 爲禪이니 若不見本性이면 卽非禪也니라.
우운 견본성　위선　　약불견본성　　즉비선야

假使說得千經萬論하야도 若不見本性하면 只是凡夫라 非是佛法이니라.
가사설득천경만론　　약불견본성　　지시범부　비시불법

至道는 幽深하야 不可話會니 典敎에 憑何所及이리요.
지도　유심　　불가화회　　전교　빙하소급

但見本性하면 一字不識이라도 亦得이니라.
단견본성　　일자불식　　역득

見性이 卽是佛이니 聖體本來淸淨하여 無有雜穢하니라.
견성　즉시불　　성체본래청정　　무유잡예

所有言說이 皆是聖人의 從心起用이니 用體本來空하야
소유언설　개시성인　종심기용　　용체본래공

達磨 血脈論(달마 혈맥론)

名言이 尙不及이온 十二部經이 憑何得及이리요. 道本圓成이라
명언   상불급   십이부경   빙하득급   도본원성

不用修證이며 道非聲色이라 微妙難見이니 如人이 飮水에
불용수증   도비성색   미묘난견   여인   음수

冷暖을 自知인달하니라. 不可向人說也어다 唯有如來能知요.
냉난   자지   불가향인설야   유유여래능지

餘人天等類는 都不覺知니라. 凡夫는 智不及일새 所以로 有執相이니라.
여인천등류   도불각지   범부   지불급   소이   유집상

不了自心이 本來空寂하고 妄執相及一切法하면 卽墮外道하리라.
불요자심   본래공적   망집상급일체법   즉타외도

[학인] 어찌하여 부처님과 보살들께 예배하지 말라 하는가요?

  [달마] 하늘의 마왕 파순(波旬)과 아수라(阿修羅) 등이 신통을 나투어 모두가 부처와 보살의 모습을 이루되 가지가시로 조화를 나투니 그들은 외도요 모두 부처가 아니니라. 부처란 스스로의 마음이니, 부처에게 그릇되게 예배

하지 말라.

불(佛)이란 범어(梵語)이며, 이것을 중국에서는 각성(覺性)이라고 하는데 부처란 신령스런 깨달음이라, 근기에 응하고 사물을 접촉하며, 눈썹을 치켜올리거나 눈을 껌벅거리며 손을 움직이고 발을 옮기는 것 등이 모두 자기의 신령스레 깨닫는 성품이니라.

성품이 곧 마음이요, 마음이 곧 부처이며, 부처가 곧 도요, 도가 바로 선(禪)이니 선(禪)이라는 한 글자는 범부가 헤아릴 바 아니니라.

또 이르되, "근본 성품을 보는 것이 선(禪)이라" 하셨으니, 근본 성품을 보지 못하였으면 선(禪)이 아니니라. 설사 천경만론(千經萬論)을 강설하더라도 본성(本性)을 보지 못하였으면 범부일 뿐 불법(佛法)은 아니니라.

지극한 도는 그윽하고 깊어서 말로는 미칠 수 없나니, 경전의 가르침으로 어찌 미칠 수 있으리요? 근본 성품을 보기만 한다면 한 글자를 모를지라도 좋으니라. 성품을 보면 곧 부처라, 성스러운 본체는 본래 청정하여 물드는 법이 없느니라. 있는 바 말씀이 모두 성인의 마음으로부터 일어난 작용이니 작용(用)의 바탕(體)이 본래 공하여 명칭이나 말로는 미칠 수 없거늘 12부경이 어찌 미칠 수 있으리요?

도는 본래 뚜렷이 이루어졌나니, 닦고 증득하는 일이 필요치 않고 도는 소리나 빛이 아니어서 미묘하여 보기 어려우니, 사람이 물을 마시매 차고 더운 것을 스스로 아는 것과 같으니라.

또 남을 향해 말하지 말지어다. 오직 여래만이 알 수 있고, 그 밖의 인간이나 하늘 등의 무리들은 도무지 깨달아 알지 못하리라. 범부는 그 지혜가 미치지 못하므로 겉모습에만 집착하나니, 자기의 마음이 본래 공적한 줄을 알지 못하고 망녕되게 겉모양과 온갖 법이란 것에 집착하면 곧 외도의 무리로 떨어지리라.

若知諸法이 從心生이면 不應有執이니 執卽不知니라.
약지제법 종심생   불응유집   집즉부지

若見本性하면 十二部經이 摠是閑文字니라. 千經萬論이
약견본성   십이부경 총시한문자   천경만론

只是明心이니 言下契會하면 敎將何用이리요. 至理는 絶言이요
지시명심   언하계회   교장하용   지리 절언

敎是語詞니 實不是道니라. 道本無言일새 言說은 是 妄이니라.
교시어사   실불시도   도본무언   언설 시 망

若夜夢에 見樓閣宮殿象馬之屬과 及樹木叢林池亭如是等相이어든

약야몽　건누각궁전상마지속　금수목총림지정여시등상

不得起一念樂着이니 盡是托生之處라 切須在意어라 臨終之時에
부득기일념낙착　　진시탁생지처　절수재의　　임종지시

不得取相하면 卽得除疑어니와 心瞥起하면 卽魔攝하나니라.
부득취상　　즉득제의　　　심별기　　즉마섭

法身은 本來淸淨無受언만 只緣迷故로 不覺不知니
법신　본래청정무수　　　지연미고　불각부지

因玆故妄受報일새 所以有樂着하야 不得自在니라.
인자고망수보　　　소이유락착　　부득자재

只今에 若悟得本來身心하면 卽不染習이니라 若從聖入凡하야
지금　 약오득본래신심　　　즉불염습　　　약종성입범

示現種種雜類等은 自爲衆生故니라. 聖人은 逆順에 皆得自在하사
시현종종잡류등　자위중생고　　　성인　역순　개득자재

達磨 血脈論(달마 혈맥론)

一切業이 拘他不得이니라 聖成久하면 有大威德하나니
일체업　구타부득　　　성성구　　유대위덕

一切品類業이 被他聖人轉하야 天堂地獄이 無奈何他니라.
일체품류업　피타성인전　　천당지옥　무내하타

凡夫는 神識이 昏昧하야 不同聖人의 內外明徹이니라.
범부　신식　혼매　　부동성인　내외명철

若有疑어든 卽不作이니 作卽流浪生死하야 後悔라도 無相救處니라.
약유의　　즉부작　　작즉유랑생사　　후회　　무상구처

　모든 법이 마음으로 쫓아 생긴 것임을 알면 집착이 있을 수 없으리니, 집착한 즉 알지 못하리라. 만일 근본 성품을 보았다면 12부경이 모두 부질없는 문자니라. 천경만론(千經萬論)이 오직 마음을 밝히고자 했을 뿐이니, 말끝에 계합해 알면 교법(敎法)이 무슨 쓸모가 있으리요?
　지극한 진리는 말을 떠났고, 교법은 말씀일 뿐이니 진실로 도가 아니니라. 도는 본래 말이 없는 것이라, 말이란 허망한 것이니라. 꿈에 누각이나 궁전이나 상마(象馬)의 무리나 나무, 숲, 못, 정자 등의 모습을 보더라도 잠깐만이

나마 기꺼이 집착할 생각을 내지 말지니 모두 망념이 의탁해서 생긴 것이니라. 부디 주의할지니라.

임종할 때에 전혀 형상을 취하지 않으면 곧 의혹을 제하려니와 털끝만큼의 망념이라도 일으키면 곧 마구니 경계에 끄달리게 되리라.

법신은 본래 청정하여 수용해 느낄 것(受)이 없건만 미혹한 까닭에 알지도 깨닫지도 못하나니 망녕되이 업보를 받는 까닭에 집착하여 기꺼이 자유롭지 못하게 되느니라. 지금이라도 본래의 몸과 본래의 마음을 깨닫기만 하면 곧 습성에 물들지 않으리라.

성인의 경지에서 범부의 경지에 들어가서 가지가지 잡된 모습으로 나타내 보이는 것은 본래 중생을 위한 까닭이니, 성인은 역·순(逆順: 경계)에 자재하여 온갖 업도 그를 구속하지는 못하리라. 성인의 지위를 이룬 지 오래되어 큰 위덕이 있나니 온갖 종류의 업이 성인의 지휘를 받아 움직이기 때문에 천당과 지옥도 그(성인)를 어찌하지 못하리라.

범부는 어두워 성인처럼 안팎이 밝지 못하니, 만일 의심이 있더라도 조작해 일으키지 말라. 조작한 즉 생사의 바다에 떠돌아 헤매면서 후회하더라도 구제받을 길이 없으리라.

貧窮困苦가 皆從妄想生이니 若了是心하야 遞相勸勉호대 但無作而作이면
빈궁곤고　　개종망상생　　약료시심　　체상권면　　단무작이작

卽入如來知見하리라 初發心人은 神識이 摠不定이니 若夢中에
즉입여래지견　　초발심인　신식　총부정　　약몽중

頻見異境이라도 輒不用疑어다 皆是自心起라 故不從外來니라.
빈견이경　　첩불용의　　개시자심기　고부종외래

夢에 若見光明出現이 過於日輪이면 卽餘習이 頓盡하고 法界性이 現이니라.
몽　약견광명출현　과어일륜　　즉여습　돈진　　법계성　현

若有此事면 卽是成佛之因이니 唯自知오 不可向人說이니라.
약유차사　즉시성불지인　　유자지　불가향인설

　빈궁과 곤란과 괴로움이 모두 망상에서 생겼나니, 만일 마음을 알아서 서로서로 경책해서 작용하는 티 없이 작용 하게 되면 곧 여래(如來)의 지견(知見)에 들게 되리라.
　처음으로 발심한 이는 정신이 온전히 안정되어 있지 못하니, 꿈속에 자주 이상한 경계를 보게 되더라도 선뜻 의심하지 말지니라. 모두가 자기 마음에서 일어났는지라 밖에서 온 것이 아니니라.
　꿈에 광명이 솟아나되 그 빛이 햇빛보다 밝은 것을 보거든 나머지 습기가

몽땅 다 하고 법계의 성품이 나타나리라. 만일 이런 일이 일어나거든 부처를 이루는 요인이 될지니, 이는 자기만이 알 뿐이요 남에게는 말할 수는 없느니라.

或靜園林中에 行住坐臥타가 眼見光明이 或大或小라도 莫與人說하며
혹정원림중　행주좌와　　안견광명　혹대혹소　　막여인설

亦不得取이니 亦是自性光明이니라. 或夜靜暗中에 行住坐臥타가
역부득취　　역시자성광명　　　혹야정암중　행주좌와

眼見光明이 與晝無異라도 不得怪니 並是自心이 欲明顯이니라.
안견광명　여주무이　　부득괴　병시자심　욕명현

或夜夢中에 見星月이 分明하면 亦自心諸緣이 欲息이니 亦不得向人說이어다.
혹야몽중　견성월　분명　　역자심제연　욕식　　역부득향인설

夢若昏昏하야 猶如陰暗中行이면 亦是自心煩惱障重이니 亦自知니라.
몽약혼혼　　유여음암중행　　　역시자심번뇌장중　　역자지

達磨 血脈論(달마 혈맥론)

若見本性이어든 不用讀經念佛이니 廣學多知는 無益이라
약견본성   불용독경염불   광학다지   무익

神識이 轉昏이니라. 設敎는 只爲標心이니 若識心인댄
신식 전혼   설교 지위표심   약식심

何用看敎리요. 若從凡入聖인댄 卽須息業養神하야 隨分過日이어다.
하용간교   약종범입성   즉수식업양신   수분과일

若多嗔喜인댄 令性轉 與道相違니 自賺無益이니라.
약다진희   영성전 여도상위   자잠무익

聖人은 於生死中에 自在出沒하사 隱顯不定하나니
성인   어생사중   자재출몰   은현부정

一切業이 拘他不得하며 聖人破邪魔니라. 一切衆生이 但見本性하면
일체업   구타부득   성인 파사마   일체중생   단견본성

餘習이 頓滅하고 神識이 不昧하니 須是直下便會니라.
여습 돈멸 신식 불매 수시직하편회

只在如今欲眞會道인댄 莫執一切法하고 息業養神이어다.
지재여금욕진회도 막집일체법 식업양신

餘習이 亦盡하면 自然明白하야 不假用功하리라.
여습 역진 자연명백 불가용공

 혹 고요한 숲에서 다니고 멈추고 앉고 눕다가 크고 작은 광명이 눈에 띄더라도 남에게 말하지 말며, 또 집착하지 말지니, 자기 성품의 광명이기도 하니라. 혹 어두운 밤에 다니고 멈추고 앉고 눕다가 낮 같은 광명이 눈에 띄더라도 괴이하게 여기지 말지니, 모두가 자기의 마음이 밝아지려는 징조이니라. 혹 꿈에 별과 달이 분명하게 보이면 이것 또한 자기 마음의 모든 반연이 쉬려는 조짐이니, 역시 남에게 말하지 말지어다.
 꿈에 어두워서 밤중을 다니는 것 같음을 보면 또한 자기 마음의 번뇌의 장벽이 무겁다는 조짐이니 또한 스스로 알아야 하느니라.
 만일 근본 성품을 보았거든 경을 읽거나 염불을 할 필요가 없나니 많이 배우고 널리 아는 것이 별 이익이 되지 못하고 도리어 정신이 어두워지느니

라. 교법을 시설해 놓은 뜻은 마음을 표방하기 위한 것인데 마음을 알았을진댄 교법을 볼 필요가 없느니라.

만일 범부로 성인의 경지에 들고자 한다면 업을 쉬고 정신을 길러 분수에 맞게 세월을 보낼지어다. 성냄과 기뻐함이 많으면 도와 더불어 어긋나니 스스로를 속일뿐 이익이 없느니라.

성인은 생사 가운데서 자유롭게 드나들면서 숨고 들어남이 일정치 않나니 온갖 업이 그를 구속하지 못하니 도리어 삿된 마구니들을 무찌르느니라.

중생들이 근본 성품을 보기만 하면 나머지 습기가 단박에 소멸하여 정신이 어둡지 않아 모름지기 이 바로 아래에서 문득 회합하느니라.

지금 참으로 도를 알고자 한다면 한 법에도 집착하지 말고 업을 쉬어 정신을 기를지어다. 나머지 습기가 다하면 자연히 밝아져서 공부를 할 필요가 없게 되느니라.

外道는 不會佛意할새 用功이 最多나 違背聖意로다 終日驅驅하야
외도   불회불의   용공   최다   위배성의   종일구구

念佛轉經이라 昏於神性하야 不免輪廻니라. 佛是閑人이라 何用驅驅며
염불전경   혼어신성   불면윤회   불시한인   하용구구

廣求名利하야 後時何用가. 但不見性人은 讀經念佛하며 長學精進하며
광구명리   후시하용   단불견성인 독경염불   장학정진

六時行道하며 長學坐不臥하며 廣學多聞으로 以爲佛法하나니
육시행도   장학좌불와   광학다문   이위불법

此等衆生은 盡是謗佛法人이니라 前佛後佛이 只言見性이시니
차등중생   진시방불법인   전불후불   지언견성

諸行無常인댄 若不見性하고 妄言我得阿耨菩提라 하면 此是大罪人이니라.
제행무상   약불견성   망언아득아뇩보리   차시대죄인

十大弟子阿難이 聲聞中得第一이나 佛은 無識只令聲聞과 二乘外道로
십대제자아난 성문중득 제일   불 무식지령성문   이승 외도

無識케 하시니 識數修證은 墮在因果中일새니라. 是는 衆生의 業報라
무식   식수수증   타재인과중   시   중생   업보

達磨 血脈論(달마 혈맥론)
71

不免生死며 違背佛意니 卽是謗佛衆生이라 殺却하야도 無罪過니라.
불면생사 위배불의 즉시방불중생   살각   무죄과

經에 云하사대 闡提人은 不生信心하나니 殺却無罪過라 하시니라.
경 운   천제인 불생신심   살각무죄과

若有信心인댄 此人은 是佛位人이라.
약유신심   차인 시불위인

若不見性인댄 卽不用取次 謗他良善이어다 自賺無益이니라.
약불견성   즉불용취차 방타양선   자잠무익

善惡이 歷然하고 因果가 分明이라 天堂地獄이 只在眼前이니라.
선악 역연   인과 분명   천당지옥 지재안전

외도(外道)는 부처의 뜻을 알지 못하므로 비록 공력을 가장 많이 들이나 부처님의 거룩한 뜻을 거스르기 때문에 종일토록 서둘러 염불하고 독경을 하여도 정신이 어두워 윤회를 면하지 못하리라.

부처는 한가한 사람이라 어찌 구구(驅驅)할 필요가 있으며, 명리(名利)를

널리 구한들 후일 무엇에 쓰리요. 오직 성품을 보지 못한 사람이 독경하고 염불하며 오래도록 정진하며 하루 여섯 차례 예불하며 오래 앉아 눕지 않는 등 널리 배워 많이 아는 것을 불법으로 여기나니, 이런 중생은 모두가 불법을 비방하는 사람들이니라.

앞의 부처와 뒷 부처가 오직 성품을 보라는 말씀만 하셨나니. 제행은 무상하니 만약 성품을 보지 못하고 망녕되이 말하되 "내가 위없는 도를 이루었노라" 한다면 이는 큰 죄를 짓는 사람이니라.

십대제자 가운데 아난(阿難: 경희慶喜)은 성문 중 으뜸이었다. 부처님은 알음알이가 없음이라. 다만 성문(聲聞)과 이승(二乘)과 외도(外道)로 하여금 알음알이를 없애도록 하였다. 알음알이로 수행이니 증과니 따져 인과에 떨어져 있으니 이는 중생의 업보라 생사를 면(免)하지 못하고 부처님의 뜻을 위배(違背)하니 곧 이는 부처를 비방(誹謗)하는 중생이니, 죽여도 허물이 없다고 하였다. 경에 말씀하시기를 천제(闡提)인은 신심을 내지 않으니 죽이더라도 죄과(罪過)가 없다 하셨느니라.

만일 진정한 믿음이 있을진댄 이 사람은 바로 부처 지위에 있는 사람이라, 성품을 보지 못한 즉 절대로 다른 어진 이를 비방하지 말지어다. 스스로 속여서 이로울 것이 없느니라. 선과 악이 뚜렷하고 인과가 분명한지라, 천당과 지옥이 바로 눈앞에 있느니라.

愚人은 不信이라 見墮黑暗地獄中이라도 亦不覺不知하나니
우인   불신   견타흑암지옥중   역불각부지

只緣業重故로 所以不信이니라 譬如無目人이 不信道日有光明이니
지연업중고   소이불신   비여무목인 불신도일유광명

縱向伊說이라도 亦不信이니 只緣盲故라 憑何辨得日光이리요.
종향이설   역불신   지연맹고   빙하변득일광

愚人도 亦復如是하야 見今墮畜生雜類하며 誕在貧窮下賤하야
우인   역부여시   견금타축생잡류   탄재빈궁하천

求生不得하며 求死不得하나니라.
구생부득   구사부득

雖受是苦나 直問着하야는 亦言我今快樂이 不異天堂이라 하니
수수시고   직문착   역언아금쾌락   불이천당

故知하라 一切衆生은 生處로 爲樂하야 亦不覺不知로다.
고지   일체중생   생처   위락   역불각부지

如斯惡人은 只緣業障重故일새니라 所以不能發信心者면
여사악인   지연업장중고   소이불능발신심자

不自由他也니라 若見自心是佛인댄 不在剃除鬚髮이니 白衣도
부자유타야   약견자심시불   부재체제수발   백의

亦是佛이니라. 若不見性이면 剃除鬚髮이라도 亦是外道니라.
역시불   약불견성   체제수발   역시외도

어리석은 사람은 믿지 않는 까닭으로 흑암지옥(黑暗地獄)에 떨어지는 것을 보아도 깨닫거나 알지 못하니, 이는 오직 업장이 무거우므로 믿지 않느니라. 비유하면 눈 없는 사람이 해에 광명이 있다는 말을 믿지 않는 것 같나니, 설사 그에게 일러 주더라도 역시 믿지 않는 것 같으니라. 오직 눈이 먼 때문이니 어떻게 햇빛을 분별할 수 있으리요?
어리석은 사람도 이와 같아서 당장 축생 등 잡된 무리에 떨어지거나 빈궁·하천한 무리에 태어나 살려 하나 살 수 없고 죽으려 해도 죽을 수 없느니라.

達磨 血脈論(달마 혈맥론)

비록 이와 같은 고통을 받으나 직접 물어 보면 도리어 "나의 지금 쾌락한 것이 천당의 그것과 다르지 않다" 대답하나니 마땅히 알라, 모든 중생은 제가 태어난 그곳으로 기쁨을 삼아 깨닫거나 알지 못하는 것이로다.

이렇게 악한 사람은 다만 업장이 두텁기 때문에 신심(信心)을 낼 수가 없는 것이지, 다른 것 때문이 아니니라. 만일 스스로의 마음이 부처인 줄 안다면 머리와 수염을 깍고 안 깍는 데 관계치 않나니, 속인도 역시 부처이니라. 만일 성품을 보지 못하면 머리와 수염을 깍았더라도 역시 외도이니라.

4. 道不在山野(도부재산야)
 - 도는 승과 속인을 분별하지 않는다 -

問曰 白衣는 有妻子하야 婬慾을 不除커니 憑何得成佛이리오.
문왈 백의 유처자   음욕 부제   빙하득성불

答曰 只言見性하고 不言婬慾이니 只爲不見性이니라.
답왈 지언견성   불언음욕   지위불견성

但得見性하면 婬慾이 本來空寂이라 不假斷除하며 亦不樂着이니
단득견성   음욕 본래공적   불가단제   역불낙착

縱有餘習이라도 不能爲害니라. 何以故오 性本淸淨故니
종유여습   불능위해   하이고   성본청정고

雖處在五蘊色身中이라도 其性이 本來淸淨하야 染汚不得이니라.
수처재오온색신중   기성   본래청정   오염부득

達磨 血脈論(달마 혈맥론)

法身은 本來無受하며 無飢無渴하며 無寒熱하며 無病하며
법신　본래무수　　무기무갈　　무한열　　무병

無恩愛하며 無眷屬하며 無苦樂하며 無好惡하며 無長短하며
무은애　　무권속　　무고락　　무호오　　무장단

無强弱하야 本來無有一物可得이언만 只緣有此色身因하야
무강약　　본래무유 일물가득　　　지연유차색신인

卽有飢渴寒熱瘴病等相하나니 若不賺이어든 卽一任作이어다.
즉유기갈한열장병등상　　　약부잠　　즉일임작

若於生死中에 得自在하야 轉一切法하야 與聖人神通으로 自在無礙하면
약어생사중　 득자재　　전일체법　　여성인신통　　　자재무애

無處不安하리라. 若心有疑하면 決定透一切境界不過하야 不作最好作了하면
무처불안　　 약심유의　　결정투일체경계불과　　 부작최호작료

不免輪廻生死이어니와 若見性이면 旃陀羅라도 亦得成佛하리라.
불면윤회생사   약견성   전타라   역득성불

[학인] 속인(白衣)은 처자가 있어 음욕을 제하지 못했거늘 어떻게 부처를 이루리요?

[달마] 견성(見性: 성품을 보는 것)만을 말했을 뿐 음욕은 말하지 않았나니, 단지 견성하지 못했기 때문이라. 성품을 보기만 하면 음욕이 본래 공적해서 끊어 제할 필요가 없으며, 또 집착하지도 않으리니, 설사 남은 습기가 있더라도 해치지 못하리라.

무슨 까닭인가? 성품이 본래 청정하기 때문이니, 비록 오온(五蘊)의 색신 속에 묻혔더라도 그 성품이 본래 청정해서 물들이지 못하느니라.

법신(法身)은 본래 수용하여 느낄 것(受)이 없으며 주림과 목마름도 없으며, 추위도 더위도 없으며, 질병도 없으며, 은혜와 사랑도 없으며, 권속도 없으며, 괴로움과 즐거움도 없으며, 좋은 것 나쁜 것도 없으며, 길고 짧은 것도 없으며, 강하고 약한 것도 없어서 본래 한 물건도 얻을 것이 없건만, 다만 이 색신이 있으므로 주림과 목마름, 추위와 더위, 질병 등의 모양이 있게 되었나니 만일 속임수에 떨어지지 않게 되었거든 뜻대로 맡겨 보라.

만일 생사 가운데서 자유를 얻어 온갖 법을 굴리되 성인들의 신통과도 같

이 자유롭고 걸림이 없으면 편치 않은 곳이 따로 없으리라. 만일 마음에 의심이 있으면 결정코 온갖 경계를 통과하지 못하니라. 조작하지 않는 것이 가장 좋은 것이니라. 조작하면 생사의 윤회를 면하지 못하겠거니와, 만일 성품을 보기만 한다면 전다라(旃陀羅)[1]라도 성불하리라.

---

1) 찬드라: 도살업에 종사하는 최하층의 천민.

5. 屠漢亦得成道(도한역득성도)
- 백정도 도를 이룰 수 있다 -

問曰 旃陀羅는 殺生作業이어니 如何得成佛이니고.
문왈 전타라　살생작업　　어하득성불

答曰 只言見性이요 不言作業이니 縱作業이라도 不同迷人하야
답왈 지언견성　불언작업　종작업　　부동미인

一切業이 拘他不得이니라. 從無始曠大劫來로 只爲不見性일새
일체업　구타부득　　종무시광대겁래　지위불견성

墮地獄中이라 所以作業하야 輪廻生死이거니와 從悟得本性하면 終不作業이니라.
타지옥중　소이작업　윤회생사　　종오득본성　종부작업

若不見性하면 念佛이라도 免報不得이니 非論殺生命이어니와
약불견성　　염불　　면보부득　비론살생명

達磨 血脈論(달마 혈맥론)

若見性하야 疑心을 頓除하면 殺生命이라도 亦不奈他何하리라.
약견성　의심　돈제　살생명　　역불내타하

自西天二十八祖로 只是遞傳心印하시고 吾今에 來此土도
자서천이십팔조　지시체전심인　　오금　래차토

唯傳頓敎의 大乘卽心是佛이요 不言持戒精進苦行과
유전돈교　대승즉심시불　　불언지계정진고행

乃至入水火登於劍輪과 一食長坐不臥니 盡是外道有爲之法이니라.
내지입수화등어검륜　일식장좌불와　진시외도유위지법

若識得施爲運動과 靈覺之性하면 汝卽諸佛心이니라. 前佛後佛이
약식득시위운동　영각지성　　여즉제불심　　　전불후불

只言傳心하시고 更無別法이니라 若識此心하면 一字不識이라도
지언전심　　갱무별법　　약식차심　　일자불식

亦是佛이니라. 若不識自己靈覺之性하면 假使身破如微塵이라도

역시불　　야불식자기영각지성　　가사신파어미진

覓佛은 終不得也니라. 佛者는 亦名法身이며 亦名佛心이니
멱불　종부득야　　불자　역명법신　　역명불심

此心은 無形相하며 無因果하며 無筋骨이라 猶如虛空하야 取不得이니
차심　무형상　　무인과　　무근골　　유여허공　　취부득

不同質界며 不同外道니라. 此心은 除如來 一人能會하고 其餘衆生迷人은
부동질계　부동외도　　차심　제여래일인능회　　기여중생미인

不明了니라.
불명료

[학인] 전다라는 살생으로 업을 삼거늘 어떻게 성불(成佛) 하리요?

[달마] 성품을 보라고만 말했을 뿐 업 짓는 것은 말하지 않았나니, 설사 업을 짓더라도 미혹한 사람과는 달라서 온갖 업이 그를 구속하지 못하느니라.
　끝없는 옛날부터 오직 성품을 보지 못했으므로 지옥에 떨어진 것이요, 업을 지은 까닭에 생사에 윤회하거니와 근본 성품을 깨달으면 마침내 업을 짓

지 않느니라.

　만일 성품을 보지 못하면 염불하더라도 과보를 면할 수 없나니, 살생을 논하지 않거니와 성품을 보아 의혹을 활짝 제하면 생명을 살해터라도 그를 누가 어찌지 못하리라.

　서천(西天)의 28조(祖: 조사)도 오직 마음을 전하셨고 내가 이제 이 땅에 온 것도 오직 돈교(頓敎)2)의 '마음이 곧 부처'라는 법을 보이기 위함 일뿐, 계행 지키기나 정진과 고행과 나아가 불이나 물에 뛰어드는 법과 칼산에 오르는 것과 한 끼니 먹고 오래 앉아 눕지 않는 법 등을 말하지 않았나니, 저들은 모두가 외도요, 유위의 법이니라.

　만일 움직임이 있는 신령스런 깨달음의 성품을 알면 그대의 마음이 곧 부처님들의 마음이니라. 앞의 부처와 뒤의 부처가 오직 마음 전하는 법을 말씀하셨고 다시 다른 법이 없으니, 만일 이 마음을 알면 한 글자를 모를지라도 부처를 이루느니라.

　만일 자기의 신령스레 깨닫는 성품을 알지 못하면 설사 몸을 부셔 먼지가 되도록 애써도 성불은 끝내 어려우니라.

　부처란 법신(法身)이라고도 이르며 깨달은 마음[佛心]이라고도 이름하나니, 이 마음이란 형상도 없고 인과도 없으며 힘줄도 뼈도 없어 마치 허공과

---

2) 돈교: 당장 성불하는 법을 보인 교법.

같아 잡을래야 잡을 수 없나니 물질의 세계와 같지 않으며 외도와 같지도 않느니라. 이 마음은 오직 여래 한 사람만이 아시고 그 밖의 중생 미혹한 사람은 똑똑히 알지 못하느니라.

此心은 不離四大色身中이니 若離是心하면 卽無能運動이니라.
차심 불리사대색신중 약리시심 즉무능운동

是身無知호미 如草木瓦礫이라 身是無情이어니 因何運動고.
시신부지 여초목와력 신시부정 인하운동

若自心動으로 乃至語言施爲運動과 見聞覺知히 皆是動心動用이니라.
약자심동 내지언어시위운동 견문각지 개시동심동용

動是心動이요 動卽其用이니 動用外에는 無心하고 心外에는 無動일새니라.
동시심동 동즉기용 동용외 무심 심외 부동

動不是心이요 心不是動이니 動本無心이요 心本無動일새 動不離心하고
동불시심 심불시동 동본무심 심본부동 동불리심

達磨 血脈論(달마 혈맥론)

心不離動이나 無心離離하며 無心動動이니라. 是心用用이요 是心動動이니
심불리동　　　무심리리　　　무심동동　　　　시심용용　　　시심동동

卽心用用이요 卽心動動일새니라. 用卽心用 不動不用이니 用體本空이라.
즉심용용　　　즉심동동　　　용즉심용 부동불용　　　용체본공

空本無動일새니라. 動用이 同心이나 心本無動이로다. 故로 經에 云하사대
공본무동　　　　동용 동심　　　심본무동　　　고　　경　　운

動而無所動이라 하시니 終日去來而未曾去來요 終日見而未曾見이요
동이무소동　　　　　종일거래이미증거래　　종일견이미증견

終日笑而未曾笑요 終日聞而未曾聞이요 終日知而未曾知요
종일소이미증소　　종일문이미증문　　　종일지이미증지

終日喜而未曾喜요 終日行而未曾行이요 終日住而未曾住니라.
종일희이미증희　　종일행이미증행　　　종일주이미증주

이 마음은 4대(四大: 지수화풍)의 색신을 떠나 있지 않았나니 만일 이 마음

을 여의면 운동할 이도 없느니라. 이 몸은 앎(知)이 없어 초목이나 기와 쪽 같은지라 몸은 감정이 없는 것이어늘 어찌 운동할 수 있으리요?

마음으로부터 말하고 분별하고 운동하고 보고 듣고 느끼고 아는 것이 모두가 마음의 움직임이며 작용(用)의 움직임이니라,

움직임이란 마음의 움직임이요, 움직임 그대로가 작용이니 움직임과 작용 이외에는 마음이 없고 마음 밖에는 움직임이 없기 때문이니라.

움직이는 것은 마음이 아니요, 마음은 움직이지 않나니 움직임이란 본래 무심(無心)하고 마음이란 본래 움직임이 없기(無動) 때문이니라.

그러나 움직임은 마음을 여의지 않았고 마음은 움직임을 여의지 않았으나 마음에는 여읜다는 것도 여의었다는 것도 없으며, 마음에는 움직인다는 것도, 움직였다는 것도 없느니라.

이는 마음의 작용이며 작용되어진 것이며 마음의 움직임이며 움직여진 것이니, 마음 그대로의 작용과 작용되어진 것이며 마음 그대로의 움직임이요, 움직여진 것이기 때문이니라.

작용하면 마음이 작용한 것이니 마음은 움직임도 아니요, 작용함도 아니니 작용의 바탕이 본래 공한지라 공은 본래 움직임이 없기 때문이니라. 움직임과 작용은 다 같이 마음이나 마음의 근본은 움직임이 없다.

그러므로 경에 말씀하시되, "움직이되 움직이는 바가 없다" 하시니, 종일토록 가고 오되 가고 온 적이 없고, 종일토록 보되 본 적이 없고, 종일토록

웃되 웃은 적이 없고, 종일토록 듣되 들은 적이 없고, 종일토록 알되 안 적이 없고, 종일토록 기뻐하되 기뻐한 적이 없고, 종일토록 다니되 다닌 적이 없고, 종일토록 머무르되 머문 적이 없느니라.

故로 經에 云하대 言語道斷하고 心行處滅이라 하시니
고　경　운　　언어도단　　심행처멸

見聞覺知가 本自圓寂이라 乃至嗔喜痛痒이 何異木人이리요.
견문각지　본자원적　　내지진희통양　하이목인

只緣推尋에 痛痒을 不可得이로다. 故로 經에 云하사대
지연추심　통양　불가득　　고　경　운

惡業은 卽得苦報하고 善業은 有善報라 하시니 不但嗔墮地獄하고
악업　즉득고보　　선업　유선보　　　부단진타지옥

喜卽生天이라 若知嗔喜性空하야 但不執이면 卽業脫하리라.
희즉생천　　약지진희성공　　단부집　즉업탈

若不見性이면 講經이라도 決無憑이니라 說亦無盡일새

약불견성　　강경　　　결무빙　　　설역부진

略標邪正如是나 不及一一也로다.

약표사정여시　　불급일일야

　그러므로 경에 말씀하시되
"언어로 표현할 길이 끊겼고 마음으로 따질 자리가 없어졌다" 하시니 보고 듣고 느끼고 아는 것이 본래가 원적(圓寂)한 지라 성나고 기쁘고 가렵고 아픔이 어찌 본래의 사람과 다르리요? 더욱더욱 따져 찾아보건대 아픔과 가려움을 찾을 수 없도다.

　그러므로 경에 "나쁜 업은 괴로운 과보를 받고 착한 업은 곧 좋은 과보를 받는다" 하시었으니, 성내면 지옥에 빠지고 기뻐하면 하늘에 태어날 뿐 아니라, 만일 성냄과 기뻐함의 성품이 공한 줄 알아서 다만 집착하지 않는다면 바로 업력(業力)을 벗으리라.

　만일 성품을 보지 못했으면 아무리 경론을 강설해 알더라도 결코 아무 힘도 되지 못하리라. 설명하자면 끝이 없으나 삿되고 바른 것을 이렇게 간략히 포방하거니와, 낱낱이는 미치지 못하는 것이니라.

達磨 血脈論(달마 혈맥론)

頌曰 心心心이여 難可尋이로다. 寬時에 遍法界하고 窄也에 不容鍼이로다.
송왈 심심심   난가심   관시 편법계   착야 불용침

我本求心不求佛이라 了知三界空無物이로다 若欲求佛但求心이니
아본구심불구불   요지삼계공무물   약욕구불단구심

只這心心心是佛이로다 我本求心心自持라 求心不得待心知어다
지저심심심시불   아본구심심자지   구심부득대심지

佛性은 不從心外得이니 心生便是罪生時니라.
불성   부종심외득   심생변시죄생시

마음을 마음이라 부르는 마음이여 찾을 길 없도다, 퍼지면 법계(法界)에 두루하고, 조이면 바늘 끝만큼도 용납지 않도다.

나 본래 마음을 구할 뿐 부처를 구한 적 없나니, 삼계의 모든 것 공하여 하나도 없는 것임을 알겠도다. 부처를 구하려거든 마음만을 구할지니, 저 마음을 마음이라고 부르는 마음이 곧 부처로다.

내 본래 마음을 구하지만 마음은 스스로 가지고 있나니, 마음을 구한다면 마음 알기를 기다리지 말지니라. 부처의 성품이란 마음 밖에서 얻어지는 것

이 아니니 마음이 일어날 때 문득 이것이 죄가 일어나는 때니라.

傳法偈(전법게)

吾本來此土는 傳法救迷情이니 一花開五葉에 結果自然成이라.
오본래차토　전법구미정　　일화개오엽　결과자연성

내가 본래 이 땅에 온 것은
법을 전해 미혹한 중생을 건지려 함이니
한 송이 꽃에 다섯 꽃잎 열려
결과는 저절로 맺어지리라.

達磨 血脈論(달마 혈맥론)

觀心

達磨 觀心論
달마관심론

만일 스스로의 마음이 청정하면
일체중생이 모두가 청정해지느니라.
그러므로 경에 말씀하시기를, "마음이 더러우면 중생이
더러워지고 마음이 깨끗하면 중생이 깨끗하다" 하시고,
또 말씀 하시기를 "부처님나라(佛土)를 깨끗이 하려면
먼저 마음을 깨끗이 할지니, 마음만 깨끗해지면
부처님 나라가 깨끗해지리라" 하셨으니,
삼독(三毒)의 마음을 제어할 수 있다면
삼취정계를 자연히 성취하리라.

1. 觀心(관심)

— 마음을 관(觀)하다 —

惠可 問曰 若有人이 志求佛道할진댄 當修何法을 最爲省要이니까.
혜가 문왈 약유인   지구불도   당수하법   최위성요

師答曰 唯觀心一法이 摠攝諸行이니 名爲省要니라.
사답왈 유관심일법   총섭제행   명위성요

問曰 云何一法 摠攝諸行이니꼬.
문왈 운하일법 총섭제행

師答曰 心者는 萬法之根本也라. 一切諸法이 唯心所生이니
사답왈 심자   만법지근본야   일체제법   유심소생

若能了心하면 萬行이 俱備하리라.
약능료심   만행   구비

[혜가] "불도를 구하고자 할진댄 마땅히 어떤 법을 닦아야 가장 뚜렷하고

요긴하겠습니까?"

　[달마] "오직 마음을 관(觀)하는 한 가지 법이 모든 행(行)을 포섭하나니, 이를 뚜렷하고도 요긴한 것이라 부르느니라.

　[혜가] 어떻게 한 법이 모든 행을 포섭하나이까?
　[달마] 마음은 만 가지 법의 근본이라 모든 법이 마음에서 생기나니, 마음을 알면 만 가지 수행(萬行)을 구비하리라.

猶如大樹에 所有枝條와 及諸花菓가 皆悉因根이어든 栽樹者는
유여대수　소유지조　급제화과　개실인근　　재수자

存根而始生하고 伐樹者는 去根而必死니 若了心修道하면 則省功而易成이요
존근이시생　　벌수자　거근이필사　약료심수도　　즉성공이이성

若不了心而修道하면 乃費功而無益이니라. 故知하라
약불요심이수도　　내비공이무익　　　고지

一切善惡이 皆由自心이니 心外別求하면 終無是處니라.
일체선악　개유자심　　심외별구　　종무시처

達磨 觀心論(달마 관심론)

비유컨대 큰 나무의 가지와 꽃과 열매 등이 모두 뿌리로 인하여 있나니, 나무를 가꾸려는 이는 뿌리를 두어야 비로소 살 것이요, 나무를 치려는 이는 뿌리를 없애면 반드시 죽는 것과 같이, 마음을 알아서 도를 닦으면 공을 적게 들여도 쉽게 이루어질 것이요, 마음을 알지 못하고 도를 닦으면 헛수고만 할 뿐 이익이 없으리라.

그러므로 알라. 온갖 선과 악은 모두가 스스로의 마음에서 생겼나니, 마음 밖에서 달리 구하면 결국 마침내 옳지 못하니라.

2-1. 心具染淨緣起 (심구염정연기)
-마음에는 염법과 정법의 요인을 갖추었다-

又問曰 云何觀心하야 稱之爲了니까.
우문왈 운하관심   칭지위료

答曰 菩薩摩訶薩이 行深般若波羅蜜多時에 了四大五蘊이
답왈 보살마하살 행심반야바라밀다시   요사대오온

本空無我하며 了見自心起用이 有二種差別이니 云何爲二오.
본공무아   요견자심기용   유이종차별   운하위이

一者는 淨心이요 二者는 染心이라.
일자   정심   이자   염심

其淨心者는 卽是無漏眞如之心이요 其染心者는 卽是有漏無明之心이니
기정심자   즉시무루진여지심   기염심자   즉시유루무명지심

此二種心이 自然本來俱有하야 雖假緣和合이나 互不相生이니라.
차이종심　자연본래구유　　수가연화합　　호불상생

淨心은 恒樂善因하고 染心은 常思惡業하나니 若眞如自覺하야
정심　항락선인　　염심　상사악업　　약진여자각

覺不受所染則稱之爲聖이라 遂能遠離諸苦하고 證涅槃樂이요
각불수소염즉칭지위성　　수능원리제고　　증열반락

若隨染造惡하야 受其纏覆則名之爲凡이라 於是에 沈淪三界하야
약수염조악　　수기전부즉명지위범　　어시　침륜삼계

受種種苦하나니 何以故오 由彼染心이 障眞如體故니라.
수종종고　　하이고　유피염심　장진여체고

[혜가] "어떻게 마음을 관해야 알았다고 합니까?"
[달마] 보살이 반야바라밀다를 행할 때 사대(四大)와 오온(五蘊)이 본래 공하여 '나'가 없음을 알며, 자기 마음에서 일어나는 작용이 두 가지가 있음을 알아야 하나니, 무엇이 둘인가?

첫째는 청정한 마음이요, 둘째는 물든 마음이니라. 청정한 마음이란 무루(無漏)[3]인 진여(眞如)[4]의 마음이요. 물든 마음이란 유루(有漏)[5]인 무명(無明)[6]의 마음이다. 이 두 가지 마음은 본래[7]부터 함께 존재하는 것이어서 비록 인연[8]에 의해 어울릴지언정 서로[9] 생기게 하지는 못하느니라.

청정한마음은 항상 선인(善人)을 즐기고, 물든 마음은 항상 악업(惡業)을 생각하나니, 만일 진여(眞如)를 스스로 깨달아 그 깨달음이 물들어 버리지 않으면 성인이라, 모든 괴로움을 여의고 열반락을 증득할 것이요, 물듬을 따라 악업을 지어 얽히고 덮히게 되면 이는 범부라 하여 삼계(三界)에 빠져 가지가지 고를 받게 되리라. 무슨 까닭인가? 물든 마음이 진여의 본체를 가렸기 때문이니라.

---

3) 무루(無漏): 누락(漏落)될 요인이 없다는 뜻이니, 윤회에 끄달리는 대열에 들지 않는다는 말.
4) 진여(眞如): 진리란 뜻이니 虛妄지 않아서 眞이요 變하지 않아서 如라 한다.
5) 유루(有漏): 누락(漏落)될 요인이 있다는 뜻이니 윤회에 끄달리는 요인.
6) 무명(無明): 본래의 어리석음.
7) 본래부터 함께 존재하는것(本來俱有): 금과 금놀과의 관계 같은것.
8) 인연에 의해 어울림(昭緣合): 인연이 없다면 진·망(眞妄)이 모두가 실체가 없다.
9) 서로 생기게 하지는 못함(互不相生): 진(眞)은 망(妄)을 생기게 하지 못하고 망은 진을 생기게 하지 못함.

達磨 觀心論(달마 관심론)

2-2. 眞心因妄不現(진심인망불현)
- 망(妄) 때문에 진심(眞心)이 나타나지 않는다 -

十地經에 云하되 衆生身中에 有金剛佛性흠이 猶如日輪이 體明圓滿하야
십지경   운   중생신중   유금강불성   유여일륜   체명원만

廣大無邊컨만 只爲五陰黑雲의 所覆홈이 猶如瓶內燈光이
광대무변   지위오음흑운   소복   유여병내등광

不能顯現이라 하시고 又 涅槃經에 云하사대
불능현현   우 열반경   운

一切衆生이 皆有佛性이언만 無明이 覆故로 不得解脫이라 하시니라.
일체중생   개유불성   무명   복고   부득해탈

　십지경(十地經)에 "중생의 몸 안에 금강(金剛) 같은 불성이 있음이 마치 해가 밝고 원만하며 광대하고 끝이 없는 것 같지만, 다만 오음(五陰)의 검은 구름에 가리워 마치 병(瓶) 안의 등불이 나타나지 못하는 것 같다" 하셨으며 또 열반경(涅槃經)에서는 "모든 중생이 모두가 불성을 갖추었으되 무명에

가리워 해탈치 못한다" 하셨다.

達磨 觀心論(달마 관심론)

2-3. 善法以覺爲根者(선법이각위근자)
- 착한 법은 깨달음으로 그 뿌리를 삼는다 -

佛性者는 覺也라 但能自覺하야 覺智明了하야 離其所覆하면
불성자　　각야　단능자각　　각지명료　　　이기소복

則名解脫이니 故知一切諸善이 以覺으로 爲根이로다. 因其覺根하야
즉명해탈　　고지일체제선　　이각　　위근　　　인기각근

遂能顯現諸功德樹어든 涅槃之果由此而成하나니 如是觀心을 可名爲了니라.
수능현현제공덕수　　　열반지과유차이성　　　　여시관심　　가명위료

　불성(佛性)이라 함은 깨달음을 이르는 말이니, 다만 능히 스스로가 깨달아서 깨달은 지혜를 밝혀 덮히었던 것을 여의기만 하면 해탈(解脫)이라 하느니라.
　그러므로 온갖 착한 법은 깨달음이 그 뿌리임을 알 수 있다. 깨달음의 뿌리에 의하여 모든 공덕의 나무가 나타나거늘 열반의 열매가 이로 인하여 이루어지리니, 이렇게 해서 한마음 관하는 것이라 부르느니라.

3-1. 惡法以三毒爲根 (악법이삼독위근)
- 나쁜 법은 삼독(三毒)이 뿌리라 -

又問曰 上說眞如佛性과 一切功德은 因覺爲根이거니와 未審커라
우문왈 상설진여불성   일체공덕   인각위근   미심

無明之心과 一切諸惡은 以何爲根이니꼬.
무명지심   일체제악   이하위근

答曰 無明之心이 雖有八萬四千煩惱情欲하야
답왈 무명지심   수유팔만사천번뇌정욕

恒沙衆惡이 無量無邊이나 取要言之컨대 皆因三毒하야 以爲根本이니라.
항사중악   무량무변   취요언지   개인삼독   이위근본

其三毒者는 卽貪嗔癡也라 此三毒心이 自然本來具有一切諸惡홈이
기삼독자   즉탐진치야   차삼독심   자연본래구유일체제악

猶如大樹 根雖是一이나 所生枝葉이 其數無邊인달하야 彼三毒根이
유여대수 근수시일   소생지엽   기수무변   피삼독근

一一根中에 生諸惡業홈이 百千萬億倍나 過於前하야 不可爲喩니라.
일일근중   생제악업   백천만억배   과어전   불가위유

[혜가] 위에서 말한 진여불성과 일체공덕이 깨달음으로 그 뿌리를 삼거니와 무명의 마음과 모든 악은 무엇이 뿌리가 되나이까?

[달마] 무명의 마음이 비록 8만4천 번뇌와 정욕(情欲)이 있어서 항하(恒河)의 모래 같이 많은 온갖 악의 수효가 끝이 없으나 간추려 말하건대 모두 삼독(三毒)이 그 뿌리 이니라.
　삼독(三毒)이라 함은 탐심(貪心) 진심(嗔心) 치심(癡心)이라. 이 세 가지 독한 마음이 본래부터 온갖 악을 갖추고 있는 것이 마치 큰 나무가 뿌리는 하나라도 거기에 생긴 가지와 잎은 무수한 것 같거니와 이 삼독의 뿌리가 낱낱 뿌리에서 온갖 악업을 내는 것은 앞의 비유보다 백·천·만 곱이나 더하여 비유할 수도 없느니라.

3-2. 正明六賊(정명육적)
  - 여섯 가지 도적의 정체를 밝힌다 -

如是三毒이 於一本體에 自爲三毒이어니와 若應現六根하면
여시삼독　어일본체　자위삼독　　　약응현육근

亦名六賊이니 六賊者는 卽六識也라 由此六識이 出入諸根하야
역명육적　　육적자　즉육식야　유차육식　출입제근

貪着萬境하고 然成惡業하야 障眞如體故로 故名六賊이니라.
탐착만경　　연성악업　　장진여체고　　고명육적

一切衆生이 由此三毒과 及以六賊이 惑亂身心하고 沉淪生死하야
일체중생　유차삼독　급이육적　혹란신심　　침륜생사

輪廻六趣할새 受諸苦惱흠이 猶如江河因小泉源이 涓流不絶하야
윤회육취　　수제고뇌　　유여강하인소천원　연류부절

達磨 觀心論(달마 관심론)

*乃能彌漫*하니 *波濤萬里*하나니라.
급능미만   파도만리

 이러한 삼독은 하나인 본체에서 스스로 삼독으로 되었거니와 만일 육근(六根)에 맞추어 나타나면 육적(六賊)이라고도 하나니, 육적이라 함은 곧 육식(六識)으로부터 일어나는 생각들이라.
 이 육식이 여러 감관(根)으로 드나들면서 온갖 경계에 물들어 자연히 악업(惡業)을 이루어 진여의 바탕을 장애하는 까닭에 육적이라 부르느니라.
 모든 중생이 이 삼독과 육적으로 몸과 마음을 어지러이 미혹시켜 생사에 떨어지고 육취(六趣)에 헤매면서 온갖 고통을 받는 것이, 마치 큰 강이 쉬지 않고 흐르는 작은 샘들로 인하여 마침내 철철 넘쳐흘러 만리 파도를 이뤄 출렁거리는 것 같으니라.

4-1. 斷三毒根(단삼독근)
- 삼독의 뿌리를 끊으라 -

若復有人이 斷其根源하면 則衆流皆息하나니라. 求解脫者가 能轉三毒하야
약부유인   단기근원   즉중류개식   구해탈자   능전삼독

爲三聚淨戒하고 能轉六賊하야 爲六波羅密하면 自然永離一切諸苦하나니라.
위삼취정계   능전육적   위육바라밀   자연영리일체제고

어떤 사람이 그 뿌리와 근원을 끊으면 모든 흐름이 쉬느니라. 해탈을 구하는 이는 삼독을 돌려 삼취정계(三聚淨戒)10)로 만들고, 육적을 돌려 육바라밀(六波羅密)11)로 만들면 자연히 모든 고통을 여의게 되리라.

---

10) 삼취정계(三聚淨戒): 계율의 근본 취지를 세 가지로 묶은 것이니 첫째, 착한 법은 모두 행하라(攝善法戒), 둘째, 모든 중생을 이롭게 하라(攝衆生戒), 셋째, 계법을 잘 지키라(攝律儀戒)이다.
11) 육바라밀(六波羅密): 보시・지계・인욕・정진・선정・지혜.

達磨 觀心論(달마 관심론)

4-2. 了出三界(요출삼계)
- 깨달으면 삼계를 벗어난다 -

又問曰 三毒六賊은 廣大無邊이어늘 若唯觀心으로 云何免彼
우문왈 삼독육적 광대무변   약유관심   운하면피

無窮之苦이니꼬. 答曰 三界業報가 唯心所生이니 若能了心하면
무궁지고   답왈 삼계업보   유심소생   약능료심

於三界中에 則出三界하리라. 其三界者는 則三毒也니 貪爲欲界요
어삼계중   즉출삼계   기삼계자   즉삼독야   탐위욕계

嗔爲色界요 癡爲無色界라 由此三毒心하야 結集諸惡할새 業報成就하야
진위색계 치위무색계 유차삼독심   결집제악   업보성취

輪廻六趣故로 名爲三界니라.
윤회육취고   명위삼계

又三毒造業輕重으로 受報不同하야 分歸六處故名六趣니라.
우삼독조업경중   수보부동   분귀육처고명육취

[혜가] 삼독과 육적은 크고도 끝이 없는 것이어늘 어찌 마음 관하는 법만으로 저 끝없는 고를 면할 수 있겠습니까?

[달마] 삼계(三界)의 업보(業報)는 오직 마음에서 생긴 것이니, 마음을 깨달으면 삼계 안에서 삼계를 벗어나리라.
 이 삼계란, 곧 삼독이니, 탐욕이 욕계(欲界)요 성냄은 색계(色界)며 어리석음이 무색계(無色界)라, 이 삼독에 의하여 모든 악을 지어내는 까닭에 업보(業報)가 이루어져 육취(六趣)에 윤회(輪廻)하는 고로 삼계라 부르느니라. 또한 삼독으로 업을 지어 가되 가볍고 무거운 데 따라 그 보를 받는 것도 같지 않아 여섯 군데로 나뉘어지기 때문에 이를 육취라고 부르느니라.

5. 迷現六趣(미현육취)
- 미혹하여 육취가 나타난다 -

又問曰 云何輕重이 分之爲六이닛고.
우문왈 운하경중 분지위육

答曰 若有衆生이 不了正因하고 迷心修善하면 未免三界하야 生三輕趣하나니
답왈 약유중생   불료정인   미심수선   미면삼계   생삼경취

云何三輕고 所謂迷修十善하야 妄求快樂하면 未免貪界하야 生於天趣하고
운하삼경 소위미수십선   망구괘락   미면탐계   생어천취

迷持五戒하야 妄起愛憎하면 未免嗔界하야 生於人趣하고 迷執有爲하야
미지오계   망기애증   미면진계   생어인취   미집유위

信邪求福하면 未免痴界하야 生於修羅趣하나니 如是三類를 名爲三輕趣니라.
신사구복   미면치계   생어수라취   여시삼류   명위삼경취

[혜가] 어떻게 해서 가볍고 무거움이 여섯 갈래로 나뉘어졌습니까?

[달마] 어떤 중생이 정인(正因)12) 을 알지 못하고 미혹한 마음으로 선(善)을 닦으면 삼계를 면치 못해 세가지 가벼운 갈래(三輕趣)에 태어나느니라. 무엇을 세 가지 가벼운 갈래라 하는가?

미혹한 마음으로 십선행(十善行)13)을 닦되 망녕되이 쾌락을 구하면 탐욕의 경계를 면치 못해서 하늘 갈래(天趣)에 태어나고, 미혹한 마음으로 오계(五戒)14)를 지켜 망녕되이 미워하고 좋아하는 마음을 일으키면 성냄(瞋)의 경계를 면치 못해서 인간 갈래(人趣)에 태어나고, 미혹한 마음으로 유위(有爲)에 집착하여 삿된 법을 믿고 복을 구하면 어리석음(痴)의 경계를 면치 못하여 아수라의 갈래에 태어나느니라. 이러한 세 종류를 통털어 세 가지 가벼운 갈래라 하느니라.

云何三重고 所謂縱三毒心하야 唯造惡業이니 墮三重趣若貪業이 重者는
운하삼중 소위종삼독심 유조악업 타삼중취약탐업 중자

墮餓鬼趣하고 瞋業이 重者는 墮地獄趣하고 癡業이 重者는
타아귀취 진업 중자 타지옥취 치업 중자

---
12) 정인(正因): 본각本覺을 깨단는 방법으로서 가장 빠른 길.
13) 십선행(十善行): 열 가지 착한 행이니 身으로 셋, 口로 넷, 意로 셋 합해서 열 가지.
14) 오계(五戒): 불교의 기본 계율. 불살생, 불투도, 불사음, 불망어, 불음주.

墮畜生趣하나니 如是三重을 通前三輕하면 遂成六趣니라.
타축생취　　여시삼중　통전삼경　　수성육취

故知惡業이 由自心生이니 但能攝心하야 離諸邪惡하면 三界六趣
고지악업　유자심생　　단능섭심　　이제사악　　삼계육취

輪廻之苦가 自然消滅하야 能盡諸苦하리니 則名解脫이니라.
윤회지고　자연소멸　　능진제고　　즉명해탈

　무엇이 세 가지 무거운 갈래(三重趣)인가?
　삼독의 마음을 제멋대로 부려서 나쁜 업만을 지으면 세 가지 무거운 갈래에 떨어지게 되느니, 탐욕이 무거운 이는 아귀의 갈래(餓鬼趣)에 떨어지고, 성냄이 무거운 이는 지옥의 갈래(地獄趣)에 떨어지고, 어리석음이 무거운 이는 축생의 갈래(畜生趣)에 떨어지나니, 이러한 세 가지 무거운 갈래와 앞의 세 가지 가벼운 갈래를 합하여 모두 여섯 갈래, 즉 육취(趣)가 되느니라.
　그러므로 알라. 나쁜 업이 마음으로부터 일어난 것이니, 마음을 능히 거두어 모든 악을 여의면 삼계(三界)의 육취(趣) 윤회가 자연히 사라져 모든 고통이 다하게 되리니, 이를 해탈이라 부르느니라.

6. 卽三毒現阿僧祇 (즉삼독현아승지)
- 삼독에 의하여 아승지(阿僧祇)가 나타난다 -

又問曰 如佛所說이 我於阿僧祇劫으로부터 無量勤苦하야 方成佛道라 하셨거늘
우문왈 여불소설　아어아승지겁　　　무량근고　　방성불도

云何今說로 唯除三毒하면 則名解脫이닛고
운하금설　유제삼독　　즉명해탈

答曰 佛所說이 言無虛妄也니 阿僧祇者란 卽三毒心也라.
답왈 불소설　언무허망야　아승지자　즉삼독심야

胡名에 阿僧祇어든 漢言에는 不可數라 此心中에 有恒沙惡念이어든
호명　아승지　한언　　불가수　차심중　유항사악념

一一念中에 皆有一劫이니라. 恒沙者는 不可數也니 以三毒惡念이
일일념중　개유일겁　　　항사자　불가수야　이삼독악념

達磨 觀心論 (달마 관심론)

如恒沙故로 言不可數也니라. 眞如之性이 旣被三毒之所覆할새
여항사고　언불가수야　　진여지성　기피삼독지소복

若不超彼 恒河沙惡之念하면 云何名解脫이리요. 今者에 能除貪嗔癡하고
약불초피 항하사악지념　　운하명해탈　　금자　능제탐진치

等三毒心하면 是則名爲度得三大阿僧祇劫이어늘 末世衆生이 愚癡鈍根하야
등삼독심　　시즉명위도득삼대아승지겁　　　말세중생　우치둔근

不解如來 甚深妙義 三阿僧祇 秘密之說하고 遂言歷此塵劫하야사
불해여래 심심묘의 삼아승지 비밀지설　수언역차진겁

方得成佛이라 하나니 末劫에 豈不疑誤修行之人하야 退菩提道也리요.
방득성불　　　　말겁　기불의오수행지인　　퇴보리도야

[혜가] 부처님께서 설하신 바와 같이 "내가 아승지겁부터 끝없는 노력으로 각고하여 마침내 불도(佛道)를 얻었다" 하셨으니, 어찌 지금에 와서 오로지 삼독만 제거하면 곧 해탈이라 하시나이까?

[달마] 부처님께서 설하신 바는 허망(虛妄)하지 않나니, 아승지란 곧 삼독심(三毒心)이라.

호어(胡語)로는 아승지(阿僧祇)이거니와 중국말로는 불가수(不可數)15)라, 이 마음 가운데 항하사 수만큼 나쁜 생각이 있거든 낱낱 생각 가운데에 모두 한 겁이 있느니라. 항하사라 함은 헤아릴 수 없다는 뜻이니 삼독의 나쁜 생각이 항하의 모래 수와도 같으므로 헤아릴 수 없다고 하느니라.

진여(眞如)의 성품이 이미 삼독에 덮이었으니, 항하사 같은 나쁜 생각을 뛰어넘지 않으면 어찌 해탈이라 부르리요. 지금에 탐·진·치 삼독심을 제거한 이가 있으면 곧 세 큰 아승지겁을 뛰어넘는 것이 되거늘 말세의 중생이 어리석고 둔해서 여래의 매우 깊고도 묘한 이치와 세 아승지겁의 비밀한 말씀을 알아듣지 못하면서 말하되 '세 아승지겁을 지나야 비로소 부처를 이룬다'고만 말하니, 이 어찌 말세의 수행인을 그르쳐 깨침의 길에서 물러나게 하도록 장려하는 것이 아니겠는가."

---

15) 불가수(不可數): 범어 아승지(阿僧祇)의 번역이니, 큰 수요의 한 단위.

7. 明三聚六波羅密(명삼취육바라밀)
- 삼취정계와 육바라밀을 밝히다 -

又問曰 菩薩摩訶薩이 由持三聚淨戒하며 行六波羅密하야사 方成佛道어늘
우문왈 보살마하살 유지삼취정계 행육바라밀 방성불도

今令學者로 唯持觀心하고 不修戒行이면 云何成佛이리요.
금령학자 유지관심 불수계행 운하성불

答曰 三聚淨戒者는 則制三毒心也니 制一毒하면 成無量善하나니라.
답왈 삼취정계자 즉제삼독심야 제일독 성무량선

聚者는 會也니 以能制三毒하면 卽有三無量善이 普會於心일새
취자 회야 이능제삼독 즉유삼무량선 보회어심

名三聚淨戒니라. 六波羅密者는 卽淨六根이니 胡名은 波羅密이요
명삼취정계 육바라밀자 즉정육근 호명 바라밀

漢言에 達彼岸이어늘 以六根이 淸淨하여 不染世塵이면 卽是出煩惱하야
한언   달피안   이육근 청정   불염세진   즉시출번뇌

便至彼岸也일새 故名六波羅密이니라.
변지피안야   고명육바라밀

[혜가] 보살마하살이 삼취정계를 지키고 육바라밀을 행하여야 불도를 이루거늘, 이제 학자들로 하여금 마음 관하는 법만 가지라 하니 계행을 지키지 않고 어찌 부처를 이루리요?

[달마] 삼취정계(三聚淨戒)라 함은 삼독의 마음을 제어하는 것이니, 하나의 독을 제어하면 무량한 선의 무더기(善聚)를 성취하느니라. 취(聚)라 함은 모았다는 뜻이니, 삼독의 마음을 능히 제어하면 세 가지 한량없는 선(善)이 모두 마음에 모이기 때문에 삼취정계라 부르느니라.

육바라밀이라 함은 육근(六根)을 밝힌다는 뜻이니 인도말로는 바라밀이요, 중국말로는 달피안(達彼岸: 저 언덕에 이르름)이다. 육근이 청정하여 세상 번뇌에 물들지 않으면 번뇌를 벗어나 저 언덕에 이르는 것이니 그러기에 육바라밀이라 부르느니라.

又問曰 如經所說 三聚淨戒者는 誓斷一切惡하며 誓修一切善하며
우문왈 여경소설 삼취정계자 서단일체악 서수일체선

誓度一切衆生이어늘 今者에 唯言制三毒心이라 하시니 豈不文義에
서도일체중생 금자 유언제삼독심 기불문의

有所乖也리요. 答曰 佛所說經이 是眞實語하야 應無謬也시니라.
유소괴야 답왈 불소설경 시진실어 응무류야

菩薩摩訶薩이 於過去因中 修菩薩行時에 爲對三毒하야
보살마하살 어과거인중 수보살행시 위대삼독

發三誓願할새 持三聚淨戒하시니 常修戒는 對貪毒이라.
발삼서원 지삼취정계 상수계 대탐독

誓斷一切惡故요 常修定은 對瞋毒이라 誓修一切善故요.
서단일체악고 상수정 대진독 서수일체선고

常修慧는 對癡毒이라 誓度一切衆生故니라.

상수혜　대치독　서도일체중생고

[혜가] 경(經)에 말씀하시기를 삼취정계라 함은 '온갖 악을 끊기 서원하며, 온갖 선을 닦기 서원하며, 온갖 중생을 제도하기 서원하는 것'이라 이르시었는데 '삼독을 제어하기만 하라' 하시니, 이 어찌 글과 뜻이 어긋나는 것이 아니리까?

[달마] 부처님께서 말씀하신 경전이 진실해서 틀림이 없는 것이로다. 보살마하살이 지난 세상, 인행(因行)의 지위에서 보살의 행을 닦을 때에 삼독을 물리치기 위하여 세 가지 서원을 세워 삼취정계를 지키셨으니,

항상 계를 닦은 것은 탐독(貪毒)을 물리치기 위한 것이니
온갖 악을 끊기 서원하기 때문이며,
항상 선정을 닦은 것은 진독(瞋毒)을 물리치기 위한 것이니
온갖 선을 닦기 서원하기 때문이며,
항상 지혜를 닦은 것은 치독(痴毒)을 물리치기 위한 것이니
온갖 중생을 건지기 서원하기 때문이니라.

由持如是戒定慧等三種淨法故로 超彼三毒惡業하야 成佛道也니
유지여시계정혜등삼종정법고　　초피삼독악업　　성불도야

達磨 觀心論(달마 관심론)

以能除三毒하면 卽諸惡이 消滅故로 名之爲斷이요
이능제삼독　　즉제악　소멸고　명지위단

以能持三聚淨戒하면 卽諸善이 具足故로 名之爲修요
이능지삼취정계　　　즉제선　구족고　명지위수

以能斷惡修善하면 則萬行이 成就하며 自他俱利하야
이능단악수선　　　즉만행　성취　　자타구리

普濟群生故로 名之爲度니 故知所修戒行이 不離於心이로다.
보제군생고　명지위도　고지소수계행　불리어심

이와 같이 계, 정, 혜 등 세 가지 청정한 법을 지키므로 삼독의 악업을 뛰어나서 불도를 이루나니, 삼독을 제어하면 모든 악이 소멸하기 때문에 끊는다[斷]고 부르며 삼취정계를 지키면 모든 선이 구족되기 때문에 닦는다[修]라고 부르고, 악 끊기와 선 닦기를 잘 하면 만행(萬行)이 이루어져 나와 남이 모두 이롭게 되고 중생을 두루 제도하기 때문에 건진다[度]라고 부르니라 그러므로 알라, 계행을 닦는 일도 마음을 여읜 것이 아니니라.

8. 心淨則佛土淨 (심정즉불토정)
- 마음이 깨끗하면 불국토도 깨끗하다 -

若 自心이 淨하면 一切衆生이 皆悉淸淨이니라.
약 자심 정 일체중생 개실청정

故로 經에 云하사대 心垢卽衆生垢요 心淨卽衆生淨이라 하시고
고 경 운 심구즉중생구 심정즉중생정

又云하사대 欲淨佛土인댄 先淨其心이니 隨其心淨하야 則佛土淨이라시니
우운 욕정불토 선정기심 수기심정 즉불토정

若能制得三種毒心하면 三聚淨戒를 自能成就하리라.
약능제득삼종독심 삼취정계 자능성취

만일 스스로의 마음이 청정하면 일체중생이 모두가 청정해지느니라. 그러므로 경에 말씀하시기를, "마음이 더러우면 중생이 더러워지고 마음이 깨끗하면 중생이 깨끗하다" 하시고, 또 말씀하시기를 "부처님나라(佛土)를 깨끗이 하려면 먼저 마음을 깨끗이 할지니, 마음만 깨끗해지면 부처님 나라가

達磨 觀心論(달마 관심론)

깨끗해지리라" 하셨으니, 삼독(三毒)의 마음을 제어할 수 있다면 삼취정계를 자연히 성취하리라.

9. 重明六度 (중명육도)
- 육도의 이치를 거듭 밝히다 -

又問曰 如經所說에 六波羅密者는 亦名六度니
우문왈 여경소설   육바라밀자   역명육도

所謂 布施持戒忍辱精進禪定智慧어늘 今言六根淸淨을
소위 보시지계인욕정진선정지혜   금언육근청정

名爲六波羅蜜者라 하시니 若爲通會며 又度者는 其義云何닛고
명위육바라밀자   약위통회   우도자   기의운하

答曰 欲修六度인댄 當淨六根이요 欲淨六根인댄 先降六賊이니
답왈 욕수육도   당정육근   욕정육근   선항육적

能捨眼賊하면 離諸色境하야 心無固悋일새 名爲布施요
능사안적   이제색경   심무고인   명위보시

能禁耳賊이면 於彼聲塵에 不令縱逸일세 名爲持戒요

능금이적　　어피성진　불령종일　　명위지계

能伏鼻賊하면 等諸香臭하야 自在調柔할새 名爲忍辱이요

능복비적　　등제향취　　자재조유　　명위인욕

能制舌賊하면 不貪邪味하며 讚詠講說호대 無疲厭心일새 名爲精進이요

능제설적　　불탐사미　　찬영강설　　무피염심　　명위정진

能伏身賊하면 於諸觸欲에 湛然不動일새 名爲禪定이요

능복신적　　어제촉욕　　담연부동　　명위선정

能調意賊하면 不順無明하고 常修覺慧하야 樂諸功德일새 名爲智慧니라.

능조의적　　불순무명　　상수각혜　　낙제공덕　　명위지혜

又度者는 運也니 六波羅蜜은 喩若船筏이어든 能運衆生하야

우도자　운야　육바라밀　유약선벌　　능운중생

達彼岸故로 云六度니라.

달피안고   운육도

[혜가] 경(經)에 이르시기를 육바라밀이 육도라 함은 보시·지계·인욕·정진·선정·지혜이거늘, 이제 말씀하시기를 "육근이 청정한 것을 육바라밀이라 한다" 하시니, 그 뜻은 무엇이며 육도(六度)란 어떠한 뜻입니까?

[달마] 육도(六度)를 닦고자 하면 육근(六根)을 밝혀야 되고, 육근을 밝히려면 먼저 육적(六賊)을 항복시켜야 하리라.

눈의 도적[眼賊]을 버리면 모든 빛의 경계[色境]를 떠나서 마음에 인색함이 없어지므로 보시(布施)라 부르고,

귀의 도적[耳賊]을 막으면 소리의 경계에 끄달리지 않으므로 계(戒)를 지킨다 하고,

코의 도적[鼻賊]을 항복시키면 향취와 악취에 균등하여 자유롭게 조절하게 되므로 인욕이라 부르고,

혀의 도적[舌賊]을 제어하면 삿된 맛을 탐내지 않으며, 읊고 강설하되 피로하거나 싫어하는 마음이 없으므로 정진[精進]이라 부르고,

몸의 도적[身賊]을 항복시키면 모든 애욕에 초연히 요동치 않으므로 선정[禪定]이라 하고,

뜻의 도적[意賊]을 조복 받으면 무명[無明]을 따르지 않고 항상 부처의 지혜[佛慧]를 닦아 모든 공덕을 즐기므로 지혜[智慧]라고 이름하느니라.

또 도(度)라 함은 운반하다[運]는 뜻이니 육바라밀은 배[船筏]와 같은 것이어서 중생을 운반하여 저 언덕에 이르도록 하는 까닭에 육도라 부르느니라.

10. 明法乳(명법유)

- 법의 젖을 밝히다 -

又問曰 經文所說에 釋迦如來가 爲菩薩時에
우문왈 경문소설 석가여래 위보살시

曾飮三斗六升乳糜하시고 方成佛道라 하시니 卽先因食乳後에
증음삼두육승유미   방성불도   즉선인식유후

證佛果어늘 豈唯觀心하야 得解脫也리까.
증불과   기유관심   득해탈야

答曰 誠如所說은 無虛妄也니 必因食乳하야 然始成佛이니
답왈 성여소설 무허망야   필인식유   연시성불

佛所說食乳者는 非是世間不淨之乳요 乃是眞如淸淨法乳니라.
불소설식유자 비시세간부정지유   내시진여청정법유

三斗者는 卽三聚淨戒요 六升者는 六波羅密이니
삼두자   즉삼취정계   육승자   육바라밀

佛이 成道時에 由食此淸淨法乳하야 方證佛果어늘
불   성도시   유식차청정법유   방증불과

若言如來食於世間의 婬欲和合不淨羶腥之乳者면 豈不成謗之甚乎아
약언여래식어세간   음욕화합부정전성지유자   기불성방지심호

如來者는 自是金剛不壞無漏法身이라 永離世間諸苦어니
여래자   자시금강불괴무루법신   영리세간제고

豈須如是不淨之乳하야 以免飢渴也리요. 如經所說하야 此牛는
기수여시부정지유   이면기갈야   여경소설   차우

不在高原하며 不在下濕하며 不食栗麥糠麩하며 不與特牛로 同群이라
부재고원   부재하습   불식율맥강부   불여특우   동군

其牛身은 作紫摩金色이라 하시니라. 言此牛者는 則毘盧遮那佛也시니
기우신　작자마금색　　　　언차우자　즉비로자나불야

以大慈悲로 憐愍一切故하사 於淸淨法體中에 流出如是三聚淨戒와
이대자비　연민일체고　　어청정법체중　유출여시삼취정계

六波羅密微妙法乳하사 乳養一切求解脫者하시니 飮如是
육바라밀미묘법유　　유양일체구해탈자　　　음여시

淸淨之牛의 淸淨之乳하면 非獨如來 飮之成道라.
청정지우　청정지유　　비독여래 음지성도

一切衆生이 若能飮者면 皆得成 阿耨多羅三藐三菩提하리라.
일체중생　약능음자　개득성 아뇩다라삼먁삼보리

[학인] 경에 이르시되 "석가여래께서 보살로 계실 적에 부처님께서 일찍이 서 말 여섯 되의 젖을 마시고 비로소 불도를 이루었다" 하셨거늘, 먼저 우유를 드시고 불과를 얻으시었는데 어째서 마음을 관하기만 하면 해탈을 얻는다 하십니까?

[달마] 여래의 말씀은 진실하여 허망함이 없다. 반드시 우유를 드신 후에 자연히 성불을 이루셨는데 부처님께서 마셨다고 하는 것은 세간의 부정한 젖이 아니라 진여(眞如)의 청정한 법의 젖(法乳)이니라.

'서 말'이라 함은 삼취정계요, '여섯 되'라 함은 육바라밀이니, 부처님께서 도를 이루실 때 이 청정한 법의 젖을 마시신 까닭에 불과(佛果)를 증득하셨거늘 도리어 말하기를 '세상의 음욕으로 화합한 더럽고 누린내 나는 젖을 잡수셨다' 한다면 그 어찌 부처님을 비방함이 지나치지 않는가? 여래라 함은 금강과 같이 굳어서 무너지지 않는 무루의 참몸(無漏法身)이라. 세간의 고통을 영원히 여의었거늘 어찌 이와 같이 부정한 것을 가지고 기갈을 면하겠는가?

경에 말씀하시기를 "이 소는 높은 언덕에 있지도 낮은 습지에 있지도 않으며 곡식이나 질경이도 먹지 않으며, 잡된 소들과 어울리는 법도 없으며 몸은 자마금(紫摩金)의 빛이라" 말씀하셨느니라. 이 소라 함은 비로자나불(毘盧遮那佛)이시니 대자대비로써 모든 중생을 가엾이 여기시어 청정한 법체로부터 이들 삼취정계와 육바라밀의 미묘한 법의 젖(法乳)을 흘려내려 해탈을 구하는 모든 이들을 젖 먹여 기르시나니, 이와 같이 청정한 소의 청정한 우유를 마시면 여래만이 마시고 도를 이루실 뿐 아니라 일체중생이 누구나 마시기만 하면 모두 위없고 바르고 참된 이 도를 얻을 것이니라.

11. 修造聖殿(수조성전)
 - 절 짓는법 -

又問曰 佛說經中에 令衆生으로 修造伽藍하여 鑄寫形像하며 燒香散花하며
우문왈 불설경중 영중생 수조가람 주사형상 소향산화

燃長明燈하며 日夜六時로 行道持齋禮拜하야 種種功德하면
연장명등 일야육시 행도지재예배 종종공덕

皆成佛道라 하야시늘 若唯觀心이 摠攝諸行 說如是事는 應虛妄也니라.
개성불도 약유관심 총섭제행 설여시사 응허망야

答曰 佛所說經의 有無量方便은 以一切衆生이 鈍根狹劣하야
답왈 불소설경 유무량방편 이일체중생 둔근협열

不悟甚深之義할새 所以로 假有爲事하야 喩無爲理하고 若復不修內行하고
불오심심지의 소이 가유위사 유무위리 약부불수내행

達磨 觀心論(달마 관신론)

唯只外求하야 希望獲福하면 無有是處니라. 言伽藍者는 梵音이요
유지외구   희망획복   무유시처   언가람자   범음

此言에 淸淨處也니 若永除三毒하야 常淨六根하며 身心이 湛然하야
차언 청정처야   약영제삼독   상정육근   신심   담연

內外淸淨하면 是則修伽藍也니라.
내외청정   시즉수가람야

[혜가] "경에 말씀하시되, 중생으로 하여금 성전을 짓거나 성상을 조성하거나, 향을 사루거나 꽃을 흩거나, 장명등을 밝히거나 밤낮으로 여섯 차례 예불하거나 재계를 지키고 예배하는 등 가지가지 공덕을 지으면 모두 불도를 이루리라" 하셨거늘, 이제 말씀하시기를 "마음을 관하는 한 가지 법만으로 모든 수행을 포섭한다" 하시니, 이와 같은 말씀은 응당 허망한 말씀이겠습니다.

[달마] 경에 부처님의 무량한 방편들이 중생들의 근기가 둔하고 지혜가 부족하여 깊고 깊은 묘리(妙理)를 깨닫지 못하므로 무수한 방편으로 중생들을 이끄시되 거짓 유위(有爲)의 일로 무위(無爲)의 진리를 드러내시니, 그대

는 알지 못하겠는가? 안으로 수행하지 않고 밖으로 구하기만 하면서 복보(福報)를 희망하는 것은 옳지 못하니라.

　가람이라 함은 범어인데 청정처(淸淨處: 깨끗한 도량)라 번역하나니, 삼독을 영원히 제하여 항상 육근을 맑히며, 몸과 마음이 조촐하여 안과 밖이 청정하면 이것이 가람을 짓는 것이니라.

12. 鑄寫佛像(주사불상)
- 불상 조성하는 법 -

又鑄寫形像者는 卽一切衆生이 求佛道也니 所謂 修諸覺行호대
우주사형상자   즉일체중생   구불도야   소위 수제각행

假像如來眞容妙相이라 豈道鑄金銅之所作也리요 是故로 求解脫者는
가상여래진용묘상   기도주금동지소작야   시고   구해탈자

以身으로 爲爐하고 以法으로 爲火하고 以智慧로 爲工匠하고
이신   위로   이법   위화   이지혜   위공장

三聚淨戒와 六波羅密로 以爲摸樣하야 鎔鍊身中眞如佛性하야
삼취정계   육바라밀   이위모양   용련신중진여불성

遍入一切戒律摸中하야 如敎奉行호대 一無缺漏하면 自然成就
변입일체계율모중   여교봉행   일무결루   자연성취

眞容之相하나니 所謂究竟常住微妙法身이라 非是有爲敗壞之法이니라.
진용지상　　소위구경상주미묘법신　　비시유위패괴지법

若人이 求道호대 不解鑄寫眞容하면 憑何輒言成功德也리오.
약인　구도　불해주사진용　빙하첩언성공덕야

또 불상을 조성한다는 것은 모든 중생이 불도를 구하는 행위이니, 이른바 온갖 깨닫는 행을 닦되 여래의 참모습과 묘한 형상을 거짓으로 상징하는 것이다. 그 어찌 금이나 구리를 부어 만든 것을 말하는 것이리요?

그러므로 해탈을 구하는 자는 몸으로 도가니를 삼고 법으로 불을 삼고 지혜로 공장(工匠)을 삼고, 삼취정계와 육바라밀로 거푸집을 삼아 몸 안에 있는 진여의 불성을 녹여 온갖 계율이라는 거푸집 속에 넣어 가르침대로 받들어 행하되 하나도 빠뜨림이 없게 하면 자연히 참모습의 등상이 이루어지나니, 이른바 구경(究竟)에 항상 머무는 미묘한 법신이라, 무너지는 유위의 법이 아니니라. 사람들이 도를 구하면서도 참모습을 조성하거나 그릴 줄 모르면 무엇으로서 공덕을 이룬다고 말할 수 있으리요.

13. 五分香(오분향)
-다섯 가지 향 피우는 법-

燒香者는 亦非世間有相之香이라 乃是無爲正法之香이니 薰諸臭穢면
소향자 역비세간유상지향 내시무위정법지향 훈제취예

斷無明惡業하야 悉令消滅이니라. 其正法香은 有五種이니
단무명악업 실령소멸 기정법향 유오종

一者는 戒香이니 所謂能斷諸惡하고 能修諸善이요
일자 계향 소위능단제악 능수제선

二者는 定香이니 所謂深信大乘하야 心無退轉이요
이자 정향 소위심신대승 심무퇴전

三者는 慧香이니 所謂常於身心에 內外觀察이요
삼자 혜향 소위상어신심 내외관찰

四者는 解脫香이니 所謂能斷一切無明結縛이요
사자   해탈향   소위능단일체무명결박

五者는 解脫知見香이니 所謂覺察이 常明하야 通達無礙니라.
오자   해탈지견향   소위각찰   상명   통달무애

如是五香이 名最上香이라 世間에 無比니 佛이 在世日에
여시오향   명최상향   세간 무비   불 재세일

令諸弟子로 以智慧火로 燒如是無價寶香하야 供養十方一切諸佛이어늘
영제제자   이지혜화   소어시무가보향   공양시방일체제불

今時衆生이 愚癡鈍根하야 不解如來眞實之義하고 唯將外火하야
금시중생   우치둔근   불해여래진실지의   유장외화

燒於世間沈檀薰陸質礙之香하야 希望福報하니 云何可得이리요.
소어세간침단훈육질애지향   희망복보   운하가득

향을 피운다 하는 것도 세간의 형상 있는 향이 아니라 무위·정법의 향을

達磨 觀心論(달마 관심론)

말함이니, 온갖 더러운 냄새를 물리치고 무명의 악업을 모두 끊어 소멸케 하는 것이니라.

바른 법의 향이라 함은 다섯 가지가 있으니,

첫째는 계향(戒香)이라, 능히 모든 악을 끊고 모든 선을 닦는 것을 말하며,

둘째는 정향(定香)이라, 바른 기틀(大機)을 깊게 믿어 물러날 마음이 없는 것이요,

셋째는 혜향(慧香)이라, 몸과 마음을 안팎으로 잘 살펴보는 것이요,

넷째는 해탈향(解脫香)이라, 온갖 무명의 얽힌 묶음을 푸는 것이요,

다섯째는 해탈지견향(解脫知見香)이라, 깨달아 살핌(覺察)이 항상 밝아서 걸림 없이 통달하는 것이니라.

이 다섯 가지 향은 가장 높은 향이라 세상에는 이와 견줄 것이 없나니, 부처님께서 생존하셨을 때에 제자들로 하여금 이와 같이 값진, 지혜의 불로써 향을 사루어 시방의 모든 부처님께 공양하라 하셨거늘, 오늘날 중생들이 근기가 둔하고 어리석어서 부처님의 참된 향의 뜻을 알지 못하고 오직 밖의 불로써 세간의 침단(沈檀)과 훈육(薰陸) 등 형체 있는 향을 사룸으로써 복 받기를 바라니, 어찌 얻을 수 있으리요.

14. 散花(산화)
- 꽃을 흩는 법 -

又散花者는 義亦如是니 所謂演說正法諸功德花하야 饒益有情하며
우산화자   의역여시   소위연설정법제공덕화   요익유정

散洽一切眞如之性하야 普施莊嚴이니 此功德花는 佛所稱歎이라
산치일체진여지성   보시장엄   차공덕화   불소칭탄

究竟常住하야 無凋落期니라.
구경상주   무조락기

若復有人이 散如是花하면 獲福無量이어늘 若言如來令諸弟子와
약부유인   산여시화   획복무량   약언여래영제제자

及衆生等으로 剪截艶綵하며 傷損草木하야 以爲散花라 하면
급중생등   전절염채   상손초목   이위산화

無有是處니라. 所以者何오 持淨戒者는 於諸天地森羅萬像에

達磨 觀心論(달마 관심론)

무유시처   소이자하   지정계자   어제천지삼라만상

不令觸犯이니 愒損者도 由獲大罪온 況復今者에 加毀淨戒하며
불령촉범   오손자   유획대죄   황부금자   가훼정계

傷損萬物하야 求於福報리오. 欲益反損이라 豈有是乎아.
상손만물   구어복보   욕익반손   기유시호

또 꽃을 흩는다 함도 이치가 이와 같으니, 소위 바른 법의 공덕 꽃을 널리 설하여 유정들을 이롭게 하고, 온갖 진여의 성품을 두루 다스려 장엄을 두루 베푸는 것이니, 이 모든 공덕의 꽃은 부처님께서 찬탄하신 바라 필경에 시들거나 떨어지는 법이 없느니라.

어떤 사람이 이러한 꽃을 흩으면 한량없는 복을 받거니와 만일 말하기를 부처님께서 제자들이나 중생들로 하여금 고운 비단을 베고 새기거나 초목을 끊고 잘라 꽃을 흩으라 하셨다 한다면 옳지 못하니라.

그 까닭이 무엇인가? 계행을 지키는 이는 천지 안의 삼라만상 모든 것을 죽이지 말아야 할 것 이어늘 조금 잘못하여 해치는 것도 큰 죄를 받거늘 하물며 요즘같이 청정한 계율을 범하고 만물을 손상하면서 복을 구할 수 있겠는가? 이익코자 하나 도리어 해가 되니, 어찌 옳다고 하리요.

15. 明燈(명등)
- 등불 밝히는 법 -

又長明燈者는 正覺心也니 覺知明了를 喩之爲燈이니라.
우장명등자 정각심야 각지명료 유지위등

是故로 一切求解脫者는 常以身으로 爲燈臺하고 以心爲燈盞하고
시고 일체구해탈자 상이신 위등대 이심위등잔

信으로 爲燈炷하고 增諸戒行으로 以爲添油하고 智慧明達로
신 위등주 증제계행 이위첨유 지혜명달

喩如燈光하나니 常燃如是覺燈하야 炤破一切無明癡暗이니라.
유여등광 상연어시각등 소파일체무명치암

能以此法으로 轉明開悟하면 卽是一燈이 然百千燈호대
능이차법 전명개오 즉시일등 연백천등

以燈續明하야 終無盡故로 號를 長明이니라.
이등속명　종무진고　호　장명

過去에 有佛호대 名曰燃燈이시니 義亦如是어늘 愚癡衆生이
과거　유불　명왈연등　　의역여시　　우치중생

不會如來의 方便之說하고 專行虛妄하며 執着有爲할새
불회여래　방편지설　　전행허망　　집착유위

遂燃世間蘇油之燈하야 以焰空室하고 乃稱依敎라 하나니
수연세간소유지등　　　이소공실　　내칭의교

豈不謬乎아 所以者何오 佛이 放眉間一毫之光하야도
기불류호　소이자하　불　방미간일호지광

尙照十萬八千世界하며 若身光이 盡現則普照十方하나니
상조십만팔천세계　　　약신광　진현즉보조시방

豈假如是世俗之燈하야 以爲利益이리오 審察斯理하면 應不然乎아.

기가여시세속지등　　이위이익　　　심찰사리　　응불연호

　또 장명등(長明燈)이라 함은 바른 깨달음의 마음이니, 깨달아 아는 것이 명료함을 등에다 비유 하였느니라. 그러므로 해탈을 구하는 모든 사람은 항상 몸을 등 바침[燈臺]으로 삼고, 마음을 등잔으로 삼고, 믿음을 심지로 삼고, 모든 계행이 증진하는 것으로 기름부음을 삼고 지혜가 밝아지는 것을 등빛으로 삼아야 하느니라.

　항상 이러한 깨달음의 등을 켜 온갖 무명의 어두움을 비추어 무찌르니, 능히 이러한 법으로 차례차례 깨달아 밝히면 곧 한 등불이 백 천 등을 연달아 켜되, 등과 등이 광명을 이어 마침내 다함이 없게 되는 것이니, 그러므로 장명등이라 이름하느니라.

　과거에 한 부처님이 계셨는데 그 이름이 연등(燃燈: 등을 켠다)이시라, 이 이치도 그렇거늘 어리석은 중생이 부처님의 방편의 말씀을 알지 못하고 오로지 허망한 짓을 하며 유위의 법에 집착하기 때문에 세상의 깨기름이나 태워 빈 방을 비추는 것으로 경전에 의지하는 것이라고 여기니 그 어찌 허물이 아니겠는가.

　그 까닭은 무엇인가? 부처님이 눈썹 사이의 한 터럭으로 광명을 놓으셔도 십만 팔천의 세계를 비추셨으며, 몸의 광명이 다 나타나면 시방의 세계를 두루 비추나니, 어찌 이러한 세속의 등불을 의지하여 이익이 된다 하리요. 이런 이치를 자세히 살피건대 그르다 하지 않을 수 있으랴.

16. 行道(행도)
- 도를 행하는 법 -

又六時行道者는 所謂六根之中에 於一切時에 常行佛道니 佛者는
우육시행도자   소위육근지중   어일체시   상행불도 불자

覺也라 卽時修諸覺行하야 調伏六根하고 六情이 淸淨하야 長時不捨를
각야   즉시수제각행   조복육근   육정 청정하야 장시불사

名爲六時行道니라. 塔者는 身心也니 常令覺慧로 巡遶身心하야
명위육시행도   탑자   신심야   상령각혜   순요신심

念念不停이 名爲遶塔이니라. 過去諸聖이 曾行此道하야 得涅槃樂이어늘
염념부정   명위요탑   과거제성   증행차도   득열반락

今時世人이 求解脫者가 不會斯理하니 何名行道리요.
금시세인   구해탈자   불회사리   하명행도

竊見今時에 鈍根之輩는 曾不內行하고 唯執外求하야

절건금시   둔근지배   증불내행   유집외구

將質礙身하야 遶世間塔호대 日夜走驟하나니 徒自疲勞라
장질애신   요세간탑   일야주취   도자피로

而於眞性에 一無利益이니 迷愚之輩는 甚誠可愍歟로다.
이어진성   일무이익   미우지배   심성가민여

다시 여섯 차례 도를 행한다 함은 육근 안에서 항상 불도를 행한다는 뜻이니, 부처란 깨달음이니 곧 온갖 깨닫는 행(覺行)을 닦아 육근(六根)을 조복받아 청정한 육정(六情)을 영원히 버리지 않는 것을 여섯 차례 도를 행하는 것이라 하느니라.

탑이란 몸과 마음이니, 항상 깨닫는 지혜[覺慧]로 몸과 마음을 돌며 생각 생각 끊이지 않는 것을 탑돌이(遶塔)이라 하느니라. 과거의 성현들도 일찍이 이 도를 행하여 열반을 얻으셨거늘 요즈음 세상 사람들은 해탈을 구하면서도 이 이치를 알지 못하니, 어찌 도를 행한다 하리요.

둔한 무리가 안으로의 행을 닦지는 않고 밖으로 과보만을 구하면서 육신으로 세간의 탑을 돌되 밤낮으로 설쳐 공연히 피로만 더하니 참성품에는 조금도 이익이 없는지라, 미혹하고 어리석은 무리들이 심히 가엾은 일이로다.

17. 齋戒(재계)
- 재계를 지키는 법 -

又持齋者는 當須會意니 不達其理하면 徒施虛功이니라.
우지재자 당수회의 부달기리   도시허공

齋者는 齊也니 所謂勤治身心하야 不令散亂이요 持者는 護也니
재자 제야 소위근치신심   불령산란   지자 호야

所謂於諸戒行에 如法護持호대 必須禁六情制三毒하며
소위어제계행   여법호지   필수금육정제삼독

勤修覺察淸淨身心이니 了如是義者라사 可名爲齋니라.
근수각찰청정신심   요여시의자   가명위재

또, 재를 지킨다(持齋) 함은 마땅히 그 뜻을 잘 알아야 하리니, 그 뜻을 모르면 헛수고만 하게 되는 것이니라. 재(齋)는 가지런히 한다는 뜻으로 몸과 마음을 부지런히 닦아서 어지럽지 않게 한다는 말이요, 지(持)는 보호한다는 뜻이니, 모든 계행을 법같이 지키되 반드시 육정(六情)을 금하고 삼독(三

毒)을 제어하며 깨달아 살피는 행을 부지런히 닦아서, 몸과 마음을 맑혀야 한다는 말이니, 이런 이치를 알고서야 재계를 지킨다 할 수 있으리라.

18. 齋食(재식)
-밥 먹는 법-

又持齋者는 食有五種하니
우지재자 식유오종

一者는 法喜食이니 所謂依如來正法하야 歡喜奉行이요
일자 법희식 소위의여래정법 환희봉행

二者는 禪悅食이니 所謂內外澄寂하야 身心悅樂이요
이자 선열식 소위내외징적 신심열락

三者는 念食이니 所謂常念諸佛하야 心口相應이요
삼자 염식 소위상념제불 심구상응

四者는 願食이니 所謂行住坐臥에 常行善願이요
사자 원식 소위행주좌와 상행선원

五者는 解脫食이니 所謂心常淸淨하야 不染世塵이라
오자 해탈식   소위심상청정   불염세진

持五淨食者는 名爲齋食이니라 若復有人이 不食如是五種淨食하고
지오정식자 명위재식   약부유인 불식여시오종정식

自言持齋라 하면 無有是處니라.
자언지재   무유시처

또 재를 지킨다 함은, 음식에 다섯 가지가 있으니

첫째는 법희식(法喜食)이라, 여래의 바른 법에 의지하여 기쁘고 반가운 마음으로 받들어 행하는 것이요,

둘째는 선열식(禪悅食)이니, 안팎이 밝고 고요하여 몸과 마음이 즐거움에 넘치는 것이요,

셋째는 염식(念食)이니, 늘 모든 부처님을 생각하여 마음과 입이 서로 응하는 것이요,

넷째는 원식(願食)이니, 다니거나 서거나 앉거나 누울 때 항상 착한 서원을 행하는 것이요,

다섯째는 해탈식(解脫食)이니, 마음이 항상 청정하여 세상 티끌에 물들지

않는 것이니,

  그러므로 이 다섯 가지 깨끗한 음식(食)을 재식이라 부르느니라. 만약 어떤 사람이 이 다섯 가지 청정한 음식(食)을 먹지 않고 재계를 지킨다 말한다면 전혀 옳지 못하니라.

19. 斷食(단식)
- 단식하는 법 -

又有斷食하니 言斷食者는 斷無明惡業之食이라.
우유단식　　언단식자　단무명악업지식

若輒觸者는 名爲破齋니 齋若有破하고 云何獲福이리요.
약첩촉자　　명위파재　재약유파　　운하획복

世有迷愚하야 不悟斯理하고 身心放逸하야 造諸惡業하며
세유미우　　불오사리　　신심방일　　조제악업

貪恣欲情하야 不生慚愧하고 唯斷外食하야 自爲持齋하니
탐자욕정　　불생참괴　　유단외식　　자위지재

何異癡兒가 見爛壞死屍하고 稱言有命이리요. 必無是處니라.
하이치아　　견란괴사시　　칭언유명　　필무시처

또 '음식을 끊는다'고 할 때 끊는다는 말은 무명악업(無明惡業)의 음식을

끊는다는 것이어늘

만약 이것에 저촉되면 재를 깨뜨리는 것이라 하는 것이니, 재를 깨뜨리고서 어찌 복을 얻을 수 있으리요.

미혹하고 어리석은 사람은 이 이치를 깨닫지 못하고 몸과 마음을 방종히 하여 온갖 나쁜 업을 지으며 정욕(情慾)을 마음껏 탐내되 부끄러워할 줄 모르고 오직 밖으로 음식만을 끊으면서 재계를 지킨다 자위하니, 그 어찌 어리석은 아이들이 썩은 시체를 보고 산사람이라 하는 경우와 다르다 하리요? 전혀 옳지 못하니라.

20. 禮拜(예배)
- 예배하는 법 -

又禮拜者는 常如法也니 必須理體는 內明하고 事相은 外變이어든
우예배자 상여법야 필수이체 내명   사상 외변

理不可捨어니와 事有行藏하나니 會如是義하야사 乃名依法이니라
이불가사   사유행장   회여시의   내명의법

大禮者는 敬也요 拜者는 伏也니 所謂恭敬眞性하고 屈伏無明이라야
부예자 경야 배자 복야 소위공경진성   굴복무명

名爲禮拜니라. 以恭敬故로 不敢毁傷하고 以屈伏故로 無令縱逸하나니
명위예배   이공경고   불감훼상   이굴복고   무령종일

若能惡情이 永滅하고 善念이 恒存하면 雖不現相이나 常爲禮拜니라.
약능악정 영멸   선념 항존   수불현상   상위예배

達磨 觀心論(달마 관심론)

其相者는 則身相也라 欲爲令諸世俗으로 表謙下心이니 故로 須屈伏外身하야
기상자 즉신상야 욕위령제세속   표겸하심   고 수굴복외신

現恭敬相이니라. 用之則現하고 捨之則藏이라 擧外明內는 性相應也니라.
현공경상   용지즉현   사지즉장   거외명내   성상응야

若復不行理法하고 唯執外相하면 內則迷故로 縱於貪嗔癡하야
약부불행이법   유집외상   내즉미고 종어탐진치

常爲惡業하고 外則空顯身相하야 何名禮拜리요 無慙於聖故로 誑凡은
상위악업   외즉공현신상   하명예배   무참어성고   광범

不免輪墮하나니 豈成功德이리요 旣無所得이니 云何求道리오.
불면윤타   기성공덕   기무소득   운하구도

또 예배란 항상 여법(如法)하게 나아간다는 뜻이니, 진리(眞理)의 본체[體]는 안으로 밝고 현상[事]의 나타남[相]은 밖으로 변하지만, 진리는 버릴 수 없거니와 현상은 드러난 것과 숨은 것이 있으니, 이런 이치를 이해하게 되면 비로소 법에 의지한다 하리라.

대저 예(禮)라 함은 공경한다는 뜻이요, 배(拜)라 함은 굴복한다는 뜻이니, 참 성품을 공경하고 무명을 굴복시켜야 비로소 예배가 되느니라.

공경하므로 헐뜯지 못하고, 굴복시켰으므로 방종치 못하나니 만일 악한 생각이 영원히 멸하여 착한 생각이 늘 존속하게 되면 비록 겉으로 나타나지는 않았더라도 항상 예배하는 것이니라. 그 나타난 것이 몸 모양이요, 세속으로 하여금 마음을 낮추어 겸양하라는 뜻에서 몸을 굽혀 형상에 공경하는 모습을 보이는 것이니라.

활용하면 나타나고 버리면 감추어지나니, 겉의 예배를 통하여 안의 지혜가 밝아지는 일은 오직 성품과 형상이 서로 응하여야 하느니라. 만약 다시 이법을 행하지 않고 겉모습에만 집착하면 안으로 미혹한 까닭으로 탐진치를 쫓아서 항상 나쁜 업을 일삼음이요, 밖으로는 겉모습만을 드러내어서 거짓으로 예경하나니 어찌 진정한 예배라고 이름하리요.

성인에게 부끄러움이 없는 고로 어리석은 범부는 윤회 속에 떨어짐을 면하지 못하나니 어찌 공덕을 이루리요. 이미 소득이 없거니 어떻게 도를 구하리요.

21. 洗浴(세욕)
- 목욕하는 법 -

又問曰하되 如溫室經에 設洗浴衆僧이면 得福無量이라 하시니
우문왈   여온실경   설세욕중승   득복무량

此則憑何事法하야사 功德始成이닛고. 若有觀心하면 可相應不니까.
차즉빙하사법   공덕시성   약유관심   가상응부

答曰 洗浴衆僧者는 非說世間有爲事也라 世尊이 當爾爲諸弟子하여
답왈 세욕중승자   비설세간유위사야   세존   당이위제제자

說溫室經하사 欲令受持洗浴之法하시니 是故로 假諸世事하사 譬喩眞宗하시니
설온실경   욕령수지세욕지법   시고   가제세사   비유진종

隱說七事供養功德이니라.
은설칠사공양공덕

其七事者에는 一者는 淨水요 二者는 燃火요 三者는 澡豆요

기칠사자　일자 정수 이자 연화 삼자 조두

四者는 楊枝요 五者는 淨灰요 六者는 酥膏요 七者는 內衣니라.
사자　양지　오자 정회　육자 소고　칠자 내의

擧此七事하야 喩於七法이라 一切衆生이 用此七法하야 沐浴莊嚴하면
거차칠사　유어칠법　일체중생　용차칠법　목욕장엄

能除三毒無明垢穢하나니라. 其七法者에는
능제삼독무명구예　　　기칠법자

一者는 法戒니 洗濕愆非호미 猶如淨水 去諸塵垢요.
일자　법계　세온건비　유여정수 거제진구

二者는 智慧니 觀察內外호미 猶如燃火 能溫淨水요.
이자　지혜　관찰내외　유여연화 능온정수

三者는 分別이니 揀棄諸惡호미 猶如澡豆 能淨垢膩요.
삼자　분별　간기제악　유여조두 능정구이

四者는 眞實이니 斷諸妄語호미 猶如楊枝하야 能消口氣요
사자 진실   단제망어   유여양지   능소구기

五者는 正信이니 決意無慮가 猶如淨灰로 摩身하야 能辟諸風이요
오자 정신   결의무려   유여정회 마신   능벽제풍

六者는 調息柔軟이니 伏諸剛强이 猶如酥膏하야 通潤皮膚요
육자 조식유연   복제강강   유여소고   통윤피부

七者는 慚愧니 悔諸惡業이 猶如內衣하야 遮蔽醜形이니
칠자 참괴 회제악업   유여내의   차폐추형

以上七事가 並是經中에 秘密之藏이나 如來當爾爲諸大乘利根者說이니
이상칠사 병시경중   비밀지장   여래당이위제대승이근자설

非爲小乘智淺下劣者凡夫所說이니 今人이 無能悟解로다.
비위소승지천하열자범부소설이   금인   무능오해

[혜가] 온실경에 말씀하시기를 "여러 스님들을 목욕시켜 주면 한량없는

복을 누린다" 하였으니, 이 어떤 일에 의지하는 것이 법을 이루는 공덕을 비로소 성취할 수 있나이까? 마음을 관하기만 해도 상응(相應)할 수 있으리까?

[달마] 스님들을 목욕시킨다는 것은 세간의 유위의 일을 말하는 것이 아니다. 세존께서는 마땅히 제자들을 위하여 온실경을 설하시어 목욕하는 법을 받아 지니게 하신 것이니, 이는 세상일을 빌려서 참 종지(眞宗)를 비유해 마음의 일곱 가지 일을 공양공덕에 견주어 말씀하신 것이다.

일곱 가지라 함은 첫째는 맑은 물이요, 둘째는 불을 피우는 일이요, 세째는 비누(澡豆)요, 넷째는 양지(楊枝)요, 다섯째는 맑은 재(淨灰)요, 여섯째는 우유기름이요, 일곱째는 속옷이니라. 이들 일곱 가지 일을 들어서 일곱 가지 법에 비유한 것이다. 일체중생이 이들 일곱 가지 법을 써서 목욕하고 장엄하면 삼독무명의 때(垢)를 제거할 수 있느니라.

일곱가지 법이라 함은

첫째는 법과 계율이니, 잘못된 허물을 따뜻하게 데워서 씻기를 마치 맑은 물이 모든 더러움을 씻는 것 같기 때문이요.

둘째는 지혜니, 안팎 관찰하기를 마치 타오르는 불이 맑은 물을 더웁게 하는 것과 같기 때문이요.

셋째는 분별(分別)이니 모든 악을 가려내는 것이 마치 비누로 모든 때를 제하는 것 같기 때문이요.

넷째는 진실(眞實)이니, 온갖 거짓말을 끊는 것이 마치 양치질 하는 나뭇가지로 입 안의 나쁜 냄새를 제거하는 것 같기 때문이요.

다섯째는 바른 믿음이니, 뜻을 결정하면 딴 생각 없는 것이 마치 맑은 재로 몸을 문지르면 모든 풍병을 물리치는 것 같기 때문이요.

여섯째는 호흡의 조절이니, 온갖 억센 버릇을 조복받기를 마치 우유기름이 피부를 윤택하게 하는 것 같기 때문이요.

일곱째는 부끄러워 할 줄 아는 것이 모든 나쁜 업을 뉘우치기를 마치 속옷으로 추한 알몸을 가리우는 것 같기 때문이다.

이 일곱 가지는 모두가 경속의 비밀한 법이거늘, 여래는 마땅히 모든 대승인을 이롭게 하기 위하여 설하신 것이니, 지혜가 얕고 하열한 범부에게 설하신 것이 아니므로 요즘 사람들이 깨닫지 못할 뿐이니라.

其溫室者는 則身이 是也니 所以然智慧火로 溫淨戒湯야
기온실자   즉신   시야   소이연지혜화   온정계탕

沐浴身中眞如佛性호대 受持七法하야 以自莊嚴이니라.
목욕신중진여불성   수지칠법   이자장엄

當爾比丘는 聰明利智일새 皆悟聖意하야 如說修行하고 功德成就하야

당이비구 총명이지   개오성의   여설수행   공덕성취

俱登聖果어니와 今時衆生은 愚癡鈍根이라 莫測斯事하고
구등성과   금시중생   우치둔근   막측사사

將世間水하야 洗質碍身으로 自言依敎라 하니 豈非誤也리요.
장세간수   세질애신   자언의교   기비오야

且眞如佛性은 非是凡形이라 煩惱塵垢가 本來無相이어니
차진여불성   비시범형   번뇌진구   본래무상

豈可將有碍水하야 洗無明身이리요 事不相應커늘 云何悟道리요.
기가장유애수   세무명신   사불상응   운하오도

若言碍身이 得淸淨者인댄 常觀此身이 本因貪欲하야 不淨所生이라
약언애신   득청정자   상관차신   본인탐욕   부정소생

臭穢騈闐하야 內外充塞이니라. 若洗此身하야 求於淨者는 猶如洗泥에
취예병전   내외충색   약세차신   구어정자   유어세니

達磨 觀心論(달마 관심론)

終無得淨이니 如此驗之컨대 明知外洗가 非佛說也니라.
종무득정   여차험지   명지외세   비불설야

온실(溫室)이라 함은 몸이란 뜻이니, 지혜의 불로 계율의 탕을 맑고 따뜻이 데워서 몸 안의 진여불성을 목욕시키되 일곱 가지 법으로써 스스로 장엄하느니라.

그때의 비구들은 총명하고 지혜로와 모두 부처님의 뜻을 그대로 깨달아 말씀대로 수행함으로써 공덕을 성취해서 거룩한 이의 지위에 모두 올랐거니와, 지금의 중생은 근기가 어리석고 둔해서 이러한 일의 뜻을 헤아리지 못하고 다만 세간의 물로 육신만을 씻으면서 스스로가 교법에 의지하고 있노라 하니 그 어찌 잘못된 일이 아니겠는가?

더구나 진여(眞如)의 참 성품은 범부의 형체가 아니라 번뇌의 때가 본래 형상(形相)이 없거늘

그 어찌 걸림이 있는 물로 무명의 몸을 씻을 수 있을까 보냐? 사리가 맞지 않거늘 어떻게 도를 깨달으리요?

만약 맑고 청정한 걸림없는 육신을 얻었다고 말하려면 늘 관하되 '이 몸은 본래 탐욕을 인하여 부정한 곳에서 생긴 것이라 누린내와 똥이 뒤섞여 안팎에 가득한 것이니라' 하라. 만일 이 몸을 씻어 깨끗함을 구한다는 것은 마치 진흙을 아무리 씻어도 맑아질 수 없는 것처럼, 미루어 알진대 겉으로 씻는 것은 부처님께서 하신 말씀이 아니라는 것을 분명히 알지니라.

22. 明念佛(명염불)
- 염불하는 법 -

友問曰 經小說言에 志心念佛하면 必得往生西方淨土라 하시니
우문왈 경소설언   지심염불   필득왕생서방정도

以此妙門으로 則應成佛이어늘 如何觀心으로 求於解脫잇고.
이차묘문   즉응성불   여하관심   구어해탈

答曰 夫念佛者는 當修正念이니 了義爲正이요 不了義爲邪니라.
답왈 부염불자   당수정념   요의위정   불료의위사

正念은 必得西方이어니와 邪念은 云何達彼리요.
정념   필득서방   사념   운하달피

佛者는 覺也니 所謂覺察身心하야 勿令起惡이요
불자   각야   소위각찰신심   물령기악

達磨 觀心論(달마 관심론)

念者는 憶也니 所謂憶持戒行하야 不忘精勤이라.
염자   억야 소위억지계행   불망정근

了如是義라야 名爲正念이니 故知念在於心이요 不在於言也니라.
요여시의   명위정념   고지념재어심   부재어언야

因筌求魚에 得魚忘筌이요 因言得意에 得意忘言이니
인전구어   득어망전   인언득의   득의망언

旣稱念佛之名인댄 須行念佛之體니라 若念無實體하고 口誦空名이면
기칭염불지명   수행염불지체   약염무실체   구송공명

徒自虛空이라 有何成益이리요 且如誦之與念이 名義懸殊하니
도자허공   유하성익   차여송지여염   명의현수

在口曰誦이요 在心曰念이니라 故知念從心起라 名爲覺行之門이요
재구왈송   재심왈염   고지염종심기   명위각행지문

誦在口야¹이라 卽是音聲之相이니 執相求福이 終無是乎인저.
송재구중 즉시음성지상 집상구복 종무시호

[혜가] 경에 이르시되 "지극한마음으로 부처를 생각하면 꼭 서방정토에 태어나 이 묘한 문으로 통하여 반드시 성불할 것이라" 하셨거늘 어째서 "마음을 관하여 해탈을 구하라" 하십니까?

[달마] "무릇 염불이라 함은 바른 생각을 닦는 것이니 요의(了義: 일체 성불의 진리)16)를 바르다 하고, 불요의(不了義: 성불에 선악 차별을 둔 진리)17)를 삿되다 하느니라. 바른 생각은 반드시 참된 즐거움을 얻거니와 삿된 생각으로야 어찌 저 언덕에 도달하리요?

부처라 함은 깨달음이니 소위 몸과 마음을 깨달음으로 살펴(覺察) 악이 일어나지 않게 하는 것이요, 생각한다 함은 기억함이니, 계행을 기억해 가면서 잊지 않고 부지런히 노력하는 것이니라. 이와 같이 이치를 알면 비로소 바른 생각이라 부를 수 있나니, 그러므로 분명히 알라. 생각은 마음에 있는 것이요 말에 있지 않느니라. 통발(筌)을 인하여 고기를 잡으면 통발은 잊어

---

16) 요의(了義): 최상의 진리. 중생 모두가 성불한다는 주장.
17) 불요의(不了義): 완전치 못한 교리. 중생들 일부만이 성불한다는 주장.

야 하며 말을 인해서 뜻을 얻으면 말은 잊어야 하느니라.

　이미 염불이라는 명칭을 붙였다면 모름지기 염불의 본체를 실천할지니라. 만일 생각(念)에 실체가 없이 입으로 헛된 명호만 부른다면 무슨 이익이 있겠는가? 또 부르는 것과 염(念)하는 일은 이름과 뜻이 아득히 다르니 입으로 하면 부른다 하고, 뜻으로 하면 염한다 하느니라.

　그러므로, 염하는 것은 마음에서 일어나는지라 깨달음을 행하는 문(覺行門)이요, 부르는 것은 입에 속하는지라, 음성의 형상(音聲相)이니 상에 집착하여 복을 구하는 것은 끝내 타당치 않도다.

23. 會相歸心(회상귀심)
- 형상을 모아 마음으로 돌아감 -

故로 經에 云하사대 凡所有相이 皆是虛妄이라 하시고
고   경   운   범소유상   개시허망

又云하사대 若以色見我하고 以音聲求我면 是人은 行邪道라
우운   약이색견아   이음성구아   시인   행사도

不能見如來라 하시니 以此觀之컨댄 乃知事相은 非眞正也라.
불능견여래   이차관지   내지사상   비진정야

故知하라 過去諸聖의 所修功德은 皆非外說이라 唯只論心이니라.
고지   과거제성   소수공덕   개비외설   유지논심

心是衆聖之源이요 心爲萬惡之主라 涅槃常樂이 由自心生이요
심시중성지원   심위만악지주   열반상락   자유심생

三界輪廻가 亦從心起니라 心爲出世之門戶요 心是解脫之關津이니
삼계윤회　역종심기　심위출세지문호　심시해탈지관진

知門戶者는 豈慮難成이며 識關津者는 何憂不達이리요.
지문호자　기려난성　　식관진자　하우부달

　그러므로 경에, "무릇 형상이 있는 것은 모두가 허망하다" 하셨고, 또 말씀하시기를, "만일 색깔로 나를 보려거나 음성으로 나를 구하려는 사람은 삿된 도를 행하는 것이니 여래를 보지 못하리라" 하시니, 이것으로 관찰하건대 나타난 형상은 진실되고 바른 것이 아님을 알 수 있느니라.
　그러므로 알라. 과거 여러 성인들이 닦은 공덕은 모두 다른 말씀이 아니라 오직 마음만을 논의 하셨을 뿐이니라. 마음은 여러 성인들의 원천이며, 만 가지 죄악의 주인이기도 하나니, 위없는 참 즐거움이 마음에서 나고 삼계의 윤회도 역시 마음을 쫓아 일어나느니라.
　마음은 세간을 벗어나는 문턱이요, 마음은 해탈하는 나루터이니 문턱을 아는 이가 어찌 벗어나지 못할 것을 걱정하며, 나루터를 아는 이가 어찌 도달치 못할 것을 근심하리요.

24. 妄營佛像塔廟(망영불상탑묘)
- 망령되이 불상과 절을 조성하지 말라 -

竊見今時淺識호니 唯知立相爲功하야 廣費財寶하며 多傷水陸하야
절견금시천식　　유지입상위공　　광비재보　　다상수륙

妄營像塔하며 虛役人功하야 積木疊泥하며 塗靑畵綠호대
망영상탑　　허역인공　　적목누니　　도청화록

傾心盡力하야 損己迷他하나니 未解慙愧라 何曾覺悟리오.
경심진력　　손이미타　　　미해참괴　　하증각오

見有爲則勤勤愛着하고 說無相則兀兀如迷로다 且貪世上之小樂하야
견유위즉근근애착　　설무상즉올올여미　　차탐세상지소락

不覺當來之大苦로다. 此之修學은 徒自疲勞라 背正歸邪어늘 誑言獲福이로다.
불각당래지대고　　차지수학　도자피로　　배정귀사　　광언획복

잠시 살펴 보건대 요즘의 식견이 얕은 사람들은 오직 형상을 세우는 것으

로 공덕을 삼아 재물을 많이 허비하며 물과 육지의 중생을 많이 죽여가며 망녕되이 불상과 탑을 세우는 등 헛되이 사람들의 노력을 수고롭게 하여, 나무나 진흙을 쌓아올리며 울긋불긋 단청을 하여 마음과 힘을 다 기울여 자기도 손해되고 남도 어리둥절케 하나니, 부끄러움도 알지 못하는지라 어찌 깨달음이 있겠는가?

　유위(有爲)의 법을 보면 부지런히 애착하나 무상(無相)의 법을 말해 주면 멍청하니 바보 같도다. 세상의 조그만한 쾌락을 탐하다 오는 세상의 큰 고통을 깨닫지 못하나니, 이런 공부는 공연히 스스로 피로하게 할 뿐 아니라 바름을 등지고 삿된 길로 돌아가거늘 거짓말로 복을 얻는다 하는도다.

25. 結觀歸心(결관귀심)
     - 마음을 관하도록 당부하는 말씀을 맺다 -

但能攝心內照하야 覺觀常明이어다 絶三毒心하야 永使消亡하며
단능섭심내조   각관상명   절삼독심   영사소망

閉六賊門하야 不令侵擾하면 恒沙功德과 種種莊嚴과 無量法門을
폐육적문   불령침요   항사공덕   종종장엄   무량법문

一一成就하리라. 超凡證聖이 目擊非遙라 悟在須臾니 何煩皓首리요
일일성취   초범증성   목격비요   오재수유   하번호수

眞門이 幽秘하니 寧可具陣이리요 客說觀心하야 詳其少分하노라.
진문 유비   영가구진   약설관심   상기소분

다만 마음을 거두어 안으로 비춰서[攝心內照] 각관(覺觀)을 항상 밝게 하라. 삼독의 마음을 끊어 영원히 녹여 없애버리고 육적(六賊)의 문을 닫아 다시 침노치 못하게 하면 항하사 수효의 공덕과 가지가지 장엄과 한량없는 법문을 낱낱이 성취할 것이니라. 범부를 뛰어넘어 성과(聖果)를 증득하는 것

이 눈 깜빡할 사이라. 멀지 않아서 깨달음이 잠깐 사이에 있거늘 어찌 흰머리가 되기를 기다리리요?

참된 법문이 그윽하고 깊으니, 어찌 다 진술하리요. 마음 관하는 법을 간략하게 설하여 그 한 부분만을 밝혀 본 것이니라.

達磨 觀心論(달마 관심론)

普照修心訣
보조수심결

이미 안팎 모양이 없다면 크고 작음이 있겠는가?
크고 작음이 없을진댄 끝과 변(邊際)이 있는가?
끝과 변이 없으므로 안팎이 없고,
안팎이 없으므로 멀고 가까움이 없고
멀고 가까움이 없으므로 너와 나가 없느니라.

1. 擧苦示眞(거고시진)
- 괴로움을 들어 참됨을 보이다 -

三界熱惱 猶如火宅하니 其忍淹留하야 甘受長苦아
삼계열뇌 유여화택　　기인엄류　　감수장고

欲免輪廻인댄 莫若求佛이니 若欲求佛인댄 佛卽是心이라
욕면윤회　　막약구불　　약욕구불　　불즉시심

心何遠覓이리요 不離身中이니 色身은 是假라 有生有滅이어니와
심하원멱　　불리신중　　색신　시가　유생유멸

眞心은 如空하야 不斷不變이니라.
진심　여공　　부단불변

故로 云하사대 百骸는 潰散하야 歸火歸風이어니와
고　운　　　백해　궤산　　귀화귀풍

一物은 長靈하야 蓋天蓋地라 하시니라.
일물 장령 개천개지

삼계의 뜨거운 번뇌(煩惱)가 마치 불타는 집[火宅] 같나니 그곳에 오래 머물러 길고 긴 고통을 달게 받을 수 있으랴? 윤회를 면하려 하면 부처를 구하는 것만 못하니, 부처를 구하려 한다면 부처는 곧 이 마음이니라.

마음을 어찌 멀리서 찾을 것이냐? 몸을 여의지 않았도다. 색신(色身)은 거짓이라 생과 멸이 있거니와 참마음은 허공 같아서 끊임도 변함도 없느니라. 그러므로, '백 마디의 뼈는 무너지고 흩어져 불 바람 등으로 돌아가거니와 한 물건은 영원히 신령하여 하늘과 땅을 덮었도다' 하신 것이다.

2. 迷心修道終無利益(미심수도종무이익)
    -미혹한 마음으로 수도한들 이익이 없다-

嗟夫라 今之人은 迷來久矣라 不識自心이 是眞佛이며
차부   금지인   미래구의 불식자심   시진불

不識自性이 是眞法하고 欲求法호대 而遠推諸聖하며
불식자성   시진법   욕구법   이원추제성

欲求佛호대 而不觀己心하나니라. 若言心外에 有佛하고
욕구불   이불관기심   약언심외   유불

性外에 有法이라 하야 堅執此情하야 欲求佛道者인댄
성외   유법   견집차정   욕구불도자

縱經塵劫토록 燒身鍊臂하며 敲骨出髓하며 刺血寫經하며
종경진겁   소신연비   고골출수   자혈사경

長坐不臥하며 一食卯齋하며 乃至轉讀一大藏敎하야
장좌불와   일식묘재   내지전독일대장교

修種種苦行하야도 如蒸沙作飯하야 只益自勞爾니라.
수종종고행   여증사작반   지익자로이

슬프다! 요즘 사람들은 미혹된 지 오래되었도다. 자기의 마음이 참 부처인 줄 알지 못하고 자기의 마음이 참 법인 줄 알지 못하면서 법을 구하고자 하되 멀리 여러 성인에게서 찾으며 부처를 구하고자 하되 자기의 마음을 관[觀心]하지 않느니라.

만일 마음 밖에 부처가 있다거나 성품 밖에 법이 있다고 하여 이 생각을 굳게 집착하여 불도를 구하고자 한다면 비록 미진겁을 지내도록 몸을 태우고 팔을 뜨며, 뼈를 깨고 골수[髓]를 뽑으며 피를 뽑아 경을 쓰고 오래 앉아 눕지 않으며, 하루에 한 끼니만 먹거나, 나아가서는 일대 장경을 다 읽는 등 가지가지 고행을 닦는다 하더라도 이는 마치 모래 삶아 밥을 지으려는 격이라, 다만 스스로의 피로만 가중시킬 뿐이니라.

3. 聖凡一道只明一心 (성범일도지명일심)
- 성인과 범부는 한길이니, 오직 한마음만을 밝히라 -

但識自心하면 恒沙法門과 無量妙義를 不求而得하리라.
단식자심   항사법문 무량묘의   불구이득

故로 世尊이 云하사대 普觀一切衆生호니 具有如來智慧德相이라 하시고
고 세존 운   보관일체중생   구유여래지혜덕상

又云하사대 一切衆生의 種種幻化 皆生如來圓覺妙心이라 하시니
우운   일체중생   종종환화 개생여래원각묘심

是知하라. 離此心外에 無佛可成이로다. 過去諸如來도 只是明心底人이며
시지   이차심외   무불가성   과거제여래 지시명심저인

現在諸賢聖도 亦是修心底人이며 未來修學人도 當依如是法이니
현재제현성   역시수심저인   미래수학인   당의여시법

願諸修道之人은 切莫外求어다.

원제수도지인　절막외구

心性이 無染하야 本自圓成이니 但離妄緣이면 卽如如佛이니라.
심성　무염　본자원성　단리망연　즉여여불

  다만 자기의 마음을 알기만 하면 항하의 모래 수만큼 많은 법문과 한량없는 묘한 이치를 구하지 않아도 얻게 되리라.

  그러므로 세존께서 말씀하시기를 "모든 중생들을 두루 관찰하건대 모두가 여래의 지혜와 덕상(德相)을 갖추고 있다" 하시고, 또 말씀하시기를 "모든 중생의 가지가지 허환(虛幻)한 변화가 모두 여래의 원각묘심(圓覺妙心)에서 나왔다" 하시니, 이로써 알라! 마음을 떠나서는 부처를 이룰 수가 없느니라.

  과거에 모든 여래도 다만 마음을 밝힌 분이며, 현재의 어진 성인들도 마음을 닦으신 사람이며, 미래의 수행인들도 마땅히 이 법에 의지해야 하리니, 바라건대 도를 닦는 사람들아! 결코 밖으로 구하려 하지 말지어다.

마음의 성품은 물듦이 없어
본래 스스로 원만히 이루어졌으니
다만 허망한 인연[妄緣]을 여의기만 하면
곧 여여(如如)한 부처니라.

4. 衆生日用不知這一物(중생일용부지저일물)
 -중생은 매일 활용하되 그 한 물건을 모른다-

問 若言佛性이 現在此身컨대 旣在身中이라 不離凡夫어늘
문 약언불성   현재차신   기재신중   불리범부

因何我今에 不見佛性이니꼬 更爲消釋하야 悉令開悟케 하소서.
인하아금   불견불성   갱위소석   실령개오

答 在汝身中컨마는 汝自不見이로다 汝於十二時中에 知飢知渴하며
답 재여신중   여자불견   여어십이시중   지기지갈

知寒知熱하며 或瞋或喜가 竟是何物고.
지한지열   혹진혹희   경시하물

且色身은 是地水火風四緣의 所集이라 其質이 頑而無情커늘
차색신 시지수화풍사연   소집   기질   완이무정

豈能見聞覺知리요 能見聞覺知者는 必是汝의 佛性이니라.
기능견문각지   능견문각지자 필시여   불성

故로 臨濟云하사대 四大 不解說法聽法하며 虛空이 不解說法聽法하나니
고 임제운   사대 불해설법청법   허공 불해설법청법

只汝目前에 歷歷孤明하야 勿形段者라사 始解說法聽法이라 하시니
지여목전 역력고명   물형단자   시해설법청법

所謂勿形段者는 是諸佛之法印이며 亦是汝의 本來心也니라.
소위물형단자 시제불지법인   역시여 본래심야

[학인] 만일 불성이 이 몸에 현재 있다면 몸 안에 이미 있으므로 범부를 여의지 않았을 것이어늘 어찌하여 저는 그 불성을 보지 못하나이까? 다시 설명하시어 활짝 깨닫게 해주십시오.

[보조] 그대 몸 가운데 있건만 그대가 스스로 보지 못할 뿐이로다. 그대가 하루[十二支時] 동안 시장하고 목마르고, 추위와 더위를 알고, 성내거나 기뻐하는 것이 끝내 무엇이던가?

색신은 흙·물·불·바람 등 네 인연이 모인 바 인지라 그 바탕이 완악하고 감정이 없거늘 어찌 보고 듣고 깨닫고 알리요? 보고 듣고 깨닫고 아는 것은 반드시 그대의 불성이니라.

그러므로 임제(臨濟)스님께서 말씀하시기를,

"사대(四大)는 설법하거나 청법(聽法)할 줄 모르며 허공도 설법하거나 청법할 줄 모르나니 다만 그대의 눈앞에 역력하고 분명하여 모양을 그릴 수 없는 것만이 비로소 설법도 청법도 할 줄 아느니라" 하시니,

이른바 모양을 그릴 수 없는 그것이란 부처님들의 법인(法印)[18]이며, 또 그대의 본래마음이니라.

---

18) 법인(法印): 법은 교법, 인은 있는 그대로 라는 뜻이니, 진리의 모습 그대로라는 말.

5. 擧古明證(거고명증)
- 옛사람이 분명한 증거를 제시하다 -

則佛性이 現在汝身이라 何假外求리오 汝若不信인댄
즉불성 현재여신 하가외구 여약불신

畧擧古聖入道因緣하야 令汝除疑하리니 汝須諦信하라. 昔에 異見王이
약거고성입도인연 영여제의 여수체신 석 이견왕

問婆羅提尊者曰 何者是佛이니꼬 尊者曰 見性이 是佛이니다.
문바라제존자왈 하자시불 존자왈 견성 시불

王曰 師는 見性否이까 尊者曰 我見佛性이니다.
왕왈 사 견성부 존자왈 아견불성

王曰 性在何處니꼬 尊者曰 性在作用이니다.
왕왈 성재하처 존자왈 성재작용

王曰 是何作用이완대 我今不見이니꼬.
왕왈 시하작용   아금불견

尊者曰 今現作用이언만 王自不見이니다. 王曰 於我에 有否이까.
존자왈 금현작용   왕자불견   왕왈 어아   유부

尊者曰 王若作用인대 無有不是어니와 王若不用인댄 體亦難見이니다.
존자왈 왕약작용   무유불시   왕약불용   체역난견

王曰 若當用時하야 幾處出現이니꼬. 尊者曰 若出現時에
왕왈 약당용시   기처출현   존자왈 약출현시

當有其八이니다. 王曰 其八出現을 當爲我說하소서.
당유기팔   왕왈 기팔출현   당위아설

尊者曰 在胎曰身이요 處世曰人이요 在眼曰見이요
존자왈 재태왈신   처세왈인   재안왈견

在耳曰聞이요 在鼻辨香이요 在舌談論이요 在手執捉이요
재이왈문   재비변향   재설담론   재수집착

在足運奔이니 徧現하야 俱該沙界하고 收攝하야는 在一微塵하나니
재족운분   편현   구해사계   수섭   재일미진

識者는 知是佛性이요 不識者는 喚作精魂이니다.
식자   지시불성   불식자   환작정혼

王이 聞하고 心卽開悟하니라.
왕   문   심즉개오

又僧이 問歸宗和尙호대 如何是佛이니꼬.
우승   문귀종화상   여하시불

宗이 云하사대 我今向汝道호려 하나 恐汝不信일까 하노라.
종   운   아금향여도   공여불신

普照 修心訣(보조 수심결)

僧云호대 和尙誠言을 焉敢不信이리까. 師云하사대 卽汝가 是니라.
승운   화상성언 언감불신   사운   즉여   시

僧云호대 如何保任하리까.
승운   여하보림

師云하사대 一翳 在眼에 空華亂墜니라 하니 其僧이 言下에 有省하니라.
사운   일예재안 공화난추   기승 언하   유성

上來所擧古聖入道因緣이 明白簡易하야 不妨省力하니 因此公案하야
상래소거고성입도인연   명백간이   불방성력   인차공안

若有信解處면 卽與古聖으로 把手共行하리라.
약유신해처 즉여고성   파수공행

불성(佛性)이 그대 앞에 버젓이 있거늘 어찌 밖을 향해 구하리요? 그대가 믿지 못할까 하여 옛사람의 깨달은 인연을 간단히 들어 그대로 하여금 의심을 풀어 줄 테니 자세히 들으라.

옛날에 이견왕(異見王)이 바라제(婆羅提)존자에게 묻되,

[이견왕] 무엇이 부처입니까?

[바라제] 성품을 보는 것이 부처입니다.

[이견왕] 스님께서는 성품을 보셨습니까?

[바라제] 저는 부처 성품을 보았습니다.

[이견왕] 성품이 어디에 있습니까?

[바라제] 성품은 작용하는 곳에 있습니다.

[이견왕] 그것들이 어떠한 작용이기에 저는 지금 보지 못합니까?

[바라제] 지금도 작용하여 드러나고 있건만 왕 자신이 보지 못하실 뿐입니다.

[이견왕] 저에게도 있습니까?

[바라제] 왕께서 작용을 하신다면 아닌 것이 없건만 왕께서 작용하시지 않으시면 몸조차도 볼 수 없습니다.

[이견왕] 작용할 때엔 몇 곳으로 나타납니까?

[바라제] 나타날 때엔 여덟 가지가 있습니다.

[이견왕] 그 여덟 가지로 나타나는 모습을 말씀해 주십시오.

[바라제] 태속에 있으면 몸이라 하고, 세상에 나오면 사람이라 하고, 눈에서는 본다 하고, 귀에서는 듣는다 하고, 코에서는 냄새 맡는다 하고, 혀로는 말을 하고, 손으로는 물건을 잡고, 발로는 걸어 다니니 두루 나타나면 항하사 세계를 덮고, 거두어 모으면 한 티끌 속에도 차지 않나니 아는 이는 이를 '불성'이라 하거니와 모르는 이는 '정신'이다, '혼'이다 합니다.

왕이 이 말을 듣고 마음이 열리었느니라.

또 어떤 스님이 귀종(歸宗) 화상에게 이렇게 물었다.

[스님] 어떤 것이 부처입니까?

[귀종] 내가 지금 그대에게 말해 주고자 하나 그대가 믿지 않을까 걱정이로다.

[스님] 화상께서 하시는 옳은 말씀을 어찌 감히 믿지 않겠습니까.

[귀종] 네가 바로 그니라.

[스님] 어떻게 보림(保任: 보존해 지킴)하오리까?

[귀종] 눈병이 걸리면 허공꽃이 어지러이 떨어지느니라.
그 스님이 이 말씀에 깨친바 있었느니라.

위와 같이 옛 어른들의 도에 드신 인연이 명백하고도 간편하여 힘 덜기에 알맞으니, 이 공안(公案)을 인하여 믿음과 이해가 생기면 당장에 옛 성인과 손을 맞잡고 거닐게 되리라.

6. 依悟而修非一時頓現神通(의오이수비일시돈현신통)
- 깨달음에 의하여 닦는 것이요, 한꺼번에 신통이 나타나는 것이 아님 -

問이라 汝言見性이라 하니 若眞見性인댄 卽是聖人이라 應現神通變化하야
문   여언견성   약진견성   즉시성인   응현신통변화

與人有殊어늘 何故로 今時修心之輩는 無有一人도 發現神通變化耶아.
여인유수   하고 금시수심지배   무유일인   발현신통변화야

答 汝不得輕發狂言하라 不分邪正이면 是爲迷倒之人이라
답 여부득경발광언   불분사정   시위미도지인

今是學道之人이 口談眞理나 心生退屈하야 返墮無分之失者는
금시학도지인 구담진리   심생퇴굴   반타무분지실자

皆汝所疑니 學道호대 而不知先後하며 說理호대 而不分本末者는
개여소의 학도   이부지선후   설리   이불분본말자

是名邪見이요 不名修學이니 非唯自誤라 兼亦誤他니 其可不愼歟아.
시명사견   불명수학   비유자오   겸역오타   기가불신여

[학인] 말씀하시되 성품을 보았다 하셨으니, 참으로 성품을 보았다면 곧 성인이라. 의당 신통과 변화를 나투어 다른 사람과 다른 점이 있어야 할 것이거늘 어찌하여 요즈음 마음 닦는 사람들은 한 사람도 신통과 변화를 나투지 못하고 있습니까?

[보조] 그대는 망령된 말을 함부로 하지 말라. 사[邪]와 정[正]을 분별치 못하면 미혹하고 뒤바뀐 사람이니라. 요즘 도를 배우는 사람들이 입으로는 진리를 말하나 마음으론 물러날 생각을 내고, 도리어 자신은 자격이 없노라 하는 과오에 떨어지는 것은 모두가 그대가 의심하는 바와 같은 것이니라.

　도를 배우면서도 앞과 뒤를 알지 못하고 진리를 말하되 본말(本末)을 가리지 못하는 것은 삿된 소견이라 하며 도를 닦는다고는 할 수 없나니, 이는 스스로를 그르칠 뿐 아니라 남까지 그르치나니, 이 어찌 조심할 일이 아니리오.

夫 入道多門이나 以要言之컨대 不出頓悟漸修兩門耳라.
부 입도다문   이요언지   불출돈오점수양문이

雖曰 頓悟頓修가 是最上根機의 得入也나 若推過去컨대
수왈 돈오돈수 시최상근기 득입야   약추과거

已是多生에 依悟而修하야 漸熏而來라가 至於今生하야는
이시다생   의오이수   점훈이래   지어금생

聞卽發悟하야 一時頓畢이니 以實而論컨대 是亦先悟後修之機也라.
문즉발오   일시돈필   이실이논   시역선오후수지기야

則而此頓漸兩門이 是千聖軌轍也니라. 則從上諸聖이
즉이차돈점양문   시천성궤철야   즉종상제성

莫不先悟後修하며 因修乃證이니 所言神通變化는 依悟而修하야
막불선오후수   인수내증   소언신통변화   의오이수

漸熏所現이라 非謂悟時에 卽發現也니라.
점훈소현   비위오시   즉발현야

대체로 도에 들어가는 문은 많겠으나 요점을 말하면 돈오(頓悟: 활짝 깨침)

와 점수(漸修: 차츰 닦음)의 두 문에서 벗어나지 않느니라.

비록 세상에서 말해오기를 돈오(頓悟)-돈수(頓修)가 최상의 근기가 깨닫는 길이라고는 하나 과거를 미루어 보건대 이미 여러 생(生)동안 깨쳐 닦아서 점진적으로 익혀오다가 금생에 이르러 듣자마자 활짝 깨달아 한꺼번에 마친 것이리니, 실제로는 이 또한 먼저 깨닫고 나중에 닦는 근기 이니라 그렇다면 이 돈과 점의 두 가지 문은 천 성인의 정해진 길이니, 옛부터 모든 성현들이 먼저 깨닫고 나중에 닦으셨으며 이 닦음으로 말미암아 증득하게 된 것이니라.

그 신통과 변화라 함은 깨달음에 의하여 닦아서 점차 훈습함으로써 나타나는 것이요, 깨닫는 즉시에 나타나는 것이 아니니라.

如經에 云하사대 理卽頓悟라 乘悟倂消이니와 事非頓除라
여경 운   이즉돈오   승오병소   사비돈제

因次第盡이라 하시며 故主峰이 深明先悟後修之義曰 識氷池而全水나
인차세진   고규봉 심명선오후수지의왈 식빙지이전수

借陽氣以鎔消하고 悟凡夫而卽佛이나 資法力以薰修니 氷消則水流潤하야
차양기이용소   오범부이즉불   자법력이훈수   빙소즉수유윤

方呈漑滌之功하고 妄盡則心이 靈通하야 應現通光之用이라 하니
방정개척지공 망진즉심 영통 응현통광지용

是知事上神通變化는 非一日之能成이라 乃漸熏而發現也로다.
시지사상신통변화 비일일지능성 내점훈이발현야

況事上神通은 於達人分上에 猶爲妖怪之事며 亦是聖末邊事라
황사상신통 어달인분상 유위요괴지사 역시성말변사

雖或現之라도 不可要用이어늘 今時迷癡輩는 妄謂一念悟時에
수혹현지 불가요용 금시미치배 망위일념오시

卽隨現無量妙用神通變化라 하니 若作是解 所謂不知先後하며
즉수현무량묘용신통변화 약작시해 소위부지선후

亦不分本末也니 旣不知先後本末하고 欲求佛道인댄 如將方木하야
역불분본말야 기부지선후본말 욕구불도 여장방목

逗圓孔也라 豈非大錯이리요.
두원공야   기비대착

既不知方便故로 作懸崖之想하야 自生退屈하야 斷佛種性者가
기부지방편고   작현애지상   자생퇴굴   단불종성자

不爲不多矣라 既自未明일새 赤未信他人의 有解悟處하야
불위불다의   기자미명   적미신타인   유해오처

見無神通者면 乃生輕慢하야 欺賢誑聖하나니 良可悲哉로다.
견무신통자   내생경만   기현광성   양가비재

경(經)에 말씀하시기를 "이치로는 활짝 깨달아 깨달음이 있자마자 함께 사라지거니와 현실[事]로는 활짝 제거되지 않는지라 차례에 따라야 다한다" 하셨느니라.

또, 규봉(圭峯)이 먼저 깨닫고 나중에 닦아야 함[先悟後修]을 자세히 밝혀 정의하기를, "얼어붙은 못 전부가 물인 줄 알았으나 햇볕을 받아야 녹고, 범부 그대로가 곧 부처인줄 깨달았으나 법력(法力)에 의지하여 훈습하고 닦아야 하나니, 얼음이 녹으면 물이 철철 흘러 차차 적시고 씻는 공력을 나타내

고, 허망함이 다하면 마음이 신령하게 통해서 신통과 광명의 작용을 나타내게 된다" 하시니, 이것으로 보건대 현실적인 신통과 변화는 하루나 이틀의 공으로 이루어지는 것이 아니니라. 차차로 훈습하고 닦아서 나타나는 것임을 알 수 있을 것이다.

하물며 현실적인 신통이란 깨달은 사람의 처지에서는 아직 요사한 짓이며, 또 성인에게는 지엽적인 말단의 일이라, 가끔 나타낼지라도 쓸모없이 여기거늘 요즘의 어리석은 무리들은 함부로 말하기를 "한 생각 깨달으면 즉시에 무량하고 묘한 작용인 신통과 변화를 실제로 나툰다" 하니 이야말로 앞뒤를 알지 못하며 본말(本末)을 분간하지 못하는 짓이라, 앞뒤와 본말(本末)을 알지 못하고 불도를 구하려 한다면 마치 모난 나무로 둥근 구멍을 맞추려는 짓 같으니 그 어찌 큰 잘못 아니랴!

이미 방편을 알지 못하므로 하기 어렵다는 생각으로 스스로 물러나 부처의 종성(種性)을 끊는 사람이 적지 않다. 이미 스스로가 밝지 못함으로 남의 깨달음을 믿지도 않아 신통 없는 이를 보고 업신여긴다. 이는 어진 성현을 속이고 기만하는 것이니 참으로 슬픈 일이다.

7. 先辨頓悟漸修 (선변돈오점수)
   - 먼저 활짝 깨닫고 차츰 닦는 법을 밝힘 -

問 汝言하되 頓悟漸修兩門이 千聖軌轍也호대 悟旣頓悟인댄
문 여언   돈오점수양문   천성궤철야   오기돈오

何假漸修며 修若漸修인댄 何言頓悟리요 頓漸二義를 更爲宣說하야
하가점수   수약점수   하언돈오   돈점이의   갱위선설

令絶餘疑케 하소서.
영절여의

答 頓悟者는 凡夫迷時에 四大로 爲身하고 妄想으로 爲心일새 不知自性이
답 돈오자   범부미시   사대   위신   망상   위심   부지자성

是眞法身이며 不知自己靈知가 是眞佛也하고 心外에 覓佛하야
시진법신   부지자기영지   시진불야   심외   멱불

波波浪走라가 忽被善知識의 指示入路하야 一念廻光하야
파파낭주　　홀피선지식　　지시입로　　일념회광

見自本性호대 而此性地에 元無煩惱하고 無漏智性이
견자본성　　이차성지　원무번뇌　　무루지성

本自具足하야 卽與諸佛로 分毫不殊일새 故로 云 頓悟也니라.
본자구족　　즉여제불　　분호불수　　고　 운 돈오야

[학인] 돈오와 점수의 두 문이 모든 성인의 길이라 말씀하셨는데, 깨달음이 이미 활짝 깨달은 것이라면 어찌 다시 점차 닦으며, 닦음이 점차 닦는 것이라면 어찌 활짝 깨달았다 말하리오. 활짝 깨달음과 점차 닦는 두 가지 이치를 좀 더 자세히 말씀해 주소서.

[보조] 활짝 깨닫는다 함은 범부가 미혹 했을 때에 사대(四大)를 몸을 삼고 망상(妄想)으로 마음을 삼기 때문에 자성(自性)이 참 법신(法身)임을 모르고 자기의 신령스런 지혜가[自己靈知] 참부처인 줄 모르고 마음 밖에서 부처를 찾으며 끝없이 헤매다가 문득 선지식의 가르침을 만나 잠깐 사이에 한 생각 돌려 자기의 근본 성품을 보되, 이 성품 자리에는 원래 번뇌가 없고 무루(無

漏)의 지혜 성품이 본래로 구족해서 여러 부처님들과 털끝만큼도 다르지 않다고 여기기 때문에 활짝 깨닫는다 하느니라.

漸修者는 雖悟本性이 與佛無殊나 無始習氣를 難卒頓除故로
점수자 수오본성 여불무수 무시습기 난졸돈제고

依悟而修하야 漸熏功成하야 長養聖胎하야 久久成聖할새 故로 云漸修也라.
의오이수   점훈공성   장양성태   구구성성   고 운점수야

比如孩子는 初生之日에 諸根具足이 與他無異나 然이나
비여해자   초생지일   제근구족   여타무이   연

其力이 未充하나니 頗經歲月하야사 方始成人이니라.
기력   미충   파경세월   방시성인

점차로 닦는다 함은 비록 근본 성품이 부처와 다름이 없는 줄 깨달았으나 끝없는 옛부터 익힌 습기(習氣)를 갑자기 떨쳐 버리기 어려운 까닭에 깨달음에 의지하여 닦되 차츰 차츰 익히어 공을 이루어 성태(聖胎: 성인이 될 수 있는 요인)를 기르면 오래오래 지나서야 비로소 성인(聖人)을 이루게 되므로 점

차로 닦는다[漸修] 하느니라.

　마치 아기가 처음 태어났을 때 모든 감관[根]이 구족해서 다른 이와 차이가 없으나 그 힘이 충실치 못하더니 상당한 세월을 지나면 비로소 한 사람 구실을 하게 되는 것과 같으니라.

8. 求悟方便轉轉蹉過(구오방편전전차과)
- 깨닫는 방편을 구하면 더욱 어긋난다 -

問 作何方便하야사 一念廻機하야 便悟自性이릿고.
문 작하방편　　　일념회기　　변오자성

答 只汝自心이어늘 更作什麽方便고 若作方便하야 更求解會인댄
답 지여자심　　　갱작십마방편　약작방편　　갱구해회

比如有人이 不見自眼일새 以謂無眼이라하야 更欲求見이로다.
비여유인　불견자안　　이위무안　　　갱욕구견

旣是自眼이어니 如何更見이리요. 若知不失이면 卽爲見眼이라.
기시자안　　　여하갱견　　　약지부실　　즉위견안

更無求見之心이어니 豈有不見之想이리요 自己靈知도 亦復如是하야
갱무구견지심　　　기유불견지상　　　자기영지　역부여시

旣是自心이어니 何更求會리요. 若欲求會인댄 便會不得이니
기시자심　　　하갱구회　　약욕구회　　　변회부득

但知不會하면 是卽見性이니라.
단지불회　　　시즉견성

[학인] 어떤 방편을 지어야 한 생각을 돌이켜 문득 스스로의 성품을 깨닫게 되겠습니까?

[보조] 다만 그대 스스로의 마음이거늘 다시 무슨 방편을 지으리요? 만일 방편을 지어서 알려고 한다면 마치 어떤 사람이 자기의 눈을 보지 못한다 하여 눈이 없는 것이라 하면서 눈을 보고자 하는 것과 같도다. 이미 자기의 눈이거늘 어찌 다시 보리요? 만일 잃지 않은 줄 알면 곧 눈을 본 것이라 다시 보려는 마음마저 없거늘 어찌 보이지 않는다는 생각이 있으리요?
　자기의 신령한 알음알이도 그러해서 이미 자기의 마음이거니 어찌 다시 알기를 바라리요? 만일 알기를 바란다면 끝내 알지 못하리니, 오직 알려 하지 않을 줄만 알면 이것이 곧 성품을 보는 것이다.

9. 直示空寂靈知(직시공적영지)
  -비고 고요하며 신령스런 지혜를 바로 보이다-

問 上上之人은 聞卽易會어니와 中下之人은 不無疑惑이니 更說方便하야
문 상상지인 문즉이회   중하지인 불무의혹   갱설방편

令迷者로 趣入케 하소서.
영미자 취입

答 道不屬知不知하니 汝 除卻將迷待悟之心하고 聽我言說하라.
답 도불속지부지   여 제각장미대오지심   청아언설

諸法이 如夢하며 亦如幻化하니
제법 여몽   역여환화

故로 妄念이 本寂하고 塵境이 本空이니라.
고 망념 본적   진경 본공

[학인] 높은 근기의 사람은 들으면 즉시 알겠지만 중·하 근기의 사람은

의혹이 없지 않으니, 다시 방편을 말씀하셔서서 미혹한 무리로 하여금 깨달음에 들게 하여 주소서.

   [보조] 도는 알거나 모르는데 있지 않으니, 그대가 어리석어 깨닫기를 기다리니 깨닫기를 기다리는 그 마음을 버리고 나의 말을 들으라.
  모든 법이 꿈과 같고 허깨비[幻化]와도 같으니, 그러므로 망령된 생각이 본래 고요하고 티끌 경계가 본래 공하니라.

  諸法皆空之處에 靈知不昧하니 卽此空寂靈知之心이 是汝本來面目이며
  제법개공지처 영지불매 즉차공적영지지심 시여본래면목

  亦是三世諸佛과 歷代祖師와 天下善知識이 密密相傳底法印也라.
  역시삼세제불 역대조사 천하선지식 밀밀상전저법인야

  若悟此心하면 眞所謂不踐階梯하고 徑登佛地하야 步步超三界하며
  약오차심 진소위불천계제 경등불지 보보초삼계

  歸家頓絶疑니 便與人天爲師하야 悲智相資하야 具足二利하야
  귀가돈절의 변여인천위사 비지상자 구족이리

堪受人天供養호대 日消萬兩黃金하리니 汝若如是인댄 眞大丈夫라
감수인천공양　　　일소만량황금　　　여약여시　　진대장부

一生能事를 已畢矣리라.
일생능사　기필의

　모든 법이 함께 공한 곳에 신령한 지혜가 매(昧)하지 않으니, 이 비고 고요하며 신령한 지혜의 마음이 곧 그대의 본래면목(本來面目)이며 삼세의 부처님들과 역대의 조사들과 천하의 선지식(善知識)이 비밀히 전하여 오신 법인(法印)이니라.

　만일 이 마음을 깨달으면 그야말로 계급을 밟지 않고 지름길로 부처님의 경지에 올라서 걸음마다 삼계(三界)를 뛰어 넘으며 본래의 집으로 돌아가 활짝 의심을 끊은 경지이리니, 문득 모든 인간과 하늘의 스승이 되어 자비와 지혜가 서로를 도와 두 가지 이익이 구족해 있으므로 인간과 하늘의 묘한 공양을 받되 날마다 황금 만 냥을 누려도 좋으리라. 그대가 이렇게만 한다면 참으로 대장부라 일생의 중대한 일을 마쳤다 하리라.

10. 直指人心本來是佛(직지인심본래시불)
  - 인간의 마음이 본래 부처임을 곧장 보이다 -

問이라 據吾分上컨대 何者 是空寂靈知之心耶아.
문　　거오분상　　하자 시공적영지지심야

答이라 汝今問我者가 是汝空寂靈知之心이어늘 何不返照하고
답　　여금문아자　　시여공적영지지심　　하불반조

猶爲外覓고. 我今據汝分上하야 直指本心하야 令汝便悟호리니
유위외멱　　아금거여분상　　직지본심　　영여변오

汝須淨心하야 聽我言說하라. 從朝至暮히 十二時中에
여수정심　　청아언설　　종조지모　　십이시중

或見或聞하며 或笑或語하며 或嗔或喜하며 或是或非하며
혹견혹문　　혹소혹어　　혹진혹희　　혹시혹비

種種施爲運轉하나니 且道하라. 畢竟에 是誰能伊麽運轉施爲耶아.
종종시위운전   차도   필경   시수능이마운전시위야

[학인] 제 경우에 의거하건대 어떠한 것이 공적영지[空寂靈知]의 마음입니까?

[보조] 그대가 지금 나에게 묻는 것이 바로 공적영지[空寂靈知]의 마음이거늘 어찌 반조(返照)하지 않고 여전히 밖을 향해 구하는가?
　내가 이제 그대의 경우에 의거하여 근본 마음을 바로 가리켜 그대로 하여금 문득 깨닫게 하리니, 그대는 마음을 맑히어 나의 말을 잘 들으라.

아침부터 저녁까지 스물네 시간 동안
보기도 하고 듣기도 하며, 웃기도 하고 이야기도 하며,
성내기도 하고 기뻐하기도 하며, 옳다고 주장하기도 하고,
그르다고 헐뜯기도 하면서 갖가지 활동을 하나니,
말해 보라.
필경에 누가 능히 그와 같이 운전을 하고 있는가?

若言 色身이 運轉인댄 何故로 有人이 一念命終에 都未壞爛호대
약언 색신   운전   하고   유인   일념명종   도미괴란

普照 修心訣(보조 수심결)

卽眼不自見하며 耳不能聞하며 鼻不辨香하며 舌不談論하며

즉안부자견   이불능문   비불변향   설부담론

身不動搖하며 手不執捉하며 足不運奔耶아 是知能見聞動作이

신부동요   수불집착   족불운분야   시지능견문동작

必是汝의 本心이요 不是汝의 色身也로다.

필시여   본심   불시여   색신야

況此色身이 四大性空하야 如鏡中像하며 亦如水月하니

황차색신   사대성공   여경중상   역여수월

豈能了了常知하며 明明不昧하야 感而遂通恒沙妙用也리요.

기능요요상지   명명불매   감이수통항사묘용야

故로 云 神通幷妙用이 運水及搬柴라 하니라.

고   운신통병묘용   운수급반시

만일에 말하기를 색신이 운전한다면 무슨 까닭에 어떤 사람이 잠깐 사이에 죽어서 전혀 썩지 않았으되 눈은 보지 못하며, 귀는 듣지 못하며, 코는 냄새를 맡지 못하며, 혀는 말을 하지 못하며, 몸은 요동치 못하며, 손은 잡지 못하며, 발은 다니지 못하는가?

이것으로 보건대 능히 보고 듣고 운동하는 것이 반드시 그대의 본심(本心)이요 그대의 색신(色身)이 아님을 알 것이니라. 하물며 이 색신은 사대(四大)의 성품이 공하여 거울 속의 그림자 같으며, 물속의 달 같으니, 어찌 능히 요요(了了)하게 항상 알며 명명(明明)하여 매(昧)하지 않고도

항하사 같은 한량없는 묘한 작용을 일으킬 수 있겠느냐.

그러므로 '신통과 묘용이 물 긷고 나무 나르는 것'이라 하였도다.

11. 直示觀音入理門(직시관음입리문)
- 관음이 깨달아 들어간 법문을 곧장 보이다 -

且入理多端이나 指汝一門하야 令汝로 還源케 호리라.
차입리다단　　지여일문　　영여　　환원

汝還聞鴉鳴鵲噪之聲麽아 曰聞이니다.
여환문아명작조지성마　　왈문

曰汝 返聞汝의 聞性하라 還有許多聲麽아.
왈여 반문여　　문성　　환유허다성 마

曰 到這裏하야는 一切聲과 一切分別을 俱不可得이로소이다.
왈 도저리　　　일체성　일체분별　구불가득

曰 奇哉奇哉라 此是觀音入理之門이로다. 我更問你하노라.
왈 기재기재　 차시관음입리지문　　　아갱문이

你道호대 到這裏하야는 一切聲과 一切分別을 總不可得이라 하니
이도 　도저리　 일체성　 일체분별　 총불가득

既不可得인댄 當伊麽時하야 莫是虛空麽아.
기불가득　　당이마시　　막시허공마

曰 元來不空하야 明明不昧니이다.
왈 원래불공　　명명불매

曰 作麽生是不空之體오.
왈 작마생시불공지체

曰 亦無相貌하야 言之不可及이로소이다.
왈 역무상모　　언지불가급

[보조] 진리에 들어가는 길이 여러 갈래 있으나 그대에게 한 문을 가르쳐 주어 그대로 하여금 근원에 돌아가게 하리라.
　그대는 저 까마귀와 까치의 울음소리를 듣는가?
　[학인] 예, 듣습니다.

[보조] 그대는 그대의 듣는 성품을 돌이켜 들으라, 거기에도 여러 가지 소리가 있는가?

[학인] 거기에는 온갖 소리와 분별조차 없습니다.

[보조] 기특하도다. 이것이 관음이 진리에 들어가는 문이로다.
내가 다시 그대에게 물으리라. 그대가 말하기를 "거기에 이르러서는 온갖 소리와 분별이 전혀 없다" 하였으니 이미 아무것도 없다면 그때를 당하여 허공이 된 것이 아닌가?

[학인] 원래 공하지도 않아 밝고 밝아 어둡지 않습니다.

[보조] 어떤 것이 공하지 않은 바탕인가?
[학인] 모양이 없으므로 말로는 미치지 못하나이다.

曰 此是諸佛諸祖의 壽命이니 更莫疑也어다. 旣無相貌인댄
왈 차시제불제조 수명   갱막의야   기무상모

還有大小麼아 旣無大小인댄 還有邊際麼아. 無邊際故로
환유대소마 기무대소   환유변제마 무변제고

無內外하고 無內外故로 無遠近하고 無遠近故로 無彼此하니
무내외　　무내외고　　무원근　　무원근고　　무피차

無彼此則無往來하고 無往來則無生死하고 無生死則無古今하고
무피차즉무왕래　　　무왕래즉무생사　　　무생사즉무고금

無古今則無迷悟하고 無迷悟則無凡聖하고 無凡聖則無染淨하고
무고금즉무미오　　　무미오즉무범성　　　무범성즉무염정

無染淨則無是非하고 無是非則一切名言을 俱不可得이니라.
무염정즉무시비　　　무시비즉일체명언　　구불가득

旣總無如是인댄 一切根境과 一切妄念과 乃至種種相貌와
기총무여시　　　일체근경　　일체망념　　내지종종상모

種種名言을 俱不可得이니 此豈非本來空寂이며 本來無物也리요.
종종명언　　구불가득　　　차기비본래공적　　　본래무물야

普照 修心訣(보조 수심결)

然이나 諸法皆空之處에 靈知不昧하야 不同無情하야 性自神解하니
연   제법개공지처   영지불매   부동무정   성자신해

此 是汝의 空寂靈知淸淨心體니라.
차 시여   공적영지청정심체

[보조] 이것이 모든 부처님과 조사들의 목숨이요 생명이니 더 의심하지 말라.
이미 안팎 모양이 없다면 크고 작음이 있겠는가?
크고 작음이 없을진댄 끝과 변(邊際)이 있는가?
끝과 변이 없으므로 안팎이 없고,
안팎이 없으므로 멀고 가까움이 없고
멀고 가까움이 없으므로 너와 나가 없느니라.
너와 나가 없으면 가고 옴이 없고,
가고 옴이 없으면 나고 죽음이 없고,
나고 죽음이 없으면 예와 이제가 없고,
예와 이제가 없으면 미혹과 깨달음이 없고,
미혹과 깨달음이 없으면 범부와 성인이 없고,
범부와 성인이 없으면 더러움과 깨끗함이 없고,
더럽고 깨끗함이 없으면 옳고 그름이 없고,

옳고 그름이 없으면 일체의 이름이나 말로는 도무지 얻을 수 없느니라.

이미 이런 것이 전혀 없다면 온갖 감관 및 경계와 온갖 망념(妄念)과 나아가서는 가지가지 안팎의 모양과 가지가지 이름이나 말을 모두 얻을 수 없나니, 이 어찌 본래가 공적(空寂)한 것이 아니며 본래로 없는 것이 아니리요?

그러나 모든 법이 함께 공한 곳에 도리어 신령한 지혜(靈知)가 매하지 않아서 무정물과는 달리 성품 스스로가 신령스럽게 해득하나니, 이것이 그대의 비고 고요하며 신령한 지혜[空寂靈知]이며 청정한 마음의 그것이니라.

而此淸淨空寂之心이 是 三世諸佛의 勝淨明心이며 亦是 衆生의
이차청정공적지심   시 삼세제불   승정명심   역시 중생

本源覺性이니 悟此而守之者는 坐一如하야 而不動解脫하고
본원각성   오차이수지자   좌일여   이부동해탈

迷此而背之者는 往六趣하야 而長劫輪廻하나니라.
미차이배지자   왕육취   이장겁윤회

故로 云 迷一心而往六趣者는 去也며 動也요
고   운 미일심이왕육취자   거야   동야

悟法界而復一心者는 來也며 靜也라 하니 雖迷悟之有殊나
오법계이복일심자   래야   정야   수미오지유수

乃本源則一也니라 所以로 云하사대 言法者는 謂衆生心이라 하시니
내본원즉일야   소이 운   언법자 위중생심

而此空寂之心이 在聖而不增하며 在凡而不減이니 故로 云
이차공적지심   재성이부증   재범이불감   고   운

在聖智而不耀하며 隱凡心而不昧라 하니라 旣不增於聖하며 不少於凡인댄
재성지이불요   은범심이불매   기부증어성   불소어범

佛祖 奚以異於人이리요 而所以異於人者는 能自護心念耳니라.
불조 해이이어인   이소이이어인자 능자호심념이

 이 청정하고 비고도 고요한 마음은 과거, 현재, 미래의 부처님들의 대단히 청정하고 밝은 마음이며 중생들의 근원인 각성(覺性)이니, 이것을 깨달아 지키는 이는 일여(一如)에 앉아 해탈의 경지에서 요동치 않게 되고, 이것을 미혹하여 등진 이는 육취(六趣)로 나아가 여러 겁을 헤매게 되느니라.

그러므로 말하기를 "한마음을 미혹해서 육취로 가는 것은 감(去)이며 움직임[動]이요, 법계를 깨달아서 한마음을 회복하는 것은 옴[來]이며 고요함[靜]이라" 하니 미혹과 깨달음은 다르나 그 근원은 하나이니라.

그러므로 말하기를 "법이라는 것은 중생의 마음이라" 하시니, 이 비고 고요한 마음이 성인에게서도 늘지 않고, 범부에게서도 줄지 않느니라.

그러므로 말하기를 "성인의 지혜에서도 빛나지 않고, 범부의 마음에 숨어서도 어둡지[昧] 않다" 하시니라. 이미 성인에게서 늘지 않고 범부에게서 줄지 않을진댄 불조(佛祖)가 어찌하여 사람들과 다르리요? 그러나 사람들과 더불어 다른 까닭은 능히 자기 마음과 생각을 스스로 지켜 두호하기 때문이니라.

12. 結勸(결권)
   - 수행하기를 권함 -

汝若信得及하면 疑情을 頓息하리니 出丈夫之志하며 發眞正見解하야
여약신득급   의정   돈식   출장부지지   발진정견해

親嘗其味하야 自到自肯之地하면 則是爲修心人의 解悟處也라
친상기미   자도자긍지지   즉시위수심인   해오처야

更無階級次第니 故로 云 頓也니라. 如云호대 於信因中에
갱무계급차제   고   운 돈야   여운   어신인중

契諸佛果德하야 分毫不殊하야사 方成信也니라.
계제불과덕   분호불수   방성신야

그대가 믿기만 한다면 의심을 한꺼번에 쉬게 되리니, 장부의 뜻을 내고 진정한 견해를 발현(發現)켜서 친히 그 맛을 느껴보고, 스스로가 긍정할 수 있는 경지에 다다르게 되면 이것이 바른 수행인(修行人)이 깨달을 곳이라, 다시는 계급(階級)도 차례도 없느니라.

그러므로 말하기를 '활짝 깨달음[頓悟]'이라 부르며 또 말하기를 '믿음의 인이 있어 모든 부처님의 과덕(果德)과 부합되어 털끝만큼도 어기지 않아야 비로소 믿음을 이룬다.' 하셨느니라.

13. 重示悟後漸修(중시오후점수)
  -깨달은 뒤에 차츰 닦는 것을 거듭 보이다-

問 旣悟此理하야 更無階級인댄 何假後修하야 漸熏漸成耶오.
문 기오차리   갱무계급   하가후수   점훈점성야

答이라 悟後漸修之義를 前已具說이어늘 而復疑情을 未釋일새
답   오후점수지의 전이구설   이부의정   미석

不妨重說이로다 汝須淨心하야 諦聽諦聽하라 凡夫無始曠大劫來로
불방중설   여수정심   제청제청   범부무시광대겁래

至於今日히 流轉五道호대 生來死去에 堅執我相하야
지어금일 유전오도   생래사거   견집아상

妄想顚倒와 無明種習으로 久與成性일새 雖到今生에
망상전도   무명종습   구여성성   수도금생

頓悟自性이 本來空寂하야 與佛無殊나 而此舊習을
돈오자성　본래공적　　여불무수　이차구습

卒難除斷故로 逢逆順境하야는 嗔喜是非가 熾然起滅하고
졸난제단고　봉역순경　　진희시비　치연기멸

客塵煩惱가 與前無異하나니 若不以般若로 加功着力이면
객진번뇌　여전무이　　약불이반야　가공착력

焉能對治無明하야 得到大休大歇之地리요.
언능대치무명　득도대휴대헐지지

[학인] 이미 이런 이치를 깨달아 다시 계급이 없을진댄 어찌 뒤에 다시 닦아서 차츰 익히고 차츰 이루는 절차가 필요합니까?

[보조] 깨친 뒤에 차츰 닦는 이치를 전에 이미 충분히 말했거늘 아직도 의혹을 풀지 못했도다. 다시 설명해도 무방하리니, 그대는 마음을 맑히어 자세히 들으라.

범부가 끝없는 옛부터 오늘에 이르기까지 오도(五道: 지옥, 아귀, 축생, 인도, 천상)에 헤매되, 나고 죽으면서 나라는 생각에 굳게 집착하여 전도된 망상과 종자로 훈습된 무명과 더불어 오랫동안 성품을 이룩해 왔으므로 비록 금생에 이르러 자기의 성품이 본래 공적해 부처와 다름이 없는 것임을 깨달았더라도 묵은 습성은 끝내 갑자기 제거하기 어려우므로, 역경과 순경을 만나면 성냄과 기쁨과 옳고 그름이 어지러이 일어났다가 사라지고, 거친 번뇌와 미세한 번뇌가 예전과 다름없이 되나니, 만일 반야로써 공력을 들이지 않으면 어찌 능히 무명을 물리쳐 아주 크게 놓고 쉬는 경지에[大休大歇] 이를 수 있으리요?

如云호대 頓悟雖同佛이나 多生習氣深이라 風停하야도
여운   돈오수동불   다생습기심   풍정

波尙湧하고 理現하야도 念猶侵이라 하며 又杲禪師 云호대
파상용   이현   염유침   우고선사 운

往往에 利根之輩不費多力하고 打發此事하고는 便生容易之心하야
왕왕   이근지배불비다력   타발차사   변생용이지심

更不修治라가 日久月深하면 依前流浪하야 未免輪廻라 하시니
갱불수치   일구월심   의전유랑   미면윤회

則豈可以一期所悟로 便撥置後修耶아. 故로 悟後에 長須照察하야
즉기가이일기소오   변발치후수야   고   오후   장수조찰

妄念이 忽起어든 都不隨之니 損之又損하야 以至無爲하야사
망념   홀기   도불수지   손지우손   이지무위

方始究竟이니라. 天下善知識의 悟後牧牛行이 是也라 雖有後修나
방시구경   천하선지식   오후목우행   시야   수유후수

已先頓悟 妄念이 本空하며 心性이 本淨일새 於惡에 斷호대 斷而無斷이요
이선돈오 망념   본공   심성   본정   어악   단   단이무단

於善에 修호대 修而無修니 此乃眞修眞斷矣라. 故로 云 雖備修萬行이나
어선   수   수이무수   차내진수진단의   고   운 수비수만행

唯以無念으로 爲宗이라 하니라.
유이무념   위종

전하는 말에 "활짝 깨달으면 부처와 같으나 여러 생의 습기가 깊은지라

바람이 멈추어도 파도는 여전히 솟구치고 진리가 나타나도 망념은 아직도 침입한다" 하였으며,

또 종고(宗杲)선사께서 "간혹 영리한 무리는 큰 힘을 들이지 않고 이 일을 깨닫고는 문득 수월하다는 생각을 내어 더 닦지 않고는 날이 깊어지면 전과 똑같이 떠돌아다니다가 윤회를 면치 못한다" 하셨으니 어찌 잠시 깨달은 바가 있다 하여 다시 닦는 일을 던져 버리리요?

그러므로 깨달은 뒤에 오래오래 밝히고 살펴서 망념(妄念)이 일어나거든 도무지 따라가지 말지니, 덜고 또 덜어서 더 할 것이 없는데 이르러서야 비로소 완전하리니, 천하의 선지식(善知識)이 깨달은 뒤에 목우행(牧牛行)을 한 것이 이 까닭이니라.

비록 나중에 닦는다고는 하나 망념이 본래 공하고 심성(心性)이 본래 맑은 줄 먼저 이미 깨달았으므로 악을 끊되 끊는 것이 없고, 선을 닦되 닦는 것이 없나니 이것이야말로 참으로 닦고, 참으로 끊는 것이니라. 그러므로 "비록 만행(萬行: 갖가지 수행)을 골고루 닦는다 하여도 오직 무념(無念)으로 조종(祖宗)을 삼는다" 고 말씀하셨느니라.

圭峰이 總判先悟後修之義云호대 頓悟此性이 元無煩惱하며
규봉 총판선오후수지의운 돈오차성 원무번뇌

無漏智性이 本自具足하야 與佛無殊하나니 依此而修者는
무루지성 본자구족 여불무수   의차이수자

是名最上乘禪이며 亦名如來淸淨禪也니 若能念念修習하면
시명최상승선   역명여래청정선야 약능염염수습

自然漸得百千三昧하리니 達磨門下에 展轉相傳者 是此禪也라 하니
자연점득백천삼매   달마문하 전전상전자 시차선야

則頓悟漸修之義가 如車二輪하야 闕一不可하니라.
즉돈오점수지의 여거이륜   궐일불가

  규봉도 먼저 깨닫고 뒤에 닦는 뜻을 총괄하여 말하기를, "이 성품은 본래 번뇌가 없으며, 무루지혜[無漏智]의 성품이 본래 구족되어 있어서 부처와 다름이 없음을 활짝 깨닫고, 이에 의하여 닦는 것을 최상승선(最上乘禪)이라 하고, 또 여래청정선(如來淸淨禪)이라 부르며, 생각마다 닦아 익히면 백 천 삼매를 자연히 차츰 차츰 얻게 되리니, 달마(達磨)의 문하에서 대대로 전한 것이 이 선법(禪法)이니라" 하셨다.
  활짝 깨달은 뒤에 차츰 닦는 도리가 수레의 두 바퀴 같아서 하나가 없어도

안 되느니라.

或者 不知善惡性空하고 堅坐不動하야 捺伏身心을
혹자 부지선악성공   견좌부동   날복신심

如石壓草로 以爲修心하나니 是 大惑矣라. 故로 云하사대
여석압초 이위수심   시 대혹의 고 운

聲聞은 心心斷惑호대 能斷之心이 是 賊이라 하시니
성문 심심단혹   능단지심   시 적

但諦觀殺盜淫妄이 從性而起인달하면 起卽無起라 當處便寂하리니
단체관살도음망 종성이기   기즉무기   당처변적

何須更斷이리요 所以로 云하사대 不怕念起하고 唯恐覺遲라 하며
하수갱단   소이 운   불파염기   유공각지

又云하사대 念起卽覺이라 覺之卽無라 하니 故로 悟人分上에는
우운   염기즉각   각지즉무   고 오인분상

雖有客塵煩惱나 俱成醍醐로다 但照惑無本하면 空華三界가
수유객진번뇌　구성제호　　단조혹무본　　공화삼계

如風卷煙하고 幻化六塵이 如湯消氷이니라.
여풍권연　　환화육진　어탕소빙

　어떤 이는 선과 악의 성품이 공한 줄 알지 못하고 굳이 앉아 움직이지 않으면서 몸과 마음을 억누르는 것으로 마음 닦는 일이라 하니, 이는 큰 잘못이니라.
　그러므로 말씀하시기를 "성문은 생각마다 미혹을 끊으나 끊으려는 그 마음이 바로 도적이라" 하시니 살생, 투도, 음행, 망어가 성품으로부터 일어나는 줄로 자세히 관찰하기만 하면 일어났으되 일어난 것이 없음이라, 그 자리가 바로 고요한 것이니 어찌 다시 끊으려 하리요?
　그러므로 "망념이 일어나는 것을 두려워 말고, 오직 깨달음이 늦는 것만을 두려워하라" 하셨으며,
　또 말씀하시기를 "망념이 일어나면 곧 깨달으라. 깨달으면 곧 없어진다" 하셨으니,
　깨달은 사람의 처지에서는 객진번뇌(客塵煩惱)가 있으나 모두 제호(醍醐: 최상의 맛)가 되느니라. 다만 미혹의 근본이 없는 줄 알면 허공꽃(空華) 같은 삼

계도 바람이 연기를 걷어 버리듯 하고, 허깨비(幻化) 같은 육진(六塵)이 끓는 물에 얼음 녹듯 하더라.

若能如是念念修習하야 不忘照顧하야 定慧等持하면 則愛惡自然淡薄하며
약능여시염념수습   불망조고   정혜등지   즉애오자연담박

悲智 自然增明하며 罪業이 自然斷除하며 功行이 自然增進하나니
비지 자연증명   죄업 자연단제   공행 자연증진

煩惱盡時에 生死卽絶이라. 若微細流注永斷하고 圓覺大智가
번뇌진시   생사즉절   약미세유주영단   원각대지

朗然獨存하면 卽現千百億化身하야 於十方國中에 赴感應機호대
낭연독존   즉현천백억화신   어시방국중   부감응기

似月現九霄에 影分萬水인달하야 應用無窮하야 度有緣衆生호대
사월현구소   영분만수   응용무궁   도유연중생

快樂無憂일새 名之爲大覺世尊이니라.
쾌락무우   명지위대각세존

만일에 이와 같이 생각마다 닦아 익히어 비춰 살피기를 잊지 않아, 정(定)가 혜(慧)를 균등히 지니면 사랑도 미움도 자연히 옅아지고 자비와 지혜가 자연히 늘어나며 죄의 업이 자연히 끊어 없어지며 공덕과 수행이 자연히 두터워지리니, 번뇌가 다할 때에 생사가 바로 끊어지리라.

만일 미세한 번뇌(流注)가 영원히 끊어지고 원각의 큰 지혜가 오롯이 밝아지면 즉시에 천백억화신(千百億化身)을 나타내어 시방 국토에 근기 따라 감응하되, 마치 달이 중천에 밝으면 그림자가 온갖 물에 나뉘어 비치듯 쓰이는 곳에 따라 무궁무진하여 인연 있는 중생을 제도하되 즐거워 근심이 없으므로 이름 하여 대각 세존이라 부르느니라.

14. 正示二門定慧 (정시이문정혜)
- 정과 혜를 바로 보이다 -

問이라 後修門中에 定慧等持之義를 實未明了하니 更爲宣說하야
문   후수문중   정혜등지지의   실미명료   갱위선설

委示開迷하사 引入解脫之門케 하소서. 答이라 若說法義인댄
위시개미   인입해탈지문   답   약설법의

入理千門이나 莫非定慧요 取其綱要컨대 則但自性上體用二義니
입리천문   막비정혜   취기강요   즉단자성상체용이의

前所謂空寂靈知가 是也라 定是體요 慧是用也니 卽體之用故로
전소위공적영지   시야 정시체 혜시용야 즉체지용고

慧不離定하고 卽用之體故로 定不離慧하며 定則慧故로
혜불리정   즉용지체고   정불리혜   정즉혜고

寂而常知하고 慧則定故로 知而常寂하나니 如曹溪云하사대
적이상지　혜즉정고　지이상적　　여조계운

心地無亂이 自性定이요 心地無癡가 自性慧라 하시니라.
심지무란　자성정　심지무치　자성혜

若悟如是 任運寂知하야 遮照無二則是爲頓門箇者의 雙修定慧也니라.
약오여시 임운적지　차조무이즉시위돈문개자　쌍수정혜야

[학인] 깨달은 뒤에 닦는 문에서 정(定)과 혜(慧)를 균등히 지니는 이치를 아직도 분명히 알지 못하겠사오니, 다시 설명하시고 자세히 보이셔서 어리석음을 열어 해탈의 문에 들게 하여 주소서.

[보조] 만일 법과 이치(法義)를 시설한다면 진리에 들어가는 문이 많겠으나 정혜(定慧: 선정과 지혜) 아닌 것이 없고, 그 강요(綱要)를 취하건대 자기 성품 위의 체(體)와 용(用) 두 가지 뜻이니 전에 말한 바 공적영지(空寂靈知)가 그것이니라.
　정(定)은 본체요 혜(慧)는 작용이니, 본체 그대로이 작용이기 때문에 지혜가 선정을 여의지 않았고, 작용 그대로인 본체이기 때문에 선정이 지혜를

여의지 않았으며 선정 그대로가 지혜인 까닭에 고요하면서도 항상 알고, 지혜 그대로가 선정인 까닭에 알면서도 항상 고요하나니, 조계(曹溪: 육조혜능) 화상께서 말씀하시기를 "마음 바탕에 어지러움 없는 것이 제 성품의 선정이요, 마음 바탕에 어리석음 없는 것이 제 성품의 지혜이니라" 하셨느니라.

　만일 이와 같은 이치를 깨달아 고요함과 앎에 자유로워서 가리고[遮] 비춤[照]이 둘이 없게 되면 이는 활짝 깨달은 자가 정[定]과 혜[慧]를 쌍으로 닦는 것이 되느니라.

若言 先以寂寂으로 治於緣慮하고 後以惺惺으로 治於昏住하야
약언 선이적적　　치어연려　후이성성　　치어혼주

先後對治로 均調昏亂하야 以入於靜者는 是爲漸門劣機의 所行也니
선후대치　균조혼란　　이입어정자　시위점문열기　소행야

雖云惺寂等持나 未免取靜爲行이면 則豈爲了事人의 不離本寂本知하야
수운성적등지　미면취정위행　　즉기위요사인　불리본적본지

任運雙修者也리요. 故로 曹溪云하사대 自悟修行은 不在於諍이니
임운쌍수자야　　고　조계운　　자오수행　부재어쟁

若諍先後하면 卽是迷人이라 하시니라.
약쟁선후   즉시미인

만일 말하기를 "먼저 적적(寂寂: 아주 고요함)으로써 산란[緣慮]을 다스리고, 나중에 성성(惺惺: 또렷또렷함)으로써 혼침[昏住]을 다스려서 선후의 치유(治癒)로 혼침과 산란을 균등하게 조절해서 고요함[靜]에 들어간다"고 한다면 이는 차츰 깨달은 열등한 무리가 행할 바 이니라.

성성과 적적을 균등히 지닌다고는 하나 고요함을 취해 수행을 삼으려는 허물을 면치 못했으니 어찌 일을 마친 사람[了事人]이 본래의 고요함과 본래의 신령스런 지혜를 함께 여의지 않고 자유로이[任運] 쌍으로 닦는 것이라 할 수 있으리오?

그러므로 육조[曹溪]께서 말씀하셨느니라.

"스스로가 깨닫고 수행하는 것은 다투는데 있지 않나니 앞과 뒤를 다투면 미혹한 사람이니라."

則達人分上에는 定慧等持之義 不落功用하나니 元自無爲하야
즉달인분상   정혜등지지의 불락공용   원자무위

更無特地時節이니라. 見色聞聲時에 但伊麼하며 著衣喫飯時에
갱무특지시절   견색문성시   단이마   착의끽반시

但伊麼하며 屙屎送尿時에 但伊麼하며 對人接話時에
단이마　　아시송뇨시　단이마　　대인접화시

但伊麼하며 乃至行住坐臥와 或語或默하며 或喜或怒히
단이마　　내지행주좌와　혹어혹묵　　혹희혹노

一切時中에 一一如是호대 似虛舟駕浪에 隨高隨下하며
일체시중　일일여시　　사허주가랑　수고수하

如流水轉山에 遇曲遇直인달하야 而心心無知리라.
여류수전산　우곡우직　　　이심심무지

今日에 騰騰任運하며 明日에 任運騰騰이라 隨順衆緣호대
금일　등등임운　　명일　임운등등　　수순중연

無障無礙하야 於善於惡에 不斷不修하며 質直無僞하야
무장무애　　어선어악　부단불수　　질직무위

視聽尋常이라 則絶一塵而作對어니 何勞遣蕩之功이며

시청심상　즉절일진이작대　하로견탕지공

無一念而生情이라 不假忘緣之力이니라.

무일념이생정　불가망연지력

　통달한 사람의 경우에는 선정과 지혜를 균등히 지닌다는 것이 공용(功用: 애써서 노력함)에 속하지 않나니, 원래부터 함이 없기 때문에[無爲] 더 이상 특이한 경우가 없느니라. 빛깔을 보거나 소리를 들을 때에도 그저 그렇게 하고, 옷을 입고 밥을 먹을 때에도 그저 그와 같이 하며, 똥을 누고 오줌을 눌 때에도 그저 그와 같이 하며, 사람을 대하여 이야기를 나눌 때에도 그저 그와 같이 하며, 나아가서는 다니거나 멈추거나 앉거나 눕거나 말하거나 잠잠하거나 기뻐하거나 성내거나에 이르기까지 낱낱이 항상 그와 같이 하되, 마치 빈 배를 파도 위에 띄우면 높아졌다 낮아졌다 하는 것 같으며, 물이 산골을 지날 때 굽을 때도 곧을 때도 있는 것 같아서 마음마다에 아무런 알음알이가 없느니라.

　오늘도 훨훨[騰騰] 자유로우며[任運] 내일도 훨훨 자유로워서 뭇 인연에 수순하되 아무런 장애가 없으므로 선과 악에 대하여 닦으려고도 하지 않고 끊으려고도 하지 않으며, 곧고 거짓이 없어 보고 듣는 일에 예사로우니라.

한 티끌도 상대할 것이 없거니 어찌 수고로이 떨어버리는 공부를 할 것이며, 한 생각도 망정(妄情)을 낼 것이 없거니 반연을 잊으려는 힘을 쓸 필요가 없느니라.

然이나 障濃習重하며 觀劣心浮하야 無明之力은 大하고 般若之力은 小할새
연   장농습중   관열심부   무명지력 대   반야지력 소

於善惡境界에 未免被動靜互換하야 心不恬淡者는
어선악경계   미면피동정호환   심불염담자

不無忘緣遣蕩功夫矣니라. 如云 六根이 攝境하야 心不隨緣을 謂之定이요
불무망연견탕공부의   여운 육근 섭경   심불수연   위지정

心境이 俱空하야 炤鑑無惑을 謂之慧라 하니라.
심경   구공   조감무혹   위지혜

此雖隨相門定慧며 漸門劣機所行也나 對治門中에는 不可無也니라.
차수수상문정혜 점문열기소행야   대치문중   불가무야

若 掉擧가 熾盛則先以定門으로 稱理攝散하야 心不隨緣하야
약 도거   치성즉선이정문   칭리섭산   심불수연

契乎本寂하고 若 昏沉이 尤多則次以慧門으로 擇法觀空하야
계호본적   약 혼침 우다즉차이혜문   택법관공

照鑑無惑하야 契乎本知니라 以定治乎亂想하고 以慧治乎無記하야
조감무혹   계호본지   이정치호난상   이혜치호무기

動靜相亡하고 對治功終則對境而念念歸宗이요 遇緣而心心契道하야
동정상망   대치공종즉대경이염념귀종   우연이심심계도

任運雙修하야사 方爲無事人이니 若如是則眞可謂定慧等持하야
임운쌍수   방위무사인   약여시즉진가위정혜등지

明見佛性者也니라.
명견불성자야

그러나 장애가 진하고 습기가 무거우며 살핌[觀]이 미약하고 마음이 들떠

서 무명의 힘은 크나 반야의 힘은 작으므로 선과 악의 경계에 대하여 시끄럽거나 고요함에 끄달리지 않을 수 없어 마음이 편안치 않은 이에게는 반연을 잊고 떨어버리는 공부가 없지 않으니라.

고인이 이르되 "육근(六根)이 경계를 거두어 마음이 반연을 따르지 않는 것을 선정이라 하고, 마음과 경계가 모두 공하여 의혹 없이 밝게 비추는 것을 지혜라 한다" 하였느니라

이것이 비록 수상문(隨相門)의 정과 혜이며, 차츰 닦는 문중[漸門]의 낮은 근기들이 행할 바이나 다스려 나아가는 문중(對治門)에는 없어서는 안 되느니라.

만일 도거(掉擧: 산란)가 성하거든 먼저 선정의 문으로 이치에 맞게 산란을 거두어서 마음이 반연을 따르지 않고 본래의 고요함에 계합하도록 하며, 만일 혼침(昏沈: 졸음)이 너무 많거든 다음엔 지혜의 문으로써 법을 택하여 공(空)을 관함으로써 미혹함이 없이 본래의 지혜(本知)에 계합토록 비춰보아야 하느니라.

선정으로써 어지러운 생각을 다스리고 지혜[慧]로써 무기(無記)를 다스려 시끄럽고 고요함을 모두 잊어 물리치는 공부가 끝나면 경계를 대하되 생각마다 조종(祖宗)에 돌아가고 반연을 만나되 마음마다 도에 계합해서

자유로이 쌍으로 닦아야 바야흐로 일 없는 사람(無事人)이라 불리우니, 능히 이와 같이 하면 참으로 선정과 지혜를 균등히 지니어 불성을 분명히 본 사람이라 하리라.

15. 詳明二門定慧(상명이문정혜)
   - 선정과 지혜를 자세히 밝히다 -

問 據汝所判컨댄 悟後修門中에 定慧等持之義가 有二種하니
문 거여소판   오후수문중   정혜등지지의   유이종

一은 自性定慧요 二는 隨相定慧니라 自性門則曰任運寂知하니
일   자성정혜 이   수상정혜   자성문즉왈임운적지

元自無爲라 絶一塵而作對어니 何勞遣蕩之功이며 無一念而生情이라
원자무위   절일진이작대   하로견탕지공   무일념이생정

不假忘緣之力이라 하고 判云호대 此是頓門箇者의 不離自性하야
불가망연지력   판운   차시돈문개자   불리자성

定慧等持也라 하고 隨相門則曰 稱理攝散하며 擇法觀空하야
정혜등지야   수상문즉왈 칭리섭산   택법관공

均調昏亂하야 以入無爲라 하고 判云호대 此是漸門劣機의 所行也라 하니
균조혼란   이입무위   판운   차시점문열기   소행야

就此兩門定慧하야 不無疑焉이로다.
취차양문정혜   불무의언

[학인] 판단하신 대로 한다면 깨달은 뒤에 닦는 문 가운데 선정과 지혜를 균등하게 지니는 뜻에 두 가지가 있으니 하나는 자성정혜(自性定慧)요, 또 하나는 수상정혜(隨相定慧)라.

자성문(自性門)정혜에 대하여 말하기를 "자유롭게 고요히 알아 원래부터 무위(無爲)인지라 한 티끌도 상대 될 것이 없거니 어찌 버리고 소탕하는 공부를 할 것이며, 한 생각도 망정을 낼 것이 없거니 반연 잊는 힘이 필요치 않다" 하셨고 판정하되 "이는 활짝 깨달은 이가 자성(自性)을 여의지 않고 선정과 지혜를 균등히 지니는 것이라" 하셨으며,

수상문(隨相門)의 정과 혜에 대하여는 "이치에 맞게 산란함을 거두며 법을 택하여 공을 관하되 혼침과 산란을 균등히 조절해서 무위의 경지에 들어간다" 하셨고 또, "이는 차츰 닦는 문중에 속하는 열등한 무리의 행할 바라" 판정하셨으니, 이 두 부분의 정과 혜에 대하여 의심이 없지 않나이다.

若言一人所行也인댄 爲復先依自性門하야 定慧雙修然後에
약언 일인소행야   위부선의자성문   정혜쌍수연후

更用隨相門對治之功耶아 爲復先依隨相門하야 均調昏亂然後에
갱용수상문대치지공야   위부선의수상문   균조혼란연후

以入自性門耶아 若先依自性定慧則任運寂知하야 更無對治之功이어니
이입자성문야   약선의자성정혜즉임운적지   갱무대치지공

何須更取隨相門定慧耶리오 如將皓玉하야 彫文喪德이로다.
하수갱취수상문정혜야   여장호옥   조문상덕

若先以隨相門定慧로 對治功成然後에 趣於自性門則宛是漸門中劣機의
약선이수상문정혜   대치공성연후   취어자성문즉완시점문중열기

悟前漸熏也니 豈云 頓門箇者의 先悟後修하야 用無功之功也리오.
오전점훈야   기운 돈문개자   선오후수   용무공지공야

만일 말하기를 "한 사람이 행할 바라" 한다면 먼저 자성문(自性門)에 의해

선정과 지혜를 겸해 닦은 뒤에 다시 수상문(隨相門)으로써 다스리는 공부를 하여야 합니까? 아니면 먼저 수상문에 의하여 혼침과 산란을 균등히 조절한 뒤에 자성문에 들어가야 되는 것입니까?

만일 먼저 자성문의 정과 혜에 의지한다면 자유롭게 고요히 알아서 더 이상 물리치고 닦을 공부가 필요치 않을 것이어늘, 어찌 수상문의 정(定)과 혜(慧)를 취할 필요가 있겠습니까? 마치 흰 옥에다 문채를 새겨서 옥의 덕을 해치는 것과 같습니다.

그리고 먼저 수상문의 정과 혜로 물리쳐 다스리는 공부가 이루어진 뒤에 자성 문으로 나가야 한다면 이는 완연히 점진적으로 닦는 중의 못난 근기[劣機]들이 깨닫기 전에 차츰차츰 닦아 익히는 법이거늘 어찌하여 말하기를 "활짝 깨닫는 문중 사람이 먼저 깨닫고 나중에 닦아 공부할 것 없는 공부를 쓰는 것이라" 하겠습니까?

若一時에 無前後則 二門定慧의 頓漸이 有異하니 如何一時에
약일시　무전후즉 이문정혜　 돈점　 유이　 여하일시

竝行也리요. 則頓門箇者는 依自性門하야 任運忘功하고
병행야　　 즉돈문개자　 의자성문　　 임운망공

漸門劣機는 趣隨相門하야 對治勞功이니 二門之機頓漸이 不同하고
점문열기　취수상문　　대치노공　　이문지기돈점　부동

優劣이 皎然하니 云何先悟後修門中에 竝釋二種耶아.
우열　교연　　운하선오후수문중　　병석이종야

請爲通會하사 令絶疑情케 하소서. 答이라 所釋이 皎然커늘
청위통회　　　영절의정　　　　　답　소석　교연

汝自生疑로다. 隨言生解하면 轉生疑惑이요 得意忘言하면
여자생의　　　수언생해　　　전생의혹　　　득의망언

不勞致詰하리라. 若就兩門하야 各判所行인댄 則修自性定慧者는
불로치힐　　　　약취양문　　　각판소행　　　즉수자성정혜자

此是頓門의 用無功之功하야 竝運雙寂하며 自修自性하야 自成佛道者也라.
차시돈문　　용무공지공　　　병운쌍적　　　자수자성　　　자성불도자야

[학인] 만일 동시여서 앞뒤가 없다면 두 문의 선정과 지혜에 돈(頓: 활짝)과

점(漸: 차츰)의 차이가 있게 되거늘 어떻게 동시에 행할 수 있겠습니까?

활짝 깨닫는 부문에 속하는 이는 자성문에 의하여 자유로이 공부를 잊고, 차츰 닦는 부문의 열등한 근기는 수상문에 나아가 물리쳐 다스리는 공부를 힘써야 하나니, 두 부문의 근기가 돈과 점이 같지 않고 우수함과 열등함이 분명하온데 어찌 먼저 깨닫고 나중 닦는 문(門) 가운데 두 가지를 병행해서 풀이할 수 있겠습니까? 다시 설명해 주시어 의심을 풀어 주시기를 청하옵니다.

[보조] 이미 해석한 것이 뚜렷하거늘 그대 스스로 의혹을 내는구나. 말을 따라 알려고 하면 다시 의혹이 생기고 뜻을 얻고 말을 잊으면 공연히 따질 필요가 없게 되리라. 만일 두 문에 대하여 그들의 수행을 나누어 판별하건대, 자성정혜를 닦는 이는 활짝 깨닫는 부문에서 공력 없는 공력을 써서 함께 병행하여 운전하고 쌍으로 고요히 하며, 자신의 성품을 스스로 닦아서 스스로가 불도를 이루는 사람들이니라.

修隨相門定慧者는 此是未悟前漸門劣機의 用對治之功하야
수수상문정혜자 차시미오전점문열기 용대치지공

心心斷惑하야 取靜爲行者라 而此二門所行이 頓漸이 各異라
심심단혹 취정위행자 이차이문소행 돈점 각이

不可參亂也니라. 然이나 悟後修門中에 兼論隨相門中對治者는
불가참란야　　연　　오후수문중　　겸론수상문중대치자

非全取漸機所行也라 取其方便하야 假道托宿而已니 何故오.
비전취점기소행야　취기방편　　가도탁숙이이　　하고

於此頓門에도 亦有機勝者하며 亦有機劣者하니 不可一例로 判其行李也니라.
어차돈문　　역유기승자　　역유기열자　　불가일예　판기행리야

　수상문(修相門)의 선정과 지혜를 닦는 이라 함은 깨닫기 전에 차츰 닦는 문 중의 열등한 근기들이 물리쳐 다스리는 공부를 활용함으로써 마음마다에 미혹을 끊어 고요함을 취하는 것으로 행을 삼는 사람들이니라. 이 두 부문에서 행하는 것이 돈과 점이 각각 다른지라 혼동하지 말지니라.
　그러나 깨달은 뒤에 닦는 문(門) 중에서 수상문의 물리쳐 다스리는 법을 겸해 이야기하는 까닭은 차츰 닦는 근기가 행하는 바를 전적으로 취한 것이 아니라 그 방편을 취해서 길을 빌리고 투숙을 의탁하는 것 등과 같은 경우일 뿐이니라.
　무슨 까닭인가? 이 활짝 깨닫는 문에도 근기가 수승한 이와, 열등한 이가 있으니, 한 가지 예로 가는 길을 판정할 수 없기 때문이니라.

若 煩惱가 淡薄하고 身心이 輕安하야 於善에 離善하며 於惡에
약 번뇌 담박 신심 경안 어선 이선 어악

離惡하야 不動八風하며 寂然三受者는 依自性定慧하야 任運雙修하나니
이악 부동팔풍 적연삼수자 의자성정혜 임운쌍수

天眞無作하며 動靜常禪이라 成就自然之理어니
천진무작 동정상선 성취자연지리

何假隨相門對治之義也리요 無病不求藥이니라 雖先頓悟나
하가수상문대치지의야 무병불구약 수선돈오

煩惱濃厚하고 習氣堅重하야 對境而念念生情하며 遇緣而心心作對하야
번뇌농후 습기견중 대경이염념생정 우연이심심작대

被他昏亂使殺하야 昧却寂知常然者는 卽借隨相門定慧하야
피타혼란사살 매각적지상연자 즉차수상문정혜

不忘對治하고 均調昏亂하야 以入無爲가 卽其宜矣니라.
불망대치　　균조혼란　　이입무위　즉기의의

雖借對治功夫하야 暫調習氣나 以先頓悟心性이 本淨하고
수차대치공부　　잠조습기　이선돈오심성　　본정

煩惱가 本空故로 卽不落漸門劣機의 汚染修也니라.
번뇌　본공고　즉불락점문열기　　오염수야

만일 번뇌가 얇고 몸과 마음이 가뜬[經安]하여 선(善)을 만나되 선을 여의고 악을 만나되 악을 여의어, 여덟 가지 바람에 요동치 않고, 세 가지 느낌[三受]에 고요해진 이는 자성의 선정과 지혜에 의하여 자유로이 쌍으로 닦을지니 천진(天眞)하여 작[作]위가 없으므로 움직이나 고요히 있으나 항상 선(禪)이라 자연의 이치를 성취하였거늘 어찌 수상문에 의지하여 물리쳐 다스리는 법을 빌릴 필요가 있으리오. 병이 없으면 약을 구하지 말지니라. 비록 먼저 활짝 깨달았다고는 하나 번뇌가 짙고 깊으며 습기가 굳고 무거워 경계를 대하되 생각마다 망정을 일으키고 인연을 만나면 마음마다 상대를 지어내서 혼침과 산란에 끄달려서 고요한 지혜[寂知]의 지속적 광명에 어두운 이는 수상문에 의한 선정과 지혜를 의지해 물리치고 다스리는 공부를 잊지 말며 혼침과 산란을 균등히 조절함으로써 무위의 경지에 들어감이 마땅하리라.
 비록 물리쳐 다스리는 공부에 의거하여 잠시 습기를 조절한다고는 하나 심성(心性)이 본래 청정하고 번뇌가 본래 공한 것을 미리 활짝 깨달았기 때문에 차츰 닦는 문중의 열등한 근기에 물들은 수행에는 떨어지지 않으리라.

何者오 修在悟前이면 則雖用功不忘하야 念念熏修나 着着生疑하야
하자 수재오전   즉수용공불망   염념훈수 착착생의

未能無礙호미 如有一物이 礙在胸中인달하야 不安之相이 常現在前이라가
미능무애   여유일물   애재흉중   불안지상   상현재전

日久月深하야 對治功熟하면 則身心客塵이 恰似輕安이니라.
일구월심   대치공숙   즉신심객진   흡사경안

雖復輕安이나 疑根이 未斷호미 如石壓草하야 猶於生死界에
수부경안   의근   미단   여석압초   유어생사계

不得自在故로 云호대 修在悟前은 非眞修也라 하니라.
부득자재고   운   수재오전   비진수야

悟人分上에는 雖有對治方便이나 念念無疑하야 不落汙染이니
오인분상　　수유대치방편　　염념무의　　불락오염

日久月深하면 自然契合天眞妙性하야 任運寂知하며 念念攀緣一切境호대
일구월심　　자연계합천진묘성　　임운적지　　염념반연일체경

心心永斷諸煩惱하야 不離自性하며 定慧等持하야 成就無上菩提호대
심심영단제번뇌　　불리자성　　정혜등지　　성취무상보리

與前機勝者로 更無差別하나니 則隨相門定慧 雖是漸機의 所行이나
어전기승자　　갱무차별　　즉수상문정혜 수시점기　소행

於悟人分上에는 可謂點鐵成金이니 若知如是하면 則豈以二門定慧로
어오인분상　　가위점철성금　　약지여시　　즉기이이문정혜

有先後次第二見之疑乎아.
유선후차제이견지의호

무슨 까닭인가? 깨닫기 이선에 수행은 비록 잊지 않고 활용(活用)해서 공

부해 생각마다 익히고 닦으나 이르는 곳마다 의혹이 일어나 무애(無礙)를 이루지 못함이 마치 어떤 물건이 가슴에 걸려 있는 것 같아서 불안한 모습이 항상 눈앞에 나타나 있다가 날이 오래고 달이 깊어지면 물리쳐 다스리는 공부가 완숙해지면서 몸과 마음의 걱정거리[客塵]도 한결 거뜬해지는 것 같으니라.

비록 거뜬해졌다고는 하나 의혹의 뿌리가 끊기지 않았음이 마치 돌로 풀을 잠시 눌러둔 것 같아서 아직은 생사의 울에서 자유자재하지 못하므로, 옛 어른이 "깨닫기 전의 수행은 참다운 수행이 아니라" 말씀하셨느니라.

깨달은 사람의 경지에도 비록 물리쳐 다스리는 방편이 있으나 생각 생각에 의혹이 없기 때문에 더럽혀지지 않나니, 날이 오래고 달이 깊으면 자연히 천진하고도 묘한 성품에 부합하여 자유롭게 고요히 알며, 생각마다 온갖 경계를 반연하면서도 마음 마음에 모든 번뇌를 영원히 끊어서 제 성품을 여의지 않고 선정과 지혜를 균등히 지니어 위없는 보리(菩提)를 성취하되 전의 수승한 근기와 조금도 차별이 없나니, 수상문의 선정과 지혜가 비록 차츰 닦는 근기의 행할 바라고는 하지만 통달한 사람[達士]의 경지에서는 가위 무쇠를 달구어 금을 이루는 격이라 할 것이니라.

만일 이런 도리를 안다면 어찌 두 부분의 선정과 지혜에 앞뒤의 차례가 다르리라는 두 가지 소견을 두어 의혹을 일으키겠는가?

16. 勸結(권결)
-수행을 권하는 말씀으로 맺다-

願諸修道之人은 硏味此語하고 更莫狐疑하야 自生退屈이어다.
원제수도지인   연미차어   갱막호의   자생퇴굴

若具丈夫之志하야 求無上菩提者인댄 捨此奚以哉리요 切莫執文하고
약구장부지지   구무상보리자   사차해이재   절막집문

直須了義하야 一一歸就自己하야 契合本宗하면 則無師之智自然現前하고
직수요의   일일귀취자기   계합본종   즉무사지지자연현전

天眞之理 了然不昧하야 成就慧身이 不由他悟하리라.
천진지리 요연불매   성취혜신 불유타오

而此妙旨 雖是諸人分上이나 若非夙植般若種智한 大乘根器者인댄
이차묘지 수시제인분상   약비숙식반야종지 대승근기자

普照 修心訣(보조 수심결)

不能一念而生正信이니라 豈徒不信이리요. 亦乃謗讟하야 返招無間者
불능일념이생정신　　기도불신　　역내방독　　반초무간자

比比有之니 雖不信受나 一經於耳하야 暫時結緣이면
비비유지　수불신수　일경어이　　잠시결연

其功厥德을 不可稱量이니라. 如唯心訣에 云호대 聞而不信이라도
기공궐덕　불가칭량　　여유심결　운　문이불신

尙結佛種之因하고 學而不成이라도 猶蓋人天之福하야 不失成佛之正因이라 하니
상결불종지인　　학이불성　　유개인천지복　　부실성불지정인

況聞而信하고 學而成하야 守護不忘者리요 其功德을 豈能度量이리요.
황문이신　　학이성　　수호불망자　　기공덕　　기능탁량

바라노니 수도하는 사람들은 이 말의 뜻을 깊이 음미하여 다시는 사소하게 의혹을 일으켜서 스스로 물러서는 일이 없도록 하라. 대장부의 의지를 세워 위없는 보리를 구하는 이라면 이 길을 버리고 무엇을 하리요?
간절히 바라노니, 글에만 집착하지 말고 곧바로 본뜻을 알아서 낱낱이 자

기(自己)로 돌아가게 함으로써 근본 종지에 부합하게 되면 자연히 스승 없는 지혜가 나타나고 천진한 진리가 뚜렷하고 어둡지 않아서 지혜의 몸[慧身]을 성취하기에 다른 이의 깨달음을 말미암지 않게 되리라.

이 묘한 지혜가 비록 모든 사람이 본래 가지고 있는 것이기는 하나 전생부터 반야종지(般若種智)를 심어 온 뛰어난 대승(大乘)의 근기가 아니면 한 생각에도 바른 믿음을 능히 내지 못하리라.

다만, 믿지 않을 뿐 아니라, 비방까지 하여 도리어 무간지옥을 자초해 부르는 이가 종종 있느니라. 비록 믿지는 않더라도 한번 귓전을 스쳐 잠깐 동안이라도 인연을 맺으면 그 공덕은 이루 헤아릴 수가 없나니, 유심결(唯心訣)에 말씀하시기를 "듣고 믿지 않을 지라도 오히려 부처 종자[佛種]를 이루고 배워서 성취하지 못하더라도 인간이나 하늘의 복을 뒤덮어서 성불할 바른 인(因)을 잃지 않는다" 말씀하셨느니라.

하물며 듣고 믿으며 배워 이루어서 잘 지켜 잃지 않는다면 그 공덕을 어찌 헤아릴 수 있으리요?

追念過去輪廻之業컨대 不知其幾千劫을 墮黑闇 入無間하야
추념과거윤회지업　　부지기기천겁　타흑암 입무간

受種種苦하며 又不知其幾何而欲求佛道호대 不逢善友하야 長劫沈淪하야
수종종고　　우부지기기하이욕구불도　　불봉선우　　장겁침륜

冥冥無覺하야 造諸惡業이런고. 時或一思면 不覺長吁로다 其可放緩하야
명명무각　　조제악업　　　시혹일사　불각장우　　　기가방완

再受前殃가 又不知 誰復使我로 今値人生하야 爲萬物之靈하야
재수전앙　　우부지 수부사아　금치인생　　　위만물지령

不昧修眞之路어뇨. 實謂盲龜遇木이며 纖芥投鍼이라 其爲慶幸을
불매수진지로　　　실위맹구우목　　　섬개투침　　　기위경행

曷勝道哉아. 我今에 若自生退屈커나 或生懈怠而恒常望後라가
갈승도재　　아금　 약자생퇴굴　　 혹생해태이항상망후

須臾失命하면 退墮惡趣하야 受諸苦痛之時에는 雖欲願聞一句佛法하야
수유실명　　　퇴타악취　　수제고통지시　　　수욕원문일구불법

信解受持하야 欲免 辛酸인달 豈可復得乎아. 及到臨危하야는
신해수지   욕면신산   기가부득호   급도임위

悔無所益이니라. 願諸修道之人은 莫生放逸하며 莫着貪淫하고
회무소익   원제수도지인   막생방일   막착탐음

如救頭燃하야 不忘照顧어다 無常이 迅速하야 身如朝露하고 命若西光이라.
여구두연   불망조고   무상 신속   신여조로   명약서광

今日에 雖存이나 明亦難保니 切須在意하며 切須在意어다.
금일   수존   명역난보   절수재의   절수재의

　지난 세상 윤회한 업을 돌이켜 생각해 보건대 몇 천겁 동안을 흑암지옥과 무간지옥에 빠져 가지가지 고통을 받았으며 몇 차례나 불도를 구하려 했으나 어진 벗을 만나지 못해 여러 겁 동안 빠져 헤매면서 깜깜하게 깨닫지 못한 채 온갖 나쁜 업을 지어 왔던고?

　가끔 한번 생각할 때면 모르는 사이 긴 한숨이 나오는 도다. 어찌 방일하다가 지난날의 재앙을 다시 받으랴?

　또 누구의 힘으로 내가 이제 사람으로 태어나서 만물의 영장이 되어선 바

른 수행의 길을 잃지 않게 되었던고? 실로 눈 먼 거북이 큰 바다에서 나무토막을 만난 격이며 작은 겨자씨를 하늘에서 던져 바늘 끝에 꿴 격이라. 그 다행스러움을 어찌 다 말로 표현할 수 있으리요?

내가 이제 물러나 굴복할 생각을 내거나 게으른 생각을 내어 항상 뒤로 미루다가 눈 깜빡할 사이에 목숨을 잃고 나쁜 길에 떨어져 온갖 고통을 받을 때는 비록 단 한 귀절의 불법을 듣고 믿어 이해하고 지님으로써 쓰라린 고통을 벗어나고자 생각하나 될 수 있겠는가? 위급함에 이르러 뉘우친들 아무 이익도 없으리라.

원컨대 모든 수도하는 사람들은 방일한 생각을 내지 말고, 탐욕과 음욕에 집착하지 말며 머리에 붙은 불을 끄듯 잊지 말고 살펴 나갈지어다.

무상한 세월이 빠르고 빨라서 몸은 아침의 이슬 같고 목숨은 지는 해의 빛과 같도다. 오늘은 살았으나 내일은 보장키 어려우니 부디 간절히 새기고 새겨 둘지니라.

且憑世間有爲之善하야도 亦可免三途苦輪하야 於天上人間에 得殊勝果報하야
차빙세간유위지선　　역가면삼도고륜　　어천상인간　　득수승과보

受諸快樂이온 況此最上乘甚深法門은 暫時生信이라도 所成功德을
수제쾌락　황차최상승심심법문　잠시생신　　소성공덕

不可以比喩로 說其少分이니 如經에 云하사대 若人이
불가이비유　설기소분　　여경　운　　　약인

以三千大千世界七寶로 布施供養爾所世界衆生하야 皆得充滿하며
이삼천대천세계칠보　보시공양이소세계중생　　개득충만

又敎化爾所世界一切衆生하야 令得四果하면 其功德이
우교화이소세계일체중생　　영득사과　　기공덕

無量無邊이어니와 不如一食頃에 正思此法하난 所獲功德이라시니
무량무변　　　　불여일식경　정사차법　　소획공덕

是知커라 我此法門이 最尊最貴하야 於諸功德에 比況不及이로다.
시지　　아차법문　최존최귀　　어제공덕　비황불급

故로 經에 云하대 一念淨心이 是道場이라.
고　경　운　　일념정심　시도량

普照 修心訣(보조 수심결)

勝造恒沙七寶塔이로다 寶塔은 畢竟에 碎爲塵이어니와 一念淨心은

승조항사칠보탑　　보탑 필경 쇄위진　　일념정심

成正覺이라 하시니 願諸修道之人은 硏味此語하야 切須在意어다.

성정각　　원제수도지인　연미차어　절수재의

此身을 不向今生度면 更待何生度此身이리요. 今若不修면 萬劫差違어니와

차신　불향금생도　갱대하생도차신　　금약불수　만겁차위

今若强修면 難修之行이라도 漸得不難하야 功行이 自進하리라.

금약강수　난수지행　　점득불난　공행　자진

嗟夫라 今時人이 飢逢王饍호대 不知下口하며 病遇醫王호대

차부　금시인　기봉왕선　부지하구　병우의왕

不知服藥하니 不曰如之何如之何者는 吾未如之何也已矣로다.

부지복약　　불왈여지하여지하자　오미여지하야이의

우선 세간의 유위(有爲)의 선(善)을 의지하기만 하여도 삼도의 괴로운 윤

회를 면하고 하늘세계와 인간세계에서 수승한 과보를 얻어 온갖 쾌락을 누린다 하였거늘 하물며 이 가장 높고 심히 깊은 법문을 의지하는 경우이겠는가? 잠깐 동안 믿음을 내어 이루는 공덕조차도 어떤 비유로든 설명할 수 없다 하였느니라. 경에 "어떤 사람이 삼천대천세계에 있는 일곱 가지 보배로 그 세계의 중생들에게 공양을 베풀어 모두가 만족하게 하며, 또 그 세계의 모든 중생을 교화하여 사과(四果)를 얻게 한다면 그 공덕이 한량없거니와, 밥 한 술 먹을 사이에 이 법을 바르게 생각하여 얻은 공덕만은 못하다" 말씀하셨으니, 이것으로 미루어 알진대 이 법문은 가장 높고 가장 귀하여 어떠한 공덕에도 견줄 수 없느니라.

그러므로 경에 "한 생각 청정한마음이 도량이라, 항하사 수효의 칠보탑을 세운 공덕보다 수승하도다. 보배 탑은 끝내 부서져 먼지가 되거니와 한 생각 깨끗한 마음은 바른 깨달음을 이룬다" 말씀하시니, 바라건대 수도하는 사람은 이 말씀을 되새겨서 부디 유의할지어다.

이 몸을 금생에 제도하지 않으면 다시 어느 생에 제도하리요. 이제 닦지 않으면 만겁에 어긋나려니와 이제 힘써 닦아 나가면 닦기 어려웠던 행도 차츰 어렵지 않아져서 공행(功行)이 저절로 증진하게 되리라.

애달다. 요즘 사람들은 시장하던 차에 성찬[玉饌]을 만났으되 입에 댈 줄 모르고, 병 끝에 큰 의원을 만났으되 약을 먹을 줄 모르나니, 그야말로 "어찌 할꼬, 어찌 할꼬! 하지 않는 이는 나도 어찌할 수 없다" 고 한 경우가 아니겠는가?

且世間有爲之事는 其狀을 可見이며 其功을 可驗일새 人得一事라도
차세간유위지사   기상 가견   기공 가험   인득일사

歎其希有어니와 我此心宗은 無形可觀이며 無狀可見이라 言語道斷하고
탄기희유   아차심종   무형가관   무상가견   언어도단

心行處滅이니 故로 天魔外道가 毁謗無門이요 釋梵諸天이 稱讚不及이온
심행처멸   고 천마외도   훼방무문   석범제천   칭찬불급

況凡夫淺識之流가 其能髣髴이리요. 悲夫라 井蛙가 焉知滄海之闊이며
황범부천식지류   기능방불   비부   정와   언지창해지활

野干이 何能獅子之吼리요. 故知末法世中에 聞此法門하고
야간 하능사자지후   고지말법세중   문차법문

生希有想하야 信解受持者는 已於無量劫中에 承事諸聖하야
생희유상   신해수지자   이어무량겁중   승사제성

植諸善根하야 深結般若正因한 最上根性也니라. 故로 金鋼經에
식제선근   심결반야정인   최상근성야   고   금강경

云하사대 於此章句에 能生信心者는 當知是人은 已於無量佛所에
운   어차장구   능생신심자   당지시인   이어무량불소

種諸善根이라 하시고 又云 爲發大乘者說이며 爲發最上乘者說이라 하시니라.
종제선근   우운 위발대승자설   위발최상승자설

또 세간의 유위의 일은 그 형상을 볼 수 있고, 그 공능을 증험할 수 있으므로 사람들이 한 가지 일만 얻더라도 희유하다고 찬탄하거니와, 나의 이 심성을 밝히는 종풍(心宗)은 모양도 볼 수 없고 형상도 볼 수 없는지라 언어(言語)의 길이 막히고, 마음의 갈 곳이 끊어졌느니라. 그러므로 하늘, 마군, 외도가 헐뜯을 문이 없고 제석, 범천 등 하늘이 찬탄할 길이 없거늘 하물며 식견이 얕은 범부의 무리가 비슷할 수나 있으랴?

슬프다, 우물 안의 개구리가 어찌 푸른 바다의 넓음을 알며, 들 여우가 어찌 사자의 영각을 알리요? 그러므로 말법의 시대에 이 법문을 듣고 희유하다는 생각을 내어서 믿고 받들어 지니는 이는 이미 한량없는 겁 동안에 여러 성인을 받들어 섬겨오면서 여러 선근(善根)을 심어 큰 지혜[般若]의 바른

인을 심은 가장 높은 근성(根性)임을 알지니라.

 그러므로 금강경에 말씀하시기를 "이 구절[章句]에 대하여 믿음을 내는 이는 이미 한량없는 부처님께 온갖 선근을 심은 줄 알라" 하시고, 또 말씀하시기를 "대승(大乘)의 마음을 낸 이를 위한 설이며, 최상승(最上乘)의 마음을 낸 이를 위한 설이라" 말씀하셨느니라.

願諸求道之人은 莫生法弱하고 須發勇猛之心하라. 宿劫善因을
원제구도지인　막생법약　　수발용맹지심　　숙겁선인

未可知也니라. 若不信殊勝하고 甘爲下劣하야 生艱阻之想하야
미가지야　　약불신수승　　감위하열　　생간조지상

今不修之則縱有宿世善根이라도 今斷之故로 彌在其難하야 展轉遠矣리라.
금불수지즉종유숙세선근　　　　금단지고　미재기난　　전전원의

今旣到寶所라 不可空手而還이니 一失人身하면 萬劫難復니라.
금기도보소　불가공수이환　　일실인신　　만겁난부

請須愼之하라. 豈有智者가 知其寶所反不求之하고 長怨孤貧이리요.
청수신지   기유지자   지기보소반불구지   장원고빈

若欲獲寶인댄 放下皮囊이니라.
약욕획보   방하피낭

바라건대 도를 구하는 사람들은 두려워하는 생각을 내지 말고, 용맹스런 마음을 일으키라. 전생의 착한 인연이 있을는지 모를 일이니라.

만일 수승한 도리를 믿지 않고 스스로 못난이로 자처하거나 어렵다는 생각을 내어 금생에 닦지 않으면 전생에 선근이 있더라도 이제 끊어져 버리므로 어려움이 가득해져서 더욱더욱 멀어지게 되리라.

이제 이미 보배 있는 곳에까지 와있는지라 빈손으로 돌아 갈 수 없나니, 한번 사람의 몸을 잃으면 만겁에 회복하기 어려우니라.

바라노니, 부디 삼가 할 지어다. 어찌 지혜로운 이가 보배 있는 곳을 알면서도 구하지 않고 오래도록 외롭고 가난함을 원망하리요? 보배를 얻으려거든 가죽주머니(皮囊: 겉 몸뚱이)를 내려놓을 지니라.

眞心

普照 眞心直說
보조 진심직설

마음 있어 닦는 인행을 닦으면 유위(有爲)의 과보를 받고,
무심으로 인행을 닦으면 성품(性稟)의 공덕을 드러내느니라.
이 모든 공덕이 본래부터 스스로 갖추어져 있으나
허망함이 덮이어 드러나지 못하고 있었나니,
이제 이미 허망함이 제거 되었으면
공덕이 저절로 나타나리라.

自序(자서)

或이 曰祖師妙道를 可得知乎잇가.
혹   왈조사묘도   가득지호

曰古不云乎아 道는 不屬知하며 不屬不知하니 知是妄想이요
왈고불운호   도 불속지   불속부지   지시망상

不知는 是無記라 若眞達不疑之地는 猶如太虛寬廓이어니
부지   시무기   약진달불의지지   유여태허관확

豈可强生是非耶리오. 或이 曰然則諸祖出世가 無益群生耶잇가.
기가강생시비야   혹   왈연즉제조출세   무익군생야

曰佛祖出頭에 無法與人이요 只要衆生으로 自見本性이니 華嚴에
왈불조출두   무법여인   지요중생   자견본성   화엄

云하사대 知一切法이 卽心自性하면 成就慧身호대 不由他悟라 하시니
운   지일체법   즉심자성   성취혜신   부유타오

是故로 佛祖가 不令人으로 泥着文字하고 只要休歇하야 見自本心게 하시니
시고　불조　불령인　　니착문자　　지요휴헐　　견자본심

所以로 德山은 入門便棒하시고 臨濟는 入門便喝하시니
소이　덕산　입문변봉　　　임제　입문변갈

已是探頭太過어니 何更立語言哉리오. 或이 曰昔에 聞호니 馬鳴이
이시탐두태과　　하갱입어언재　　혹　왈석　문　마명

造起信하시고 六祖가 演壇經하시고 黃梅가 傳般若하시니
조기신　　　육조　연단경　　　　황매　전반야

皆是漸次爲人이시니 豈獨無方便於法이 可乎잇가. 曰妙高峰上에
개시점차위인　　　기독무방편어법　　가호　　왈묘고봉상

從來로 不許商量이나 第二峰頭에 諸祖가 略容話會하시니라.
종래　불허상량　　　제이봉두　제조　약용화회

或이 曰散祈하노니 第二峰頭에 略垂方便耶잇가. 曰然哉라.
혹 왈산기   제이봉두 약수방편야   왈연재

是言也여 奈何大道가 玄曠하야 非有非無며 眞心이 幽微하야
시언야 내하대도 현광   비유비무 진심 유미

絶思絶議리오. 故로 不得其門而入者는 雖檢五天之藏敎라도
절사절의   고 부득기문이입자 수검오천지장교

不以爲多어니와 洞曉眞心者는 但出一言之儗比라도 早是剩法矣니라.
불이위다   동효진심자 단출일언지의비   조시잉법의

今不惜眉毛하고 謹書數章하야 發明眞心하야 以爲入道之基漸也하야
금불석미모   근서수장   발명진심   이위입도지기점야

是爲序하노라.
시위서

[학인] 조사의 묘한 도(道)는 알 수 있습니까?

[보조] 옛말에도 있듯이 도란 아는 데 속한 것이 아니며, 알지 못하는데 속하지도 않는 것이니, 안다는 것은 망상이요, 알지 못한다는 것은 무기(無記)이니, 만일 참으로 통달하여 의심하지 않는 경지는 큰 허공같이 넓고 끝이 없거니와 어찌 시비를 억지로 일으키겠는가?

[학인] 그렇다면 저 많은 조사들의 세상 출현은 사람들에게 아무 이익이 없습니까.

[보조] 부처님과 조사께서 세상에 출현은 줄 법(法)이 있어서가 아니라 다만 중생들로 하여금 스스로 본래의 성품을 보게 한 것이다.

화엄경에 말씀하시되, "일체의 법이 바로 마음 자체의 성품임을 알면 지혜의 몸을 성취하되 다른 이에 의존해 깨침이 아니니라. 이 까닭으로 부처님과 조사님들께서 사람들로 하여금 문자에 빠져 집착치 말도록 부탁하시면서 다만 생각도 쉬고 반연도 쉬어서 본래의 마음을 보도록 하신 것이니, 이 때문에 덕산(德山) 조사께서는 (학인이) 문안에 들어오면 문득 몽둥이[棒]로 치셨으며, 임제(臨濟) 스님께서는 문득 "할"(喝) 하셨던 것도 이미 지나친 것인데, 어찌 다시 말을 내세울 것인가?

[학인] 전에 들은 바로는 마명(馬鳴) 보살께서 기신론(起信論)을 지으시고, 육조(六祖)께서는 법보단경(法寶壇經)을 말씀하셨으며, 황매(黃梅) 스님께서

는 반야(般若)를 전하셨으니 이 모든 것들이 점진적으로 차례를 두어 사람들을 돕고자 한 바이겠거니와, 어째서 홀로 법에 방편이 없다 하십니까?

  [보조] 오묘한 최고봉에는 종래로 사량(思量)하는 일을 용납치 않으나 제이봉에는 여러 조사들께서도 대략 어구(語句)나 대화를 허락하셨느니라.

  [학인] 바라옵건대 제이의 봉우리의 간략한 방편들을 대략 보여주시옵소서.
  [보조] 그렇다. 그대의 말이 옳으니, 대도란 그윽하고 밝아서 유도 무도 아니요, 진심(眞心)이 깊고 미묘해서 생각도 끊어지고 논의(論議: 따질 것)도 끊어진 것이로다. 그 때문에 그 문에 들어오지 못한 사람은 비록 오천의 장교(藏敎)를 다 음미해 보더라도 도리어 많은 것이 아니며, 통찰해 진심을 깨달은 사람은 단 한마디 비유하는 말을 끌어대더라도 도리어 군더더기 법이 되느니라.
  이제 눈썹 터럭이 떨어지는 벌을 받는 한이 있더라도 삼가 몇 장의 글을 써서 진심을 밝혀 보이려 하매 도에 드는 가장 요긴한 차례로 삼아 이에 서문을 쓰노라.

1. 眞心正信(진심정신)
- 참마음의 바른 이해 -

華嚴에 云하사대 信爲道源功德母라 長養一切諸善根이라 하시며
화엄 운   신위도원공덕모   장양일체제선근

又唯識에 云호대 信如水淸珠하야 能淸濁水故라 하시니
우유식 운   신여수청주   능청탁수고

是知萬善發生에 信爲前導로다. 故로 佛經首에 立 如是我聞은
시지만선발생   신위전도   고   불경수   입 여시아문

生信之所謂也니라. 或이 曰 祖門之信이 與敎門信으로 有何異耶오.
생신지소위야   혹 왈 조문지신 여교문신   유하이야

曰 多種不同하니라. 敎門에는 令人天으로 信於因果호대
왈 다종부동   교문   영인천   신어인과

有愛福樂者면 信十善으로 爲妙因하고 人天으로 爲樂果하며
유애복락자　신십선　　위묘인　　인천　　위락과

有樂空寂者면 信生滅因緣으로 爲正因하고 苦集滅道로
유락공적자　신생멸인연　　위정인　　고집멸도

爲聖果하여 有樂佛果者는 信三劫六度로 爲大因하고
위성과　　유락불과자　신삼겁육도　위대인

菩提涅槃으로 爲正果니라. 祖門正信은 非同前也니라.
보리열반　　위정과　　조문정신　비동전야

　화엄경(華嚴經)에 말씀하시기를 "믿음은 도의 근원이며, 공덕의 어머니라, 모든 선근(善根)을 자라게 한다" 하셨으며, 또 유식(唯識)에 말씀하시기를 "믿음은 물을 맑히는 구슬[水淸珠]이 능히 흐린 물을 맑히는 것 같다" 하시니, 이로써 만 가지 선(善)이 생기는 데는 믿음이 길잡이 임을 알겠도다.
　그러므로 불경의 첫머리에 "이와 같이 내가 들었다" 하는 말씀을 둔 것은 믿음을 내게 하기 위한 것이니라.

[학인] 조문(祖門: 선문)의 믿음과 교문(敎門: 교학)의 믿음이 어떻게 다릅니까?

[보조] 여러 가지로 같지 않으니, 교문에서는 인천(人天)의 무리로 하여금 인과(因果)의 법을 믿게 하되 복락(福樂)을 즐기는 이는 십선행(十善行)을 믿음으로써 묘한 원인을 삼고, 인간과 하늘로써 즐거운 결과를 삼게 하며, 공적(空寂)을 즐기는 이에게는 생멸의 인연을 믿음으로써 바른 원인을 삼고 고집멸도(苦集滅道)로써 거룩한 결과를 삼게 하며, 불과(佛果)를 즐기는 이에게는 삼겁(三劫)과 육도(六度)를 믿음으로써 큰 원인을 삼고 보리와 열반으로 바른 결과를 삼게 하거니와 조문(祖門)의 바른 믿음은 앞의 것들과 매우 다르니라.

不信一切有爲因果하고 只要信自己本來是佛이니 天眞自性이
불신일체유위인과　　지요신자기본래시불　　천진자성

人人具足하고 涅槃妙體가 箇箇圓成하야 不假他求라 從來自備니라.
인인구족　　열반묘체　　개개원성　　불가타구　　종래자비

三祖云하사대 圓同太虛하야 無欠無餘언만 良由取舍하야
삼조운　　　　원동태허　　　무흠무여　　　양유취사

所以不如라 하시며 誌公이 云하사대 有相身中에 無相身이요
소이불여   지공 운   유상신중   무상신

無明路上에 無生路라 하시며 永嘉云하사대 無明實性이 卽佛性이요
무명로상 무생로   영가운   무명실성   즉불성

幻化空身이 卽法身이라 하시니 故知衆生이 本來是佛이로다.
환화공신 즉법신   고지중생   본래시불

旣生正信이라도 須要解滋니 永明이 云 信而不解면 增長無明하고
기생정신   수요해자   영명 운 신이불해   증장무명

解而不信이면 增長邪見이라 하시니 故知하라. 信解相兼하야사 得入道疾니라.
해이불신   증장사견   고지   신해상겸   득입도질

온갖 유위(有爲)의 인과를 믿지 않고, 오직 자기가 본래 부처라는 것만을 믿게 하니 천진한 자기 성품이 사람마다 구족되어 있고, 열반의 묘체(妙體)가 낱낱이 원만하게 이루어져 있어서 남으로부터 구할 필요가 없이 원래 스스로에게 갖추어 있느니라.

삼조(三祖)께서 말씀하시기를, "원만하기가 허공과 같아서 모자람도 남음도 없건만 취하고 버리려는 생각 때문에 그와 같지 못하다" 하셨고,

지공(誌公)께서 말씀하시기를 "형상 있는 몸 속에 형상 없는 몸이요, 무명의 길 위에 생멸 없는 길"이라 하셨으며,

영가(永嘉)께서 말씀하시기를, "무명의 실다운 성품이 곧 부처님 몸이요, 허깨비 같은 빈 몸이 곧 법신(法身)이라" 하셨으니, 이로써 중생이 본래 부처인 줄 알 것이다.

이미 바른 믿음을 내었더라도 반드시 잘 알아야 하나니,

영명(永明)이 말씀하시기를 "믿고도 알지 못하면 무명만을 더하고, 알고도 믿지 않으면 삿된 소견만 더한다" 하시니 이것으로써 믿음과 견해가 겸비하여야 도에 들어감이 빠른 줄 알리라.

或이 曰 初發信心하야 未能入道라도 有利益否아. 曰 起信論에 云호대
혹   왈 초발신심   미능입도   유이익부   왈 기신론   운

若人이 聞是法已하고 不生怯弱하면 當知是人은 定紹佛種이라
약인   문시법이   불생겁약   당지시인   정소불종

必爲諸佛之所授記하리니 假使有人이 能化三千大千世界滿中眾生하야
필위제불지소수기   가사유인   능화삼천대천세계만중중생

令行十善이라도 不如有人이 於一念頃에 正思惟此法이니
영행십선　　　불여유인　어일염경　정사유차법

過前功德하야 不可爲喩라 하시며 又般若經에 云하사대
과전공덕　　불가위유　　　우반야경　운

乃至一念生淨信者는 如來悉知悉見하나니 是諸衆生이
내지일념생정신자　여래실지실견　　시제중생

得如是無量福德이라 하시니 是知 欲行千里인댄 初步要正이면
득여시무량복덕　　　시지 욕행천리　초보요정

初步若錯이요 千里俱錯인달하야 入無爲國인댄 初信을 要正이니
초보약착　천리구착　　입무위국　초신　요정

初信을 旣失하면 萬善俱退하리라. 故로 祖師云하사대
초신　기실　　만선구퇴　　고　조사운

毫釐有差면 天地懸隔이라 하시니 是 此理也니라.
호리유차　천지현격　　　시 차리야

[학인] 처음으로 발심해서 아직 도에 들어가지 못했더라도, 이익이 있습니까?

[보조] 기신론(起信論)에 말씀하시기를 "어떤 사람이 이 법을 듣고 두려워하는 생각을 내지 않으면 그는 결정코 부처의 대를 이을 것이며 반드시 부처님들의 수기를 받으리라. 가령 어떤 사람이 삼천 대천 세계에 가득한 중생을 교화해서 모두가 십선행(十善行)을 닦게 하더라도 다른 어떤 사람이 잠깐이라도 이 법을 바로 생각한 것만 같지 못하니, 앞의 공덕보다 곱이나 수승하여 비유할 수 없다" 하셨으며.

또 반야경(般若經)에 말씀 하시기를, "한 생각이라도 깨끗한 믿음을 내는 이는 부처가 모두 알고 모두 보나니 이 중생들은 이와 같이 한량없는 복덕을 받으리라" 하셨으니 이로써 보건대 천리의 길을 가려거든 첫걸음을 바르게 해야 할 것임을 알겠도다. 첫걸음이 틀리면 천 리가 모두 틀리는 것 같아서 무위국(無爲國)에 들어가려면 첫걸음인 믿음을 바르게 하여야 하나니, 처음의 믿음을 잃고 나면 만 가지 선(善)이 모두 물러나리라. 그러므로 조사께서 말씀하시기를, "털끝만치의 차이만 있어도 하늘과 땅 사이처럼 아득히 멀어진다" 하심이 바로 이 도리니라.

2. 眞心異名(진심이명)
-참마음의 다른 이름-

或이 曰 已生正信이면 未知커라 何名眞心이닛고.
혹   왈 이생정신   미지   하명진심

曰 離妄名眞이요 靈鑑曰心이니 楞嚴經中 發明此心이니라.
왈 이망명진   영감왈심   능엄경중 발명차심

或이 曰 但名眞心아 別有異號耶아.
혹   왈 단명진심   별유이호야

曰 佛敎祖敎가 立名이 不同하니 且佛敎者는 菩薩戒에
왈 불교조교   입명   부동   차불교자   보살계

呼爲心地하니 發生萬善故요 般若經에 喚作菩提니 與覺爲體故요
호위심지   발생만선고   반야경   환작보리   여각위체고

華嚴經에 立爲法界니 交徹融攝故요 金剛經에 號爲如來니
화엄경　입위법계　교철융섭고　금강경　호위여래

無所從來故요 般若經에 呼爲涅槃이니 衆聖所歸故요
무소종래고　반야경　호위열반　　중성소귀고

金光明에 號曰如如니 眞常不變故요 淨名經에 號曰法身이니
금광명　호왈여여　진상불변고　정명경　호왈법신

報化依止故요 起信論에 名曰眞如니 不生不滅故요
보화의지고　기신론　명왈진여　불생불멸고

涅槃經에 呼爲佛性이니 三身本體故요 圓覺經에 名曰總持니
열반경　호위불성　　삼신본체고　원각경　명왈총지

流出功德故요 勝鬘經에 號曰 如來藏이니 隱覆含攝故요
유출공덕고　승만경　호왈여래장　　은부함섭고

了義經에 名爲圓覺이니 破暗獨照故니라. 由是로 壽禪師唯心訣에
요의경   명위원각   파암독조고   유시 수선사유심결

云 一法千名이라 應緣立號라 하시니 備在衆經이라 不能具引하노라.
운 일법천명   응연입호   비재중경   불능구인

[학인] 바른 믿음은 이미 내었거니와 무엇을 참마음이라 하는지 아직 모르겠습니다.

[보조] 허망하지 않으므로 참(眞)이라 하고, 신령스럽게 비추므로 마음이라 하나니, 능엄경(楞嚴經)에서 이 마음을 밝히시었느니라.

[학인] 참마음이란 이름뿐입니까? 아니면 다른 명칭이 있습니까?

[보조] 부처의 가르침과 조사의 가르침에서 이름 짓는 일이 같지 않으니, 부처님의 교(敎家)에 의하면,

보살계(菩薩戒)에서는 마음바탕[心地]이라 하였으니 만 가지 선(善)을 내기 때문이요,

반야경(般若經)에서는 보리(菩提)라 하였으니 부처님의 본체가 되기 때문이요,

화엄경(華嚴經)에서는 법계(法界)라 하였으니 얼기설기 엇바꿔 어울리기 때문이요,

금강경(金剛經)에서는 여래(如來)라 하였으니 온 곳이 없기 때문이요,

반야경에서는 열반(涅槃)이라 하였으니 뭇 성인들이 의지하는 바이기 때문이요,

금광명경(金光明經)에서는 여여(如如)라 하였으니 참되고 항상하여 변하지 않기 때문이요,

정명경(淨明經)에서는 법신(法身)이라 하였으니 보신(報身)·화신(化身)이 의지하는 곳이기 때문이요,

기신론(起信論)에서는 진여(眞如)라 하였으니 나지도 않고 없어지지도 않기 때문이요,

열반경(涅槃經)에서는 불성(佛性)이라 하였으니 삼신(三身)의 근본 바탕이기 때문이요,

원각경(圓覺經)에서는 총지(摠持)라 하였으니 공덕(功德)을 흘려내기 때문이요,

승만경(勝鬘經)에서는 여래장(如來藏)이라 하였으니 가리워졌으되 두루 머금기[隱覆含攝] 때문이요,

요의경(了義經)에서는 원각(圓覺)이라 하였으니 어두움을 깨뜨리고 홀로 비추기 때문이니라.

이런 까닭에 수선사(壽禪師)의 유심결(唯心訣)에 말씀하시기를, "한 법에 천 이름이라, 인연 따라 이름을 세웠다" 하시니, 여러 경에 갖추어 있는지라

다 인용하지 못하노라.

或曰佛敎는 已知어니와 祖敎는 何如오. 曰 祖師門下에 杜絶名言이라
혹왈불교   이지   조교   하여   왈 조사문하   두절명언

一名도 不立이어니와 何更多名이리오마는 應感隨機하야 其名이 亦衆이니
일명   불립   하갱다명   응감수기   기명   역중

有時에는 呼爲 自己니 衆生本性故며 有時에는 名爲正眼이니 鑑諸
유시   호위 자기   중생본성고   유시   명위정안   감제

有相故며 有時에는 號曰 妙心이니 虛靈寂照故며 有時에는 名曰
유상고   유시   호왈 묘심   허령적조고   유시   명왈

主人翁이니 從來荷負故며 有時에는 呼爲 無底鉢이니 隨處生涯故며
주인옹   종래하부고   유시   호위 무저발   수처생애고

有時에는 喚作沒絃琴이니 韻出今時故며 有時에는 號曰 無盡燈이니
유시   환작몰현금   운출금시고   유시   호왈 무진등

照破迷情故며 有時에는 名曰 無根樹니 根帶堅牢故며 有時에는
조파미정고　유시　　명왈 무근수　근대견뢰고　유시

呼爲 吹 毛劍이니 截斷塵根故며 有時에는 喚作無爲國이니
호위 취모검　　절단진근고　유시　　환작무위국

海晏河清故며 有時에는 呼曰 牟尼珠니 濟益貧窮故며 有時에는
해안하청고　유시　　호왈 모니주　제익빈궁고　유시

名曰 無鑐鎖니 關閉六情故며 乃至名 泥牛 木馬 心源 心印 心鏡
명왈 무수쇄　관폐육정고　내지명 니우 목마 심원 심인 심경

心月 心珠니 種種異名을 不可具錄이로다. 若達眞心하면 諸名이 盡曉요
심월 심주　종종이명 불가구록　　약달진심　제명　진효

昧此眞心하면 諸名이 皆滯故로 於眞心에 切宜子細니라.
매차진심　제명 개체고 어진심 절의자세

[학인] 부처님의 가르침은 이미 알았거니와 조사의 가르침이란 어떠한 것

普照 眞心直說(보조 진심직설)

입니까?

[보조] 조사의 문중에는 이름도 말도 모두 끊어져서[社絶名言] 한 이름도 세우지 않았거니 어찌 여러 가지 이름이 있으리요마는 느낌에 응하고 근기에 따름에는 그 이름 또한 적지 않으니라.

어떤 때엔 자기(自己)라 하였으니 중생의 근본성품이기 때문이요,

어떤 때엔 정안(正眼: 바른 안목)이라 하니 모든 유위(有爲)의 모습을 비추어 밝히기 때문이요,

어떤 때엔 묘심(妙心: 묘한 마음)이라 하니, 비고 신령스럽게 고요히 인지(認知)하기 때문이요,

어떤 때엔 주인옹(主人翁)이라 하니 원래부터 짊어졌기 때문이요,

어떤 때엔 무저발(無底鉢)이라 하니 간 곳마다 생활이 풍족하기 때문이요,

어떤 때엔 줄 없는 거문고[沒絃琴]라 하니 오늘의 경지를 연주해 내기 때문이요,

어떤 때엔 다함 없는 등불[無盡燈]이라 하니 미혹한 유정을 비추어 깨뜨리기 때문이요,

어떤 때엔 뿌리 없는 나무[無根樹]라 하니 뿌리와 꼭지가 견고하기 때문이요,

어떤 때에 취모검(吹毛劍)이라 하니 번뇌의 뿌리를 끊어 버리기 때문이요,

어떤 때엔 함이 없는 나라[無爲國]라 하니, 이는 바다같이 평온하고 강같이

맑기 때문이요,

어떤 때엔 모니의 구슬[牟尼珠]이라 하니, 가난함을 구제하기 때문이요.

어떤 때엔 열쇠 없는 자물쇠[無鑐鎖]라 하니, 여섯 가지의 감정을 막아버리기 때문이요,

나아가서는 진흙소[泥牛]·나무말[木馬]·마음근원[心源]·마음도장[心印]·마음거울[心鏡]·마음 달[心月]·마음구슬[心珠] 등 갖가지 딴 이름이 있지만 다 수록하지 못하노라.

만약 참마음을 통달하면 모든 이름을 다 알 수 있고, 참마음에 어두우면 모든 이름에 다 막히니, 부디 이 참마음에 대하여 자세히 알아야 한다.

3. 眞心妙體(진심묘체)
-참마음의 묘한 본체-

或이 曰 眞心은 已知名字어니와 其體如何耶오.
혹   왈 진심   이지명자   기체여하야

曰 放光般若經에 云하사대 般若는 無所有相이라
왈 방광반야경   운   반야   무소유상

無生滅相이라 하시고 起信論에 云하사대 眞如自體者는
무생멸상   기신론   운   진여자체자

一切凡夫聲聞緣覺菩薩諸佛이 無有增減하야 非前際生이며
일체범부성문연각보살제불   무유증감   비전제생

非後際滅이니 畢竟常恒하야 從本已來로 性自滿足一切功德이라 하시니
비후제멸   필경상항   종본이래   성자만족일체공덕

據此經論컨대 眞心本體가 超出因果하여 通貫古今이로다 不立凡聖하야
거차경론   진심본체   초출인과   통관고금   불입범성

無諸對待호미 如太虛空이 徧一切處인달 妙體凝寂하야 絶諸戲論이로다.
무제대대   여태허공   편일체처   묘체응적   절제희론

[학인] 참마음의 이름은 이미 알았거니와 그 본체는 어떠합니까?

[보조] 방광반야경(放光般若經)에 말씀하시기를, "반야는 형상이 없는지라, 생멸의 모습이 아니라" 하시고,

기신론(起信論)에 말씀 하시기를, "진여 자체는 온갖 범부·성문·연각·보살·부처에 있어서 차별이 없으므로 과거에 난 것도 아니고 미래에 사라지는 것도 아니며, 끝내 항상하여 원래부터 성품 스스로가 온갖 공덕을 갖추었다" 하시니,

이런 경론(經論)에 의하건대 참마음의 본체는 인과를 뛰어났으며 고금(古今)을 꿰뚫었도다. 범부와 성현을 세우지 않아서 모든 상대할 것 없음이 마치 허공이 모든 곳에 두루 한 것 같아서 묘한 본체는 고요하게 모여서 온갖 장난말[戲論]이 끊겼느니라.

不生不滅하며 非有非無하며 不動不搖하야 湛然常住하니
불생불멸　　비유비무　　부동불요　　담연상주

喚作舊日主人翁이라 名曰威音那畔人이며 又名空劫前自己어니와
환작구일주인옹　　명왈위음나반인　　우명공겁전자기

一種平懷하면 無纖豪瑕翳니라. 一切山河大地와 草木叢林과
일종평회　　무섬호하예　　일체산하대지　　초목총림

萬象森羅와 染淨諸法이 皆從中出하니 故로 圓覺經 云하대 善男子야
만상삼라　염정제법　개종중출　　고　원각경 운　　선남자

無上法王이 有大陀羅尼門하니 名爲圓覺이라 流出一切淸淨한 眞如와
무상법왕　유대다라니문　　명위원각　　유출일체청정　진여

菩提와 涅槃과 及波羅蜜하사 敎授菩薩이라 하시고 圭峰이 云하사대
보리　열반　급바라밀　　교수보살　　　　규봉　운

心也者는 冲虛妙粹하고 炳煥靈明하야 無去無來라 冥通三際하고
심야자 충허묘수   병환영명   무거무래 명통삼제

非中非外라 洞徹十方이로다. 不滅不生커니 豈四山之可害며
비중비외 통철시방   불멸불생   기사산지가해

離性離相커니 奚五色之能盲이리오 하며 故로 永明唯心訣에 云하사대
이성리상   해오색지능맹   고 영명수심결 운

夫此心者는 衆妙群靈이 而普會라 爲萬法之王이요 三乘五性이
부차심자 중묘군령 이보회 위만법지왕   삼승오성

而冥歸라 作千聖之母로다.
이명귀   작천성지모

獨存獨貴하며 無比無儔하니 實大道源이며 是眞法要로다.
독존독귀   무비무주   실대도원   시진법요

나지도 않고 멸하지도 않으며, 있지도 않고 없지도 않으며, 움직이지도 않

고 흔들리지도 않아서 고요히 항상 머무나니,

　'옛날의 주인옹(主人翁)'이라 부르며,

　'위음왕 이전의 사람(威音那畔人)'이라고도 부르며,

　'공겁(空劫: 천지창조 이전) 이전의 자기'라고도 부르거니와

한 생각 평탄하면 털끝만큼의 티도 없느니라.

온갖 산천과 초목과 숲과 삼라만상과 온갖 더럽고 깨끗한 법들이 모두가 그 속에서 흘러 나왔나니,

　그러므로 원각경(圓覺經)에 말씀하시기를, "선남자(善男子)야, 위없는 법왕(法王)에게 큰 다라니문(陀羅尼門)이 있으니 원각이라 이름 한다. 온갖 청정한 진여와 보리와 열반과 바라밀을 흘려내 보살들을 가르치느니라" 하시고,

　규봉(圭峰)이 말하기를 "마음이란 텅 비어 순수하게 묘하고, 환하며 신령스럽게 밝아서 가고 옴이 없는지라 가만히 삼제(三際: 과거·현재·미래)에 통하고, 중간도 밖도 아닌지라 훤하게 시방을 뚫었도다. 나지도 멸하지도 않거니 어찌 네 산(四山)이 가히 해칠 수 있으며, 성품도 형상도 멸했거니 어찌 다섯 빛(五色)이 능히 어둡힐 수 있으리요" 하였느니라.

　또 영명(永明)의 유심결(唯心訣)에 이르기를, "이 마음은 뭇 묘함과 모든 신령함이 모였는지라 만법의 왕이 되고, 삼승(三乘)과 오성(五性)이 가만히 의지하는지라 천 성인의 어미가 되도다. 홀로 높고 홀로 귀중하여 견줄 이도

짝할 이도 없으니, 실로 대도(大道)의 근원이며 참 법의 골수로다" 하시니,

信之則三世菩薩의 同學이 盖學此心也요 三世諸佛의 同證이
신지즉삼세보살 동학 개학차심야 삼세제불 동증

盖證此心也요 一大藏教의 詮顯이 盖顯此心也요 一切衆生의
개증차심야 일대장교 전현 개현차심야 일체중생

迷妄이 盖迷此心也요 一切行人의 發悟가 盖悟此心也요
미망 개미차심야 일체행인 발오 개오차심야

一切諸祖의 相傳이 盖傳此心也요 天下衲僧의 參訪이 盖參此心也니라.
일체제조 상전 개전차심야 천하납승 참방 개참차심야

믿는다면 삼세의 보살이 함께 배운 것이 대개 이 마음을 배운 것이요, 삼세의 부처가 같이 증득한 것이 이 마음을 증득한 것이요,
일대 장교(一大藏教)가 표현한 것이 이 마음을 표현한 것이요,
모든 중생의 미혹함이 이 마음을 미혹한 것이요,
모든 수행인의 깨달음이 이 마음을 깨달은 것이요,

모든 조사들의 서로 전함이 이 마음을 전한 것이요,
천하의 납자(衲子)들이 두루 참구하는 것이 이 마음을 참구하는 것이로다.

達此心則頭頭皆是며 物物全彰이요 迷此心則處處顚倒요 念念痴狂이로다.
달차심즉두두개시 물물전창   미차심즉처처전도 염념치광

此體는 是一切衆生의 本有之佛性이며 乃一切世界의 發生之根源이로다.
차체 시일체중생 본유지불성   내일체세계 발생지근원

故로 世尊이 鷲峰에 良久하시고 善現이 岩下에 忘言하시며
고 세존 취봉 양구   선현 암하 망언

達磨 少室에서 壁觀하시고 居士 毘耶에 杜口라 하시니
달마 소실   벽관   거사 비야 두구

悉皆發明此心妙體시니라. 故로 初入祖門庭者는 要先識此心體也라.
실개발명차심묘체   고 초입조문정자 요선식차심체야

이 마음을 통달하면 모두가 다 옳으며 물건마다 온전히 드러나며, 이 마음

을 미혹하면 곳곳에 뒤바뀌고 생각생각 잘못 생각한다. 이 본체는 모든 중생이 본래 지니고 있는 불성이며, 모든 세계가 생겨난 근원이로다.

  그러므로 부처님이 축봉(鷲峰)에서 침묵(良久)하시고, 선현(善現)이 바위 밑에서 말을 잊으셨으며, 달마(達磨)는 소실(少室)에서 벽을 관하시고, 유마거사는 비야리(毗耶離) 성에서 입을 다무셨다 하시니, 모두가 이 마음의 묘한 본체를 밝히신 것이니라. 따라서 처음으로 조사의 문안에 들어온 이는 반드시 먼저 이 마음의 본체를 알아야 하느니라.

4. 眞心妙用(진심묘용)
- 참마음의 묘한 작용 -

或이 曰 妙體는 已知어니와 何名妙用耶요 曰 古人이 云하사대
혹 왈 묘체 이지   하명묘용야   왈 고인   운

風動心搖樹하고 雲生性起塵이라 若明今日事하면 昧却本來人이라 하니
풍동심요수   운생성기진   약명금일사   매각본래인

乃妙體起用也니라. 眞心妙體는 本來不動하야 安靜眞常이니라.
내묘체기용야   진심묘체   본래부동   안정진상

眞常體上에 妙用現前하니 不防隨流得妙로다. 故로 祖師 頌云하대
진상체상   묘용현전   불방수류득묘   고   조사 송운

心隨萬境轉 轉處實能幽 隨流認得性 無喜亦無憂라 하시니
심수만경전 전처실능유 수류인득성 무희역무우

故로 一切時中에 動用施爲호대 東行西往하며 喫飯着衣하며
고 일체시중 동용시위   동행서왕   끽반착의

拈匙弄筯하며 左顧右盼가 皆是眞心의 妙用現前이어늘 凡夫는 迷倒하야
염시롱저   좌고우혜   개시진심   묘용현전   범부   미도

於着衣時에 只作着衣會하며 喫飯時에 只作喫飯會하나니 一切事業이
어착의시   지작착의회   끽반시   지작끽반회   일체사업

但隨相轉일새 所以로 在日用而不覺하며 在目前而不知로다.
단수상전   소이   재일용이불각   재목전이부지

[학인] 참마음의 묘한 본체는 알았거니와 어떤 것이 묘한 작용입니까?

[보조] 옛사람이 "바람이 움직이면 마음이 나무를 흔들고, 구름이 일면 성품이 티끌을 일으킨다. 오늘의 일을 밝히면 본래의 사람을 어둡게 한다" 하시니 이것이 묘한 본체에서 작용을 일으키는 것이니라.

참마음의 묘한 본체는 본래 움직이지 않아서 평안하고 고요하고 참되고 항상 하거니와 참되고 항상한 본체 위에 묘한 작용이 나타나는 것이니 흐름

에 따라 묘함을 얻음이 무방하리라.

　그러므로 조사께서 송(頌)하시되,

　마음이 온갖 경계따라 흘러가지만
　흐르는 곳마다 진실로 그윽하도다.
　흘러가되 그 성품 바로만 안다면
　기쁨도 근심도 모두 없으리.

　그러므로 항상 움직이고 분별하되 동으로 가고 서쪽으로 옮기며, 밥 먹고 옷 입으며, 숟가락을 들고 젓가락을 놀리고, 왼쪽과 오른쪽을 두리번거리는 것이 모두가 참마음의 묘한 작용이 앞에 나타난 것이거늘, 범부는 미혹하여 옷을 입을 때엔 다만 옷 입는다는 생각만 하고, 밥을 먹을 때엔 다만 밥 먹는다는 생각만 하나니, 모든 사업이 다만 형상만 따라 움직이므로 일상생활 속에 있으면서도 느끼지 못하고 눈앞에 있건만 알지 못하는도다.

　若是識性底人인댄 動用施爲에 不曾昧却이니 故로 祖師云호대 在胎名神이요
　약시식성저인　　동용시위　부증매각　　고　조사운　　재태명신

處世名人이요 在眼觀照요 在耳聽聞이요 在鼻齅香이요 在口談論이요
처세명인　　재안관조　　재이청문　　재비후향　　재구담론

在手執捉이요 在足運奔이니 徧現하야는 俱該法界하고 收攝하야는
재수집착　　재족운분　　편현　　　구해법계　　　수섭

在一微塵이니라. 知之者는 爲是佛性이어니와 不識者는 喚作精魂이라 하시니
재일미진　　　지지자　　위시불성　　　　불식자　환작정혼

所以로 道吾의 舞笏과 石鞏의 抰弓과 秘魔의 擎杈와 俱胝의 竪指와
소이　　도오　　무홀　　석공　　염궁　　비마　　경차　　구지　　수지

忻州의 打地와 雲巖의 獅子와 莫不發明這着大用이 於日用에
흔주　　타지　　운암　　사자　　막불발명저착대용　　어일용

不迷하면 自然縱橫無礙 하니라.
불미　　　자연종횡무애

만일 성품을 아는 사람이라면 움직이고 분별할 때에 전혀 매(昧)하지 않

으리라. 그러므로 조사께서 말씀하시기를,

    태(胎)에 있으면 몸이라 하고,
    세상에 태어나면 사람이라 하고,
    눈에 있으면 본다 하고,
    귀에 있으면 듣는다 하고,
    코에 있으면 맡는다 하고,
    입에 있으면 말한다 하고,
    손에 있으면 잡는다 하고,
    발에 있으면 달린다 하나니,
    두루 나타나면 법계에 가득 차고 거두어 모이면 한 티끌에 들어간다.
    아는 이는 불성인줄 알거니와
    모르는 이는 정신이다, 혼이다[精魂] 부르느니라.

하셨다. 그러므로 도오(道五)가 홀(笏)을 들어 춤을 추었고, 석공(石鞏)이 활[弓]을 들었고, 비마(秘魔)가 막대기[杖]를 휘둘렀고, 구지(俱胝)가 손가락을 세웠고, 흔주(忻州)가 땅을 쳤고, 운암(雲岩)이 사자를 놀린 이 모두가 이 큰 작용을 드러낸 것이니라. 일상생활에 미혹하지 않으면 자연히 가로 세로에 걸림이 없으리라.

5. 眞心體用一異 (진심체용일이)
   - 참마음의 본체와 작용은 같은가, 다른가 -

或曰 眞心體用은 未審커라 是一是異耶아. 曰 約相則非一이요
혹왈 진심체용   미심   시일시이야   왈 약상즉비일

約性則非異니라. 故로 此體用은 非一非異[19]나 何以知然고
약성즉비이   고 차체용 비일비이   하이지연

試爲論之하리라. 妙體不動하야 絶諸對待하야 離一切相이니
시위논지   묘체부동   절제대대   이일체상

非達性契證者면 莫測其理也니라. 妙用隨緣하야 應諸萬類어늘
비달성계증자 막측기리야   묘용수연   응제만류

妄立虛相하야 似有形狀하나니 約此有相無相故로 非一也니라.
망립허상   사유형상   약차유상무상고   비일야

---

19) 故 此體用 非一非異: 그러므로 이 본체와 작용이 하나도 아니요, 둘도 아니니라.

又用從體發이라 用不離體하고 體能發用이라 體不離用하나니
우용종체발　용불리체　체능발용　체불리용

約此不相離理故로 非異也니라. 如水는 以濕으로 爲體하나니
약차불상리고　비이야　여수　이습　위체

體無動故요 波는 以動으로 爲相하나니 因風起故니라.
체무동고　파 이동　위상　　인풍기고

水性波相이 動與不動인 故로 非一也니라 然이나 波外에
수성파상　동여부동　고 비일야　연　파외

無水하고 水外에 無波니라. 濕性이 是一故로 非異也니
무수　수외 무파　습성 시일고 비이야

類上體用一異를 可知矣로다.
유상체용일이　가지의

[학인] 참마음의 본체와 작용이 그렇다면 하나입니까, 둘입니까, 그것이

의심스럽습니다.

[보조] 형상으로 보면 하나가 아니요, 성품으로 보면 다른 것이 아니기 때문에, 체와 용은 하나도 아니고 다른 것도 아니다. 어째서 그런 줄 알겠는가? 시험 삼아 설명하리니, 묘한 본체는 요동치 않아서 모든 상대가 끊어져 온갖 형상을 여의었으며, 성품을 통달하여 깨달음에 계합한 이가 아니면 그 이치를 헤아릴 수조차 없느니라.

또 그 용은 인연을 따라 만 가지 형태에 응하여 망령되게도 허망한 형상을 세워서 형상이 있는 듯이 여기나니 이렇게 형상이 있고 없음에 따르므로 하나가 아니니라.

또 작용이란 본체로부터 일어났는지라 작용이 본체를 여의지 않았고 본체가 능히 작용을 일으키는지라 본체가 작용을 여의지 않나니, 이렇게 서로가 서로를 여의지 않았기 때문에 서로 다르지 않느니라.

마치 물은 습(濕)기로써 본체를 삼나니 본체에는 움직임이 없기 때문이요, 파도는 움직임으로 형상을 삼나니 바람을 인하여 일어나기 때문이다. 물의 성품과 파도의 성품이 움직임과 움직이지 않음 때문에 하나가 아니니라. 그러나 파도 없이 물이 없고 물 없이 파도가 없는지라, 습기의 성품은 하나이기 때문에 다르지 않으니, 본체와 작용의 하나와 다름을 가히 알 수 있으리라.

6. 眞心在迷(진심재미)
   -참마음은 미혹 속에 있음-

或이 曰 眞心體用이 人人具有인댄 何爲聖凡不同耶오.
혹   왈 진심체용   인인구유   하위성범부동야

曰 眞心은 聖凡이 本同이언만 凡夫는 妄心認物일새 失自淨性이라
왈 진심 성범 본동   범부 망심인물   실자정성

爲此所隔일새 所以로 眞心이 不得現前호미 但如暗中樹影과
위차소격   소이 진심 부득현전   단여암중수영

地下流泉하야 有而不識耳니라. 故로 經에 云하대 善男子야
지하유천   유이불식이   고 경   운   선남자

臂如淸淨摩尼寶珠가 映於五色하야 隨方各現커든 諸愚痴者는
비여청정마니보주   영어오색   수방각현   제우치자

見彼摩尼에 實有五色인달하니라. 善男子야 圓覺淨性이 現於身心하야
견피마니   실유오색   선남자 원각정성 현어신심

隨類各應커든 彼愚痴者는 說淨圓覺에 實見如是身心自性이라 함도
수류각응   피우치자   설정원각   실견여시신심자성

亦復如是라 하시며 肇論에 云하사대 乾坤之內와 宇宙之間에 中有一寶가
역부여시   조론 운   건곤지내 우주지간 중유일보

秘在形山이라 하니 此는 乃眞心이 在纏也니라. 又 慈恩이 云하사대
비재형산   차   내진심   재전야   우 자은 운

法身이 本有하야 諸佛共同凡夫이언만 由妄覆하야 有而不覺煩惱纏裏할새
법신 본유   제불공동범부   유망복   유이불각번뇌전리

得如來藏名이라 하며 裵公이 云하사대 終日圓覺而未嘗圓覺者는
득여래장명   배공   운   종일원각이미상원각자

凡夫也라 하니 故知眞心이 雖在塵勞나 不爲塵勞의 所染호미

범부야   고지진심   수재진로   불위진로   소염

如白玉을 投泥에 其色이 不改也인달하니라.

여백옥   투니   기색   불개야

[학인] 참마음의 본체와 작용이 사람마다 갖추어져 있는데 어찌하여 범부와 성인이 같지 않다는 것입니까?

[보조] 참마음은 범부와 성인에 있어 같건만 범부는 망령된 마음으로 물건을 오인하기 때문에 스스로 맑은 성품을 잃었느니라. 이것이 장애가 되기 때문에 참마음이 나타나지 못하는 것이 마치 어둠 속의 나무 그림자와 땅속의 샘 줄기 같아서 있으되 알지 못하는 것 같으니라.

그러므로 경에 말씀하시기를, "선남자야, 비유하건대, 청정한 마니(摩尼)구슬에 다섯 가지 빛깔이 비치어 방향마다 제각기 다르게 나타나거늘 어리석은 무리는 그 마니구슬에 실제로 그러한 빛깔이 있는 것으로 여기는 것 같으니라. 선남자야, 원각의 맑은 성품이 몸과 마음으로 나타나 종류 따라 제각기 다르게 응하거늘, 어리석은 무리는 맑은 원각에 실로 그러한 몸과 마음의 제 성품이 있다고 말하는 것도 이와 같으니라" 하셨으며,

조론(肇論)에 말씀하시기를, "하늘과 땅 사이와 우주(宇宙) 안에 한 보배가 몸뚱이의 산속에 감춰져 있다" 하시니, 이것이 곧 참마음이 얽매임 속에 들어있는 것이니라.

또 자은(慈恩)이 말하기를, "법신은 본래부터 있어서 부처님과 범부들이 꼭같건만 허망함이 가리어져서 번뇌에 얽혔음을 깨닫지 못하므로 여래장이라는 이름을 얻었다" 하였으며,

배공(裵公)이 말하기를 "종일토록 원각이로되 일찍이 원각이 되지 못하는 것은 범부라" 하니,

그러므로 참마음은 비록 번뇌 속에 가리어져서 있으나 번뇌에 물들지 않는 것이 마치 백옥을 진흙 속에 던져도 그 빛은 변하지 않는 것과 같음을 알 수 있느니라.

7. 眞心息妄(진심식망)

-참마음엔 망혹이 없다-

或이 曰 眞心이 在妄則是凡夫어니 如何得出妄成聖耶아.
혹　왈 진심　재망즉시범부　여하득출망성성야

曰 古云호대 妄心無處가 卽菩提요 生死涅槃이 本平等이라 하며
왈 고운　망심무처　즉보리　생사열반　본평등

經에 云하사대 彼之衆生의 幻身滅故로 幻心亦滅하고 幻心滅故로
경　운　　피지중생　환신멸고　환심역멸　　환심멸고

幻塵亦滅하며 幻塵滅故로 幻滅亦滅하며 幻滅滅故로 非幻不滅하나니
환진역멸　　환진멸고　환멸역멸　　환멸멸고　비환불멸

譬如磨鏡에 垢盡明現이라 하시며 永嘉 亦云하사대 心是根이요
비여마경　구진명현　　　　　영가 역운　　심시근

法是塵이라 兩種이 猶如鏡上痕이라 痕垢盡時에 光始現이요
법시진　양종　유여경상흔　　흔구진시　광시현

心法雙忘에 性卽眞이라 하니 此乃出妄而成眞也니라.
심법쌍망　성즉진　　　차내출망이성진야

[학인] 참마음이 망(妄) 가운데 있는 것이라면 이는 곧 범부이거늘, 어떻게 해야 망(妄)에서 벗어나 성인을 이룰 수 있겠습니까?

[보조] 옛사람이 말하기를 "허망한 마음이 없는 곳이 곧 보리요, 생사와 열반이 원래 평등하다" 하였으며,

경에 말씀하시기를 "중생의 허환(虛幻)한 몸이 멸하는 까닭에 허환한 마음도 멸하고, 허환한 마음이 멸하는 까닭에 허환한 티끌도 멸하고, 허환한 티끌이 멸하는 까닭에 허환함이 멸한다는 것도 멸하고, 허환함이 멸한다는 것이 멸하는 까닭에 허환치 않은 것은 멸하지 않나니, 비유하건대 거울(옛날의 쇠거울)을 갈 때에 녹[垢]이 다하면 광명이 나타나는 것 같다" 하셨으며,

영가(永嘉)가 또 말하기를, "마음은 뿌리요 법은 곧 티끌이니, 두 가지는 마치 거울 위의 먼지와 같다. 먼지와 때가 다 할 때에 광명은 비로소 나타나고, 마음과 법을 모두 잊을 때에 성품은 곧 참되어진다" 하니, 이것이 곧 망

을 벗어나서 참을 이루는 모습이니라.

或曰 莊生이 云호대 心者는 其熱燋火하고 其寒凝氷하며
혹왈 장생 운   심자 기열초화   기한응빙

其疾俛仰之間에 再撫四海之外하여 其居也에 淵而靜하고 其動也에
기질면앙지간 재무사해지외   기거야 연이정   기동야

懸而天者는 其惟人心乎인져 하니 此는 莊生이 先說凡夫心不可治伏이
현이천자 기유인심호   차   장생   선설범부심부가치복

如此也니 未審커라 宗門에는 以何法으로 治妄心也오.
여차야   미심   종문   이하법   치망심야

曰 以無心法으로 治妄心也오. 或이 曰 人若無心이면 便同草木하니
왈 이무심법   치망심야   혹   왈 인약무심   편동초목

無心之說을 請施方便하노라. 曰 今云無心은 非無心體를 名無心也라.
무심지설 청시방편   왈 금운무심   비무심체   명무심야

但心中無物을 名曰 無心이니 如言空瓶에 瓶中無物을 名曰 空瓶이오
단심중무물　명왈무심　　여언공병　병중무물　명왈 공병

非瓶體無를 名空瓶也니라. 故로 祖師云하사대 汝但於心에 無事하며
비병체무　명공병야　　고　조사운　　여단어심　무사

於事에 無心하면 自然虛而靈하며 寂而妙라 하니 是此心旨也니라.
어사　무심　　자연허이령　　적이묘　　시차심시야

據此則以無妄心이언정 非無眞心妙用也니라. 從來諸師가
거차즉이무망심　　　비무진심묘용야　　종래제사

說做無心功夫하사대 類各不同하니 今總大義하야 略明十種호리라.
설주무심공부　　　유각부동　　금총대의　　약명십종

[학인] 장생(莊子: 장자)이 말하기를 "마음이란 그 뜨거움이 불도 태우고, 그 차가움이 얼음을 얼리며, 빠르기가 구부렸다 펴는 사이에 사해(四海)의 밖을 두 차례나 더듬고, 멈춤은 깊고도 고요하고, 움직임이 멀고도 높은 것은 사람의 마음뿐이로다" 하였으니 이는 장생이 먼저 범부의 마음은 이처

럼 다스리기 어려움을 말한 것인데, 종문(宗門: 선문)에서는 어떤 법으로 망심(妄心)을 다스립니까?

[보조] 무심(無心)의 법으로 망심을 다스리느니라.

[학인] 사람이 무심하게 되면 초목과 같이 될 것이니, 무심이란 말씀에 대하여 방편을 베풀어 설명해 주소서.

[보조] 지금 말한 무심이라 한 것은 마음의 본체가 없다고 하는 무심이 아니라, 다만 마음 가운데 물(物)이 없음을 이름하여 무심이라 한 것이니라. 마치 빈 병[空瓶]을 말할 때, 병 속에 물건 없는 것을 빈 병이라 하고, 병 자체가 없는 것을 빈 병이라 하지 않는 것 같으니라.

그러므로 조사께서 말씀하시기를, "그대가 다만 마음에 일이 없고, 일에 마음이 없으면 자연히 텅 비어 신령스럽고 고요하여 묘하리라" 하시니, 이것이 마음의 참뜻이니라. 이에 의하건대, 망심이 없다는 것이지 참마음의 묘한 작용이 없는 것은 아니니라.

옛부터 여러 스님네가 무심의 공부를 말씀하신 종류가 각각 같지 않으니 이제 그 대의를 총괄하여 열 부분으로 밝히리라.

一曰 覺察이니 謂做功夫時에 平常絶念하야 隄防念起호대
일왈 각찰   위주공부시 평상절념   제방념기

一念纔生이어든 便與覺破호리니 妄念破覺하면 後念不生하니라.
일념재생   변여각파   망념파각   후념불생

此之覺智로 亦不須用이니 妄覺俱忘을 名曰無心이니라.
차지각지   역불수용   망각구망   명왈무심

故로 祖師云하사대 不怕念起하고 只恐覺遲라 하며
고   조사운   불파념기   지공각지

又偈云호대 不用求眞하고 唯須息見이라 하니 此是息妄功夫也니라.
우게운   불용구진   유수식견   차시식망공부야

二曰 休歇이니 謂做功夫時에 不思善不思惡하고 心起便休 遇緣便歇이니
이왈 휴헐   위주공부시   불사선불사악   심기변휴 우연변헐

古人이 云하대 一條白練去하며 冷湫湫地去하며 古廟裏香爐去라 하니
고인   운   일조백련거   냉추추지거   고묘리향로거

直得絶廉纖離分別하야 如痴似兀하야사 方有少分相應하리니 此休歇妄心功夫也니라.
직득절렴섬리분별　　여치사올　　　방유소분상응　　　차휴헐망심공부야

첫째는 깨달아 살핌[覺察]이니, 즉 공부할 때에 항상 잡념을 끊어서 망념이 일어나는 것을 방지하는 것이니라. 한 생각이 생기기만 하면 당장 깨달아 깨뜨려야 하나니, 허망한 생각을 깨달아 깨뜨리면 뒷생각이 나지 않으리라. 이 깨닫는 지혜도 쓰지 말지니, 허망함과 깨달음을 모두 잊는 것을 무심이라 하느니라.

　그러므로 조사께서 말씀하시기를, "망념이 일어나는 것을 두려워 말고 오직 깨달음이 늦을까를 걱정하라" 하였으며,

　또 게송으로 말씀 하시기를, "참[眞]을 구하려 하지 말고 오직 소견을 쉬도록 해라" 하셨으니,

　이것이 허망을 쉬는 공부니라.

　둘째는 쉼[休歇]이니, 즉 공부할 때에 선도 악도 생각하지 않고, 마음이 일어나면 곧 놓으며[休] 반연[緣]을 만나거든 역시 쉬는[歇] 것이니라.

　옛사람이 말하기를 "한 가닥 베[布]를 희게 다듬듯, 싸늘하여 가을비 내리듯, 옛날 사당[古廟] 안의 향로같이 하라" 하였으니, 고운 먼지까지 끊고 분별을 떠나 바보 같고 천치 같이 되어야 바야흐로 조그만치 마주치게 되느니라.

이것이 망심(妄心)을 쉬는 공부니라.

三은 泯心存境이니 謂做功夫時에 於一切妄念俱息
삼   민심존경   위주공부시 어일체망념구식

不顧外境但自息心이니 妄心이 已息이면 何害有境이리오.
불고외경단자식심   망심   이식   하해유경

卽古人의 奪人不奪境法門也니라. 故로 有語云호대 是處에 有芳草호대
즉고인   탈인불탈경법문야   고   유어운   시처   유방초

滿城에 無故人이라 하며 又龐公이 云호대 但自無心於萬物하면
만성   무고인   우방공   운   단자무심어만물

何妨萬物常圍繞리오 하니 此是泯心存境息妄功夫也니라.
하방만물상위요   차시민심존경식망공부야

四는 泯境存心이니 謂做功夫時에 將一切內外諸境하야 悉觀爲空寂하고
사   민경존심   위주공부시 장일체내외제경   실관위공적

只存一心하야 孤標獨立이니 所以로 古人이 云호대 不與萬法으로
지존일심   고표독립   소이 고인 운   불여만법

爲侶하며 不與諸塵作對라시며 心若着境하면 心卽是妄이어니와
위려   불여제진작대   심약착경   심즉시망

今旣無境이어니와 何妄之有리요 하니 乃眞心이 獨照하야 不礙於道라.
금기무경   하망지유   내진심 독조   불애어도

卽古人이 奪境不奪人也라 하니라. 故로 有語云호대 上園에 花已謝호대
즉고인 탈경불탈인야   고 유어운   상원 화이사

車馬尙騈闐이라 하며 又云호대 三千劍客이 今何在오.
거마상병전   우운   삼천검객   금하재

獨計莊周定太平이라 하니 此是泯境存心息妄功夫也니라.
독계장주정태평   차시민경존심식망공부야

셋째는 마음을 없애고 경계를 남기는[泯心存境] 공부니, 즉 공부할 때 온갖

망념을 모두 쉬어 바깥 경계를 돌아보지 않고 다만 자기의 마음만을 쉬는 것이니라. 허망한 생각이 이미 쉬었으면 경계가 남아 있은들 무슨 방해로움이 있으리요?

이는 곧 옛 어른의 말씀에 "사람은 빼앗고 경계는 빼앗지 않는다"는 법문이니라. 그러므로 누군가가 말하기를, "여기에 꽃다운 풀밭이 있으되 다정한 친구 하나도 없다" 하셨고, 또 방공(龐公: 방 거사)이 말하기를, "다만 만물에 대하여 무심하기만 한다면 만물이 항상 둘러싸여 있은들 무슨 방해 있으리요?" 하였으니, 이것이 마음을 없애고 경계를 남기어 망을 쉬는 공부니라.

넷째는 경계를 잊고 마음을 남기는[泯境存心] 공부니, 즉 공부할 때 안팎의 경계를 모두가 공적하다 하고 오직 한마음만을 남겨서 외로이 우뚝 세우는 것이니라.

그러므로 옛 사람이 말하기를, "만법(萬法)과 더불어 짝되지 말고 모든 경계와 상대되지 말라. 마음이 경계에 집착하면 마음이 허망하겠지만 이제 경계가 없거니 무슨 허망함이 있으리요?" 하니, 참마음이 홀로 비추어서도 도에 걸리지 않는 것이라. 이는 곧 옛사람이 말하기를, "경계를 빼앗고 사람은 빼앗지 않는다" 한 것이니라.

그러므로 어떤 이가 말하기를, "좋은 동산에 꽃은 이미 졌건만 수레와 말은 여전히 붐빈다." 하였고, 또 말하기를, "삼천 명의 검객(劍客)은 지금 어디에 있는고? 장주(莊周)가 태평세계 이룰 것만 홀로 계교하도다" 하니, 이것이 경계를 잊고 마음을 남기는[泯境存心] 마음 쉬는 공부니라.

五는 泯心泯境이니 謂做功夫時에 先空寂外境하고 次滅內心이니
오   민심민경   위주공부시   선공적외경   차멸내심

旣內外心境俱寂이어니 畢竟妄從何有리요. 故로 灌溪云하사대
기내외심경구적   필경망종하유   고   관계운

十方에 無壁落이요 四面에 亦無門이라. 淨躶躶赤灑灑라 卽祖師의
시방   무벽락   사면   역무문   정나라적쇄쇄   즉조사

人境兩俱奪法門也라. 故로 有語云하사대 雲散水流去하니
인경양구탈법문야   고   유어운   운산수류거

寂然天地空이라 하며 又云하사대 人牛를 俱不見하니 正是月明時라 하니
적연천지공   우운   인우   구불견   정시월명시

此는 泯心泯境息妄功夫也니라.
차 민심민경식망공부야

六은 存心存境이니 謂做功夫時에 心住心位하고 境住境位하야
육 존심존경   위주공부시 심주심위   경주경위

有時에 心境이 相對하야도 則心不取境하며 境不臨心하야
유시 심경 상대   즉심불취경   경불림심

各不相到하면 自然妄念이 不生하고 於道無礙하리라.
각불상도   자연망념 불생   어도무애

故로 經云하사대 是法이 住法位하야 世間相이 常住라 卽祖師의
고 경운   시법 주법위   세간상 상주 즉조사

人境俱不奪法門也라 故로 有語云하사대 一片月生海하니 幾家人上樓하며
인경구불탈법문야 고 유어운   일편월생해   기가인상루

又云호대 山花千萬朶에 遊子不知歸라 하니 此是存境存心滅妄功夫也니라.
우운   산화천만타   유자부지귀   차시존경존심멸망공부야

 다섯째는 마음과 경계를 모두 잊는[泯心泯境] 공부니, 즉 공부할 때 먼저 바깥 경계를 비우고 다음에 안으로 마음을 멸하는 것이니라. 이미 안팎으로 마음과 경계가 모두 고요해졌거늘 끝내 허망이 어디서 생기리요?
 그러므로 관계(灌溪)가 말하기를, "방에 벽(壁)이 없고 사방에 문(門)도 없어 벌거벗은 듯, 맑아 씻은 듯하다" 하였으니, 이는 조사들이 말한 '사람과 경계를 모두 빼앗는다'는 법문이다.
 그러므로 누가 말하기를, "구름이 흩어지고 물은 흘러가니, 고요하여 천지가 비었다" 하였으며, 또 말하기를, "사람과 소를 모두 볼 수 없으니 바야흐로 달 밝을 때라" 하니, 이는 마음과 경계를 모두 잊어 허망을 쉬는 공부니라.

 여섯째는 마음과 경계를 모두 남기는[存心存境] 공부니, 즉 공부할 때에 마음이 마음의 지위에 머무르고 경계가 경계의 지위에 머물러서 때로는 마음과 경계가 마주쳐도 마음이 경계를 취하지 않으며, 경계가 마음을 따르지 않아 제각기 서로 어울리지 않으면 자연히 망념이 생기지 않고 도에 걸림이 없으리라.

경에 말씀하시기를, "이 법이 법의 자리에 머물러서 세간의 모습이 항상 머문다" 하시니 이는 곧 조사께서 말하기를, '사람과 경계를 모두 빼앗지 않는다' 한 법문이니라.

그러므로 어떤 이가 말하기를, "한 조각의 달이 바다 위에 떠오르니 몇 사람이나 누대 위로 오르던가?" 하였고, 또 어떤 이는 말하기를, "산의 꽃 천만 떨기에 한량들은 돌아갈 줄 모르더라" 하시니, 이것이 마음과 경계를 모두 남기고 망(妄)을 멸하는 공부니라.

七은 內外全體니 謂做功夫時에 於山河大地日月星辰과 內身外器
칠   내외전체   위주공부시   어산하대지일월성신   내신외기

一切諸法이 同眞心體하야 湛然虛明하야 無一毫異하야 大千沙界를
일체제법   동진심체   담연허명   무일호리   대천사계

打成一片이면 更於何處에 得妄心來리오. 所以로 肇法師云하사대
타성일편   갱어하처   득망심래   소이   조법사운

天地與我同根이요 萬物與我同體라 하니 此是內外全體滅妄功夫也니라.
천지여아동근   만물여아동체   차시내외전체멸망공부야

八은 內外全用이니 謂做功夫時에 將一切內外身心器界諸法과
팔   내외전용   위주공부시   장일체내외신심기계제법

及一切動用施爲하야 悉觀作眞心妙用이니 一切心念纔生이면
급일체동용시위   실관작진심묘용   일체심념재생

便是妙用現前이라 旣一切皆是妙用이어니 妄心向甚麼處安着고.
변시묘용현전   기일체 개시묘용   망심향심마처안착

故로 永嘉云하사대 無明實性이 卽佛性이요 幻化空身이 卽法身이라 하고
고   영가운   무명실성   즉불성   환화공신   즉법신

誌公의 十二時歌에 云하되 平朝寅이여 狂機內隱道人身이로다.
지공   십이시가   운   평조인   광기내은도인신

坐臥不知元是道하고 只麼忙忙受苦辛하니 此是內外全用息妄功夫也니라.
좌와부지원시도   지마망망수고신   차시내외전용식망공부야

일곱째는 안팎이 온전한 한몸[內外全體]인 공부니, 즉 공부할 때에 산·

강·땅·해·달·별·몸·세계 등 모든 법이 다 같이 참마음의 한 몸으로 되는 것이니라. 말끔히 비고 밝아서 한 터럭의 차이도 없어서 대천세계(大千世界)를 한 조각으로 만든다면 다시 어느 곳에서 망심(妄心)이 생길 수 있으리요?

그러므로 조법사(肇法師)께서 말하기를, "하늘·땅이 나와 같은 근원이요, 만물(萬物)이 나와 한 몸이라" 하니, 이것이 안팎이 그대로 한 몸이 되어 망을 멸하는 공부니라.

여덟째는 안팎이 온전한 하나의 작용[內外全用]인 공부이니, 즉 공부할 때에 온갖 안팎의 몸과 마음과 국토 등 모든 법과 그리고 온갖 활동을 통틀어서 모두가 참마음의 묘한 작용이라고 관(觀)하는 것이니라. 온갖 생각이 일어나자마자 문득 그대로가 앞에 나타난 묘한 작용인 것이라. 이미 모든 것이 다 묘한 작용이거니 허망한 마음이 어디에 붙을 수 있으랴?

그러므로 영가(永嘉)께서 말씀 하시기를, "무명(無明)의 진실한 성품이 곧 부처 성품(佛性)이요 허깨비같이 빈 몸이 바로 법신이라" 하시고,

지공(誌公)의 12시가(詩歌)에 말하기를, "첫새벽 인시(寅時)여, 미친 탈춤 속에 도인(道人)의 몸이 숨었도다. 앉고 누움이 원래 도인줄 모르고 공연히 바쁘게 고통만 부르도다" 하시었으니, 이것이 안팎이 완전히 하나의 작용이 되어 망을 쉬는 공부니라.

九는 卽體卽用이니 謂做功夫時에 雖冥合眞體一味空寂이나 而於中에
구   즉체즉용   위주공부시   수명합진체일미공적   이어중

內隱靈明이니 乃體卽用也라. 故로 永嘉云하사대 惺惺寂寂은 是요
내은령명   내체즉용야   고   영가운   성성적적   시

惺惺妄想은 非며 寂寂惺惺은 是요 寂寂無記는 非라.
성성망상   비   적적성성   시   적적무기   비

旣寂寂中에 不容無記하고 惺惺中에 不用亂想이면 所有妄心이
기적적중   불용무기   성성중   불용난상   소유망심

如何得生이리요. 此是卽體卽用滅妄功夫也니라.
여하득생   차시즉체즉용멸망공부야

아홉째는 본체 그대로가 작용[卽體卽用]인 공부니, 즉 공부할 때에 참 본체의 한 맛[一味]인 공적에 부합하나 그 가운데에 안으로 신령한 밝음[靈明]을 숨기는 것으로 곧 본체 그대로가 곧 작용이 되는 것이니라.
그러므로 영가께서 말씀 하시기를, "성성(惺惺: 또렷또렷함)하고 적적(寂寂:

고요함)은 옳고, 성성하나 망상(妄想)함은 그르며, 적적하고 성성함은 옳고, 적적하나 무기(無記: 감각 없음)함은 그르다 하니, 이미 적적한 가운데 무기를 용납치 않고 성성한 가운데 망상을 용납치 않으면

온갖 망상이 어찌 생길 수 있으리요? 이것이 본체 그대로가 작용이어서 망(妄)을 멸하는 공부니라.

十은 透出體用이니 謂做功夫時에 不分內外하며 亦不辨東西南北하야
십　투출체용　　위주공부시　불분내외　　역불변동서남북

將四方八面하야 只作一箇大解脫門이니 圓陀陀地하야 體用不分하며
장사방팔면　　 지작일개대해탈문　　 원타타지　　 체용불분

無分毫滲漏하야 通身打成一片이면 其妄何處得起리요.
무분호삼루　　 통신타성일편　　 기망하처득기

古人云 通身無縫罅라 上下忒團圞이라 하니 是乃透出體用滅妄功夫也라.
고인운 통신무봉하　 상하특단란　　　 시내투출체용멸망공부야

已上十種做功夫法은 不須全用이니 但得一門하야 功夫成就하면
이상십종주공부법　불수전용　　단득일문　　공부성취

其妄自滅하고 眞心卽現하리니 隨根宿習하라. 曾於何法에 有緣하야
기망자멸　　진심즉현　　수근숙습　　증어하법　유연

卽便習之어다. 此之功夫는 乃無功之功이요 非有心 功力也니라.
즉편습지　　차지공부　　내무공지공　　비유심 공력야

此箇休歇妄心法門이 最緊要故로 偏多說하노니 無文繁也어다.
차개휴헐망심법문　　최긴요고　편다설　　　무문번야

　열째는 본체와 작용을 뛰어넘는[透出體用] 공부니, 즉 공부할 때에 안팎을 나누지 않으며 동·서·남·북도 가리지 않는 것이니라. 사방과 팔면을 몽땅 하나의 큰 해탈문(解脫門)으로 삼아 둥글둥글하여 본체와 작용을 나누지 않고 털끝만큼의 누락도 없이 온몸으로 한 조각[一片]을 이루면 망심이 어디서 일어나리요?

　옛사람이 말말하기를, "온몸이 꿰맨 자국이 없는지라 위아래가 온통 한 덩어리라" 하니, 이것이 본체와 작용을 뛰어넘어 망심을 멸하는 공부이니라.

이상의 열 가지 공부하는 법을 다 쓸 필요가 없으니, 다만 한 부분만을 찾아서 공부가 익어지면 망혹이 절로 사라지고 참마음이 즉시에 나타나리니, 근기와 전생 습성에 따르되 어느 법에 인연이 맞는지를 살펴서 잘 익혀 나갈 지어다.

　이 공부는 공용 없는 공부요 애를 써서 하는 공부가 아니니 이들 망심 쉬는 법문이 가장 긴요하므로 치우쳐 많이 말하였으니 번거로움을 마다하지 말지어다.

8. 眞心四儀(진심사의)
- 참마음 밝히는 네 가지 위의 -

或이 曰 前說息妄하니 未審커라 但只坐習亦通行住等耶가 曰 經論에
혹   왈 전설식망   미심   단지좌습역통행주등야   왈 경론

多說坐習하니 所以易成故요 亦通行住等이니 久久漸成純熟故니라.
다설좌습   소이이성고   역통행주등   구구점성순숙고

起信論에 云하대 若修止者는 住於靜處하야 端坐正意하야 不依氣息하며
기신론   운   약수지자   주어정처   단좌정의   불의기식

不依形色하며 不依於空하며 不依地水火風하며 乃至不依見聞覺知하고
불의형색   불의어공   불의지수화풍   내지불의견문각지

一切諸想을 隨念皆除호대 亦遣除想이니 以一切法이 本來無想일새니라.
일체제상   수념개제   역견제상   이일체법   본래무상

[학인] 앞에서 망심 쉬는 법을 말씀하셨거니와 다만 앉아서만 익히는 것

인지, 가거나 멈추거나 하는 데에도 통하는 것인지 모르겠습니다.

[보조] 모든 경과 논에서 앉아서 익히는 법을 많이 말씀하셨으니, 성취하기가 쉽기 때문이요, 다니거나 머무를 때에도 같이 통한다 하였으니 오래오래 익혀야 점점 숙달되기 때문이니라.

기신론(起信論)에 말씀하시기를, "만일 지(止: 선정)를 닦으려거든 고요한 곳에 머물러서 단정히 앉아 뜻을 바르게 하고, 기운이나 호흡에 의지하지 말며 형상이나 빛깔에도 의지하지 말며 허공에 의지하지도 말며 지·수·화·풍에도 의지하지 말라. 나아가서는 보고 듣고 깨닫고 아는 것에도 의지하지 말아서 온갖 망상을 생각나는 대로 모두 제하되 제한다는 생각도 버릴지니 온갖 법이 본래 망상이 없기 때문이니라.

念念不生하며 念念不滅하나니 亦不得隨心하야 外念境界後에
염념불생   염념불멸   역부득수심   외념경계후

以心除心이어다. 心若馳散이어든 卽當收來하야 住於正念이니라.
이심제심   심약치산   즉당수래   주어정념

是正念者는 當知唯心이요 無外境界니 卽復此心이 亦無自相하야
시정념자　당지유심　　무외경계　즉부차심　역무자상

念念不可得이니라. 若從坐起하야 去來進止하며 有所施作이라도 於一切時에
염념불가득　　약종좌기　　거래진지　　유소시작　　어일체시

常念方便으로 隨順觀察하야 久習純熟하면 其心이 得住하리라.
상념방편　　수순관찰　　구습순숙　　기심　득주

以心住故로 漸漸猛利하야 隨順得入 眞如三昧하야 深伏煩惱하며
이심주고　점점맹리　　수순득입 진여삼매　　심복번뇌

信心增長하야 速成不退하리니 唯除疑惑과 不信誹謗과 重罪業障과
신심증장　　속성불퇴　　유제의혹　불신비방　중죄업장

我慢懈怠이니 如是等人은 所不能入이라 하시니 據此則通四儀也니라.
아만해태　　여시등인　소불능입　　　　거차즉통사의야

圓覺經에 云하사대 先依如來奢摩他行하야 堅持禁戒하며 安處徒衆하야
원각경 운 선의여래사마타행 견지금계 안처도중

宴坐靜室이라 하니 此初習也요 永嘉 云하대 行亦禪坐亦禪이라
연좌정실 차초습야 영가 운 행역선좌역선

語默動靜에 體安然하니 據此亦通四儀耳로다.
어묵동정 체안연 거차역통사의이

總論功力컨대 坐尙不能息心이온 況行住等에 豈能入道耶리요.
총론공력 좌상불능식심 황행주등 기능입도야

若是用得純熟底人인대 千聖이 興來라도 驚不起요
약시용득순숙저인 천성 흥래 경불기

萬般魔妖라도 不廻顧어늘 豈況行住坐中에 不能做功夫也리요.
만반마요 불회고 기황행주좌중 불능주공부야

如人이 欲讎恨於人이라도 乃至 行住坐臥와 飮食動用과 一切時中에
여인 욕수한어인   내지 행주좌와 음식동용   일체시중

不能忘了하며 欲愛樂於人이라도 亦復如是니 且憎愛는 有心中事로대
불능망료   욕애락어인   역부여시   차증애   유심중사

尙於有心中에 容得今이어든 做功夫는 是無心事니
상어유심중   용득금   주공부   시무심사

又何疑四儀中에 不常現前耶리요.
우하의사의중   불상현전야

只恐不信不爲언정 若爲若信하면 則威儀中에 道必不失也라.
지공불신불위   약위약신   즉위의중   도필불실야

생각생각에 나지 않고 생각생각에 멸하지 않나니, 마음 따라 바깥 경계도 생각치 않은 뒤에야 마음으로 마음을 제할지어다. 만일 마음이 흩어지거든 곧 거두어 와서 정념(正念)에 머물라. 이 정념이란 것은 오직 마음뿐이요 바깥 경계가 없나니, 이 마음은 제 모습마저도 없어서 생각생각에 얻을 수 없

느니라.

  만일 자리에서 일어나 가고 오고 나아가고 물러서며, 온갖 분별 동작을 하더라도 언제나 항상 방편을 생각해서 분수에 따라 관(觀)해서 오래 익히어 순일하고 익숙해지면 그 마음이 머물러지리라.

  마음이 머무름을 얻었으므로 차츰 용맹스러워져서 분수에 따라 진여삼매(眞如三昧)에 들어가 번뇌를 그 깊은 곳까지 굴복시키면 신심이 늘고 길어져서 물러서지 않게까지 되겠거니와, 오직 의혹을 끊을지언정 믿지 않고 비방하는 자나 무거운 죄업에 가리운 자나 아만으로 게으른 자는 제외 되리니, 이런 사람들은 들어가지 못하느니라 하셨으니, 이에 의하건대 네 가지 위의에 통했느니라.

  원각경(圓覺經)에 말씀하시기를, "먼저 여래의 사마타(奢摩他) 행에 의지해서 계율을 굳게 지키며 대중 속에 머무르거나 조용한 방에 가만히 앉으라" 하시니, 이는 처음 익히는 사람을 위함이라.

  영가(永嘉)께서 말씀하시기를, "다닐 때도 선이요, 앉을 때도 선이라, 말하거나 침묵할 때와 움직이거나 고요할 때에도 본체는 언제나 태연하다" 하시니, 이에 의기하건대 역시 네 가지 위의에 통하였도다.

  공부의 힘을 총괄하여 말하건대 앉아서도 마음을 쉬기 어렵거늘 하물며 다니고 멈추는 등에서 어찌 능히 도에 들 수 있으리요? 그러나 공부의 작용이 순화되어 완숙한 사람이라면 천 성인이 나타나더라도 꼼짝하지 않고 만 가지 마구니가 나타나더라도 돌아보지 않거늘 어찌 다니고 멈추고 앉는 사이에 공부를 할 수 없으리요?

마치 어떤 사람이 남에게 원수를 갚으려 해도 다니고 멈추고 앉고 눕고 음식을 드는 등 온갖 동작 사이에 잠시도 잊지 못하며, 남을 사랑하는 경우도 이와 같나니, 미움과 사랑은 마음속의 일이로되 그 유심 가운데서도 오히려 이룰 수 있거늘, 지금의 이 공부는 무심(無心)의 일이니, 어찌 네 가지 위의 가운데서 항상 앞에 나타나지 않을까 의심하겠는가? 다만 믿지 않고 행하지 않을까 두려울 뿐이요, 만약 행하고 믿으면 네 가지 위의 가운데 도는 반드시 잃지 않으리라.

9. 眞心所在 (진심소재)
- 참마음이 있는 곳 -

或이 曰 息妄心而眞心現矣라 하니 然則眞心體用이 今在何處오.
혹 왈 식망심이진심현의   연즉진심체용 금재하처

曰 眞心妙體가 徧一切處니 永嘉 云하사대 不離當處常湛然이나
왈 진심묘체 편일체처 영가 운   불리당처상담연

覓卽知君不可見이라 하며 經에 云하사대 虛空性故며 常不動故며
멱즉지군불가견   경   운   허공성고   상부동고

如來藏中에 無起滅故라 하시며 大法眼이 云하사대
여래장중 무기멸고   대법안   운

處處菩提路요 頭頭功德林이라 하시니 此卽是 體所在也니라.
처처보리로 두두공덕림   차즉시 체소재야

眞心妙用은 隨感隨現호미 如谷應聲이니라. 法燈이 云하사대
진심묘용　수감수현　　여곡응성　　　법등　운

今古에 應無墜하야 分明在目前이로다. 片雲은 生晚谷하고
금고　응무추　　분명재목전　　　편운　생만곡

孤鶴은 下遙天이라 하시니 所以로 魏府元華嚴이 云하사대 佛法이
고학　하요천　　　　소이　위부원화엄　운　　불법

在日用處하며 在行住坐臥處하며 喫茶喫飯處하며 語言相問處하며
재일용처　　재행주좌와처　　끽다끽반처　　어언상문처

所作所爲하나 擧心動念하면 又却不是也라 하시니 故知하라.
소작소위　　거심동념　　우각불시야　　　　　고지

體則徧一切處하야 悉能起用이나 但因緣有無不定일새
체즉 편일체처　　실능기용　　단인연유무부정

故 妙用도 不定耳어니와 非無妙用也니라.
고 묘용 부정이   비무묘용야

修心之人이 欲入無爲海하야 度諸生死인댄 莫迷眞心體用所在也어다.
수심지인 욕입무위해   도제생사   막미진심체용소재야

[학인] 망심을 쉬면 참마음이 나타난다 하니, 그렇다면 참마음의 본체와 작용은 지금 어디에 있습니까?

[보조] 참마음의 묘한 본체가 온갖 곳에 두루 하였나니,

그러므로 영가(永嘉)가 말하기를, "제 자리[當處]를 여의지 않고 항상 담연[湛然]하나 찾으면 그대는 보지 못할 줄 알 것이다" 하였으며,

경에 말씀하시기를, "공의 성품이기 때문이요, 항상 요동치 않기 때문이며, 여래장(如來藏) 안에는 일어나고 사라짐이 없기 때문이라" 하시고,

대법안(大法眼)이 말씀하기를, "곳곳마다 보리(菩提)의 길이요, 일마다 공덕(功德)의 숲이라" 하시니,

이것이 곧 마음이 있는 곳이니라. 참마음의 묘한 작용은 지각 작용에 따라 나타남이 다르니 마치 빈 산골짜기에 메아리가 응하는 것 같나니,

법등(法燈)이 말하기를 "예나 이세나 감응하되 줄지 않아 분명히 눈앞에

있도다. 조각구름은 늦은 골짜기에서 일고 외로운 학(鶴)은 먼 하늘 끝에 내려앉는다" 하니라.

그러므로 위부(魏府)의 노화엄(老華嚴)이 말하기를, "불법이 일상생활 속에 있으며 다니고 앉고 눕는데 있으며, 차 먹고 밥 먹는 곳에 있으며 말하고 문답하는 곳에 있으며, 동작과 분별 하는 곳에 있나니 마음을 일으키거나 생각을 움직이면 또한 옳지 못하다" 하니, 이것으로써 본체는 온갖 곳에 두루하여 언제나 능히 작용을 일으키고 있으나 다만 인연의 있고 없음이 일정치 않은 까닭에 묘한 작용도 역시 일정치 않거니와 묘한 작용이 없는 것은 아니니라.

마음을 닦는 사람이 무위(無爲)의 바다에 들어가서 모든 생사를 건지려거든 참마음의 본체와 작용이 있는 곳을 미혹하지 말지니라.

10. 眞心出死 (진심출사)
   -참마음은 죽지 않음-

或이 曰 嘗聞 見性之人은 出離生死라 하나 然이나 往昔諸祖가
혹   왈 상문 견성지인   출리생사   연   왕석제조

是見性人이로대 皆有生有死하며 今現見世間修道之人하야도
시견성인   개유생유사   금현견세간수도지인

有生有死事하니 如何云出生死耶오. 曰 生死本無어늘 妄計爲有로다.
유생유사사   여하운출생사야   왈 생사본무   망계위유

如人이 病眼으로 見空中花어든 無病人이 說無空化호대 病者不信이라가
여인 병안   견공중화   무병인   설무공화   병자불신

目病이 若無하야 空花自滅하야사 方信花無하나니 只花未滅이라도
목병 약무   공화자멸   방신화무   지화미멸

普照 眞心直說(보조 진심직설)

其花亦空이라. 但病者妄執爲花언정 非體實有也니라.
기화역공　　단병자망집위화　　비체실유야

如人이 妄認生死爲有어든 或無生死人이 告云호대 本無生死라 하야도
여인　 망인생사위유　　혹무생사인　　고운　　본무생사

彼人이 不信이라가 一朝에 妄息하야 生死自除하야 方知生死
피인　 불신　　 일조　 망식　　생사자제　　 방지생사

本來是無하나니 只生死未息時에도 亦非實有언만 以妄認生死有일새니라.
본래시무　　　지생사미식시　　역비실유　　이망인생사유

[학인] 전에 들으니 성품을 본 사람은 생사(生死)를 벗어난다 하였으나 옛날의 조사(祖師)들이 모두 생사가 있었으며, 현재 세간에서 수도하는 사람들을 보아도 생과 사가 있는데, 어떻게 생사를 벗어난다 하십니까?

[보조] 생사가 본래 없거늘 허망하게 꾸며내어 있는 것이라고 여길 뿐이니라. 마치 어떤 사람이 눈병이 나서 허공에 꽃을 보거든, 병 없는 사람이 말하기를 '허공에 꽃이 없다' 하나, 말해도 병든 이가 믿지 않다가 눈병이 나

아서 허공꽃이 저절로 없어진 뒤에야 비로소 허공꽃이 없는 줄로 믿는 것 같나니, 다만 꽃이 사라지기 전이라도 그 꽃은 공한 것이라 오직 병들은 이가 허망하게 꽃이라고 집착할지언정 본체가 실로 있는 것은 아니니라.

어떤 사람이 생사가 있는 것이라고 허망하게 오인 하거든 생사 없는 사람이 말하기를 '본래 생사가 없다' 하여도 믿지 않다가 하루아침에 망혹을 쉬어 생사가 저절로 제(除)해진 뒤에야 비로소 생사가 본래 없는 것인 줄로 믿거니와 생사를 쉬기 전에도 실제로 있는 것이 아니건만 허망하게 생사가 있다고 오인하기 때문이니라.

故로 經에 云하사대 善男子야 一切衆生이 從無始來로 種種顚倒호미
고 경 운   선남자 일체중생 종무시래 종종전도

如迷人이 四方을 易處인달하야 妄認四大하야 爲自身相하여
여미인 사방 역처   망인사대   위자신상

六塵緣影으로 爲自心相하나니 譬彼病目이 見空中花니라 하며
육진연영   위자심상   비피병목   견공중화

乃至如衆空花가 滅於虛空에 不可說言有定滅處니 何以故오
내지여중공화　멸어허공　불가설언유정멸처　하이고

無生處故니라 一切衆生이 於無生中에 妄見生滅일새 是故로
무생처고　일체중생　어무생중　망견생멸　시고

說名輪轉生死라 하시니 據此經文컨대 信知達悟圓覺眞心하면
설명윤전생사　　　거차경문　신지달오원각진심

本無生死로다. 今知無生死而不能脫生死者는 功夫不到故也니라.
본무생사　금지무생사이불능탈생사자　공부부도고야

故로 敎中에 說 菴婆女가 問文殊云호대 明知生是不生之法이로대
고　교중　설　암바녀　문문수운　　명지생시불생지법

爲甚麼하야 被生死之所流니까 하니 文殊云호대 其力이 未充故라 하며
위심마　피생사지소류　　　문수운　기력　미충고

後有 進山主가 問 修山主云호대 明知生是不生之法이로대 爲甚麼하야
후유 진산주 문 수산주운   명지생시불생지법   위심마

却被生死之所流니꼬. 修云호대 笋이 畢竟에 成竹去나 如今에
각피생사지소류   수운   순 필경 성죽거   여금

作筏이면 使得麼하니 所以로 知無生死 不如體無生死요
작벌   사득마   소이   지무생사 불여체무생사

體無生死가 不如契無生死요 契無生死가 不如用無生死니라.
체무생사 불여계무생사   계무생사 불여용무생사

今人은 尙不知無生死어든 況體無生死하고 契無生死하며 用無生死耶아.
금인 상부지무생사   황체무생사   계무생사   용무생사야

故로 認生死者는 不信無生死法이 不亦宜乎아.
고   인생사자 불심무생사법   불역의호

그러므로 경에 말씀 하시기를, "선남자야, 모든 중생이 끝없는 옛부터 갖

가지로 뒤바뀜이 마치 어리석은 사람이 사방을 바꾸어 선 것 같이 망령되이 4대를 허망하게 오인해서 자기의 몸이라 여기고 육진의 그림자로 자기의 마음이라 하나니, 비유하건대 병든 눈이 허공 속에 꽃을 보는 것 같으며, 나아가서는 뭇 허공꽃이 허공에서 멸할 때에 일정하게 멸하는 곳이 있다고도 말할 수 없는 것 같으니라.

무슨 까닭인가? 생겨난 곳이 없기 때문이니라. 모든 중생이 생김이 없는 가운데에서 허망하게 생멸을 보기 때문에 그러므로 이름하여 '생사에 헤맨다' 하느니라 하시니, 이 경문에 의하건대 원각(圓覺)의 참마음을 통달하여 깨달으면 본래 생사가 없는 것을 분명히 알겠도다. 이제 생사가 없는 것임을 알면서도 생사를 벗어나지 못하는 것은 공부가 철저히 이르지 못하였기 때문이니라.

그러므로 교설(敎說)에 보면 암바녀(菴婆女)가 문수(文殊)에게 묻기를 "생(生)이 곧 생이 아닌 법임을 분명히 알면서도 어찌하여 생사의 끄달림을 받나이까?" 하니, 문수가 대답하기를 "그 힘이 충실치 못하기 때문이라" 하였으며,

나중에 진산주(進山主)가 수산주(修山主)에게 묻기를 "생(生)이 곧 생이 아닌 법임을 분명히 알면서도 어찌하여 생사의 끄달림을 받나이까?" 하니, 수산주가 대답하기를 "죽순(竹筍)이 반드시 대(竹)가 되지만 지금 당장에 뗏목을 만들면 쓸 수 있겠는가" 하였으니,

그러므로 생사가 없는 줄 아는 것이 생사 없음을 체득하는 것만 못하고, 생사가 없음을 체득하는 것이 생사가 없음에 계합(契合)하는 것만 못하고, 생사가 없음에 계합함이 생사 없음을 활용하는 것만 못하니라.

요즘 사람들은 생사가 없음도 모르거늘 하물며 생사 없음을 체득하거나 계합하거나 활용할 수 있겠는가? 따라서 생사를 오인하는 이는 생사 없는 법을 믿지 않는 것이 마땅하지 않겠는가?

11. 眞心正助(진심정조)
- 참마음의 주된 노력과 보조가 되는 노력 -

或이 曰 如前息妄이면 眞心이 現前이언만 且如妄未息時에는
혹 왈 여전식망   진심 현전   차여망미식시

但只歇妄하야 做無心功夫아 更有別法하야 可對治諸妄耶아.
단지헐망   주무심공부   갱유별법   가대치제망야

曰 正助不同也니 以無心息妄으로 爲正하고 以習衆善으로 爲助니
왈 정조부동야   이무심식망   위정   이습중선   위조

譬如明鏡이 爲塵所覆이어든 雖以手力으로 揩拭이나 要須妙藥磨瑩하야
비여명경 위진소복   수이수력   개식   요수묘약마영

光始現也니 塵垢는 煩惱也요 手力은 無心功也요 磨藥은 衆善也요
광시현야 진구 번뇌야 수력 무심공야   마약 중선야

鏡光은 眞心也니라.
경광   진심야

[학인] 앞에서 말한 것처럼 망심(妄心)을 쉬면 참마음이 나타나겠지만 망심을 쉬기 전에는 다만 망심을 쉬고 무심 공부만을 해야 합니까? 아니면 달리 그 망심을 다스리는 법이 있습니까?

[보조] 정(正)과 조(助) 같지 않으니 무심으로 망심을 쉬어 정(正)을 삼고 뭇 선행을 익히는 것으로 조(助)를 삼느니라.

비유하건대, 밝은 거울이 먼지에 덮였거든 먼지에 덮였을 때 비록 손으로 힘써 털고 닦으나 반듯이 좋은 약으로 다시 닦아 빛내야 비로소 광명이 나타나는 것 같으니, 먼지는 번뇌요, 손의 힘은 무심 공부요, 닦은 약은 뭇 선행이요, 거울의 광명은 참마음이니라.

起信論에 云하대 復次 信成就發心者는 發何等心고 略有三種하니
기신론 운   부차 신성취발심자   발하등심   약유삼종

云何爲 三인가. 一者는 直心이니 正念眞如法故요 二者는 深心이니
운하위삼   일자 직심   정념진여법고   이자 심심

集一切善行故요 三者는 大悲心이니 欲拔一切衆生苦故니라.
집일체선행고　　삼자　대비심　　욕발일체중생고고

問曰 上說法界一相이라. 佛體無二어늘 何故로 不唯念眞如하고
문왈 상설법계일상　　불체무이　　하고　불유념진여

復假求學諸善之行고 答曰 譬如大摩尼寶가 體性이 明淨이나
부가구학제선지행　답왈 비여대마니보　　체성　명정

而有鑛穢之垢하니 若人이 雖念寶性이나 不以方便으로 種種摩治하면
이유광예지구　　약인　수념보성　　불이방편　　종종마치

終無得淨인달하야 如是衆生眞如之法이 體性이 空淨이나
종무득정　　　여시중생진여지법　체성　공정

而有無量煩惱染垢하니 若人雖念眞如라 不以方便으로 種種熏習이면
이유무량번뇌염구　　약인수념진여　불이방편　　종종훈습

亦無得淨이니 以垢無量하야 徧一切法일새니라. 故로 修一切善行하야
역무득정   이구무량   편일체법   고 수일체선행

以爲對治니 若人이 修行一切善法하면 自然歸順眞如法故라 하니
이위대치   약인 수행일체선법   자연귀순진여법고

據此所論컨대 以休歇妄心으로 爲正하고 修諸善法으로 爲助니라.
거차소론   이휴헐망심   위정   수제선법   위조

若修善時어든 與無心으로 相應하야 不取着因果니 若取因果면
약수선시   여무심   상응   불취착인과   약취인과

便落凡夫人天報中하야 難證眞如라 不脫生死니라. 若與無心相應인댄
변락범부인천보중   난증진여   불탈생사   약여무심상응

乃是證眞如之方便이며 脫生死之要術이라 兼得廣大福德하리라.
내시증진여지방편   탈생사지요술   겸득광대복덕

기신론(起信論)에서 말씀하셨다.

[물음] 다음에 '믿음을 성취시키는 발심' [信成就發心]이란 어떤 마음을 내야 하는가?

[대답] 대략 세 가지가 있으니

첫째는 곧은 마음[直心]이니, 진여의 법을 똑바로 생각하기 때문이요.

둘째는 깊은 마음[深心]이니, 온갖 행을 모으기 때문이요.

셋째는 크게 가엾이 여기는 마음[大悲心]이니, 모든 중생의 괴로움을 모두 구제해 주고자 하기 때문이니라.

[물음] 위에서 법계는 한 모습이라 부처의 본체는 둘이 없다고 하거늘 무슨 까닭에 진여의 법만을 생각지 않고, 다시 온갖 착한 행을 배워야 되는가?

[대답] 비유하건대, 큰 마니(摩尼)보배가 본체와 성품이 밝고 맑으나 광물 찌꺼기의 티가 있나니, 어떤 사람이 비록 보배의 성품을 잘 알았으나 방편을 써서 가지가지 방법으로 갈고 닦지 않으면 끝내 맑아질 수 없는 것 같으니라.

중생들의 진여의 법이 비록 본체와 성품이 비고 맑으나 한량없는 번뇌의 때가 있으니, 비록 진여를 생각하나 방편을 써서 갖가지로 익히지 않으면 맑아질 수 없으니, 때가 한량이 없어서 온갖 법에 두루했기 때문이니라.

그러므로 온갖 착한 행을 닦아서 물리쳐야 하나니, 온갖 착한 법을 닦으면 자연히 진여의 법에 돌아가 순응하게 되리라 하시니, 이 논의 말씀에 의거하건데 망심을 쉬는 것으로써 정(正)을 삼고 모든 착한 법을 닦는 것으로써 조(助)를 삼느니라.

　선행을 닦으려면 무심(無心)과 상응(相應)해서 인과(因果)에 집착하지 말지니, 인과에 집착하면 문득 범부 인간·하늘의 보(報)에 떨어져서 진여를 증득하기 어려운지라 생사를 벗어나지 못하느니라. 만일 무심과 상응하면 이는 곧 진여를 증득하는 방편이며 생사를 벗어나는 비결이라 겸하여 광대한 복덕을 얻으리라.

金鋼般若經에 云하대 須菩提야 菩薩이 無住相布施하면
금강반야경　운　수보리　보살　무주상보시

其福德不可思量이라 하시며 今見世人에 有參學者호니
기복덕불가사량　　　금견세인　유참학자

纔知有箇本來佛性이면 乃便自恃天眞하야 不習衆善하나니
재지유개본래불성　내변자시천진　불습중선

豈只於眞心不達이요 亦乃翻成懈怠하니 惡道도 尙不能免이온
기지어진심부달　역내번성해태　악도　상불능면

況脫生死리요 此見大錯也니라.

황탈생사　　차견대착야

금강반야경(金剛般若經)에 말씀 하시기를, "수보리야, 보살이 무주상보시(無主相布施)를 하면 그 복덕이 헤아릴 수 없다" 하셨거늘 요즘 세상에 참선하는 사람들을 보니, 겨우 본래의 불성이 있는 줄 알기만 하면 문득 스스로의 천진(天眞)을 믿어 뭇 선행을 익히지 않나니 그 어찌 참마음을 통달치 못할 뿐이리요? 또한 게으름을 피우나니 나쁜 길도 면하지 못하거늘 하물며 생사를 벗어날 수 있으리요? 그 소견이 크게 잘못 되었도다.

12. 眞心功德(진심공덕)
 -참마음의 공덕-

或이 曰 有心修因은 不疑功德矣어니와 無心修因은 功德이 何來오.
혹   왈 유심수인   불의공덕의   무심수인   공덕   하래

曰 有心修因은 得有爲果하고 無心爲因은 顯性功德하나라.
왈 유심수인   득유위과   무심위인   현성공덕

此諸功德이 本來自具나 妄覆不顯이니 今旣妄除하면 功德現前이니라.
차제공덕   본래자구   망복불현   금기망제   공덕현전

故로 永嘉云하사대 三身四智體中圓이요 八解六通이 心地印이라 하시니
고   영가운   삼신사지체중원   팔해육통   심지인

乃是體中에 自具性功德也라. 古頌에 若人靜坐一須臾면
내시체중   자구성공덕야   고송   약인정좌일수유

勝造恒沙七寶塔이로다. 寶塔은 畢竟에 化爲塵이어니와 一念淨心은
승조항사칠보탑　　　보탑　필경　화위진　　　일념정심

成正覺이라 하시니 故知하라. 無心功이 大於有心也로다. 洪州水潦가
성정각　　　　　고지　무심공　대어유심야　　홍주수료

和尙參馬祖할새 問如何是西來的的意라가 被馬祖의 一踏하야
화상참마조　　문여하시서래적적의　　피마조　일답

踏到에 忽然發悟하야 起來撫掌大笑云호대 也大奇也大奇여
답도　홀연발오　　기래무장대소운　　　야대기야대기

百千三昧와 無量妙義를 只向一毛頭上하야 便一時識得根源去라 하시고
백천삼매　무량묘의　지향일모두상　　편일시식득근원거

乃作禮而退하시니 據此則功德이 不從外來 本自具足也로다.
내작례이퇴　　　거차즉공덕　부종외래　본자구족야

四祖 謂懶融禪師 曰 夫百千法門이 同歸方寸이요 河沙功德이
사조 위나융선사 왈 부백천법문 동기방촌   하사공덕

總在心源이라 一切戒門定門慧門과 神通變化가 悉自具足하야
총재심원   일체계문정문혜문   신통변화   실자구족

不離汝心이라 하시니 據祖師語컨대 無心功德이 甚多하나
불이여심   거조사어   무심공덕   심다

但好事相功德者는 於無心功德에 自不生信耳이니라.
단호사상공덕자 어무심공덕   자불생신이

[학인] 마음이 있어 인행을 닦으면 공덕이 됨을 의심치 않겠지만 마음 없이 인행을 닦으면 공덕이 어디서 오는 것입니까?

[보조] 마음 있어 닦는 인행을 닦으면 유위(有爲)의 과보를 받고, 무심으로 인행을 닦으면 성품(性稟)의 공덕을 드러내느니라. 이 모든 공덕이 본래부터 스스로 갖추어져 있으나 허망함이 덮이어 드러나지 못하고 있었나니, 이 세 이미 허망함이 제거 되었으면 공덕이 저절로 나타나리라.

그러므로 영가(永嘉)께서 말씀 하시기를 "삼신(三身)과 사지(四智)가 본체 가운데 원만하고 여덟 가지 해탈과 여섯 가지 신통이 마음 바탕에 새겨져 있다" 하시니, 이것이 본체 가운데 갖추어진 본성의 공덕이니라.

옛 사람이 말씀 하시기를, "어떤 사람이 잠깐이라도 조용히 앉으면 항하의 모래 수 같은 칠보(七宝)탑을 세운 것보다 수승하나, 보배 탑은 끝내 티끌로 변하려니와 한 생각 맑은 마음은 정각을 이루리라" 하시니, 그러므로 무심(無心) 공부의 힘이 유심(有心) 공부보다 큰 줄을 알겠다.

홍주(洪州)의 수료(水潦)가 마조(馬祖)에게 참문할 때, '무엇이 서쪽으로부터 오신 분명한 뜻인지'를 묻다가 마조에게 한 번 걷어 채여 쓰러지면서 갑자기 깨달음이 열리어, 손뼉을 치며 크게 웃으며 말하기를, "신기하고 신기하도다! 백 천 삼매와 한량없는 묘한 이치가 오직 한 털끝에서 그 근원까지 다 드러났도다" 하고, 절을 하고는 물러갔으니, 이에 의하건대 공덕이 밖에서 오는 것이 아니라 본래 스스로 구족한 것이로다.

사조(四祖: 도신 대사)가 나융(懶融)에게 말하기를, "백 천 법문이 모두가 마음[方寸]으로 돌아가고, 항하사의 공덕이 모두가 마음의 근원에 있다. 온갖 계율·선정(禪定)·지혜·신통·변화가 모두 본래 구족해서 그대 마음을 여의지 않았다" 하시니,

이 조사의 말씀에 의하건대 무심(無心)의 공덕이 가장 크건만 겉모양의 공덕에만 집착하는 이는 무심공덕에 대하여 자연히 믿음을 내지 못하느니라.

13. 眞心驗功(진심험공)
- 참마음 공부의 증험(證驗) -

或이 曰 眞心이 現前하야는 如何知是眞心의 成熟無碍也오.
혹 왈 진심 현전   여하지시진심 성숙무애야

曰 學道之人이 得眞心現前時에 但習氣未除하면 若遇熟境하야는
왈 학도지인 득진심현전시   단습기미제   약우숙경

有時失念하나니 如牧牛가 雖調到牽拽隨順處하야도 猶不敢放了鞭繩하고
유시실념   여목우 수조도견예수순처   유불감방요편승

直待心調步穩하야 赶趁入苗稼中호대 不傷苗稼하야사 方敢撒手也니라.
직대심조보온   간진입묘가중   불상묘가   방감살수야

到此地步하면 便不用牧童鞭繩하야도 自然無傷苗稼인달하야
도차지보   변불용목동편승   자연무상묘가

普照 眞心直說(보조 진심직설)

如道人이 得眞心後에 先且用功保養하야 有大力用하야사 方可利生이니라
여도인   득진심후   선차용공보양   유대력용   방가리생

若驗此眞心時에는 先將平生所憎愛底境하야 時時想在面前호대
약험차진심시   선장평생소증애저경   시시상재면전

如依前起憎愛心則道心이 未熟이요 若不生憎愛心하면 是는 道心이
여의전기증애심즉도심   미숙   약불생증애심   시   도심

熟也니라. 雖然如此成熟이라도 猶未是自然不起憎愛니 又再驗心이어다.
숙야   수연여차성숙   유미시자연불기증애   우재험심

若遇憎愛境時에 特然起憎愛心하야 令取憎愛境界하야도 若心不起하면
약우증애경시   특연기증애심   영취증애경계   약심불기

是心無礙가 如露地白牛 不傷苗稼也인달하야 古有呵佛罵祖者하니
시심무애   여로지백우 불상묘가야   고유가불매조자

是는 與此로 心相應이니라. 今見호니 纔入宗門하야 未知道之遠近하고
시   여차 심상응   금견   재입종문   미지도지원근

便學呵佛罵祖者는 太無計也니라.
편학가불매조자   태무계야

[학인] 참마음이 앞에 나타날 때, 어떻게 그 참마음이 성숙하여 걸림이 없음을 알 수 있습니까?

[보조] 도를 배우는 사람은 참마음이 앞에 나타남을 보았을 때, 습기를 제거하지 못했으면 익혀온 경계를 만나 가끔 바른 생각[心]을 잃나니, 마치 소를 먹이는 사람이 끌면 비록 순응하는 경지까지 길들였더라도 아직은 채찍을 놓지 못하고, 더 기다려 마음이 길들고 걸음이 온당해져서 밭으로 몰더라도 곡식을 상하지 않게 되어야 비로소 손을 떼는 것 같이 할 지니라. 이런 경지에 이르면 목동이 채찍을 쓰지 않아도 자연히 곡식을 상하지 않게 되나니, 도인이 참마음을 얻은 뒤에 우선 그 공부를 쌓아 보양(保養)해서 큰 힘과 작용이 있게 된 뒤에야 비로소 중생을 이롭게 할 수 있느니라.
　만일 이 참마음을 증험하려거든 먼저 평소에 미워하고 사랑하던 경계를 가끔 눈앞에 상상(想像)하되 전과 같이 미워하고 사랑하는 생각이 일어난다

면 도의 마음이 아직 무르익지 않은 것이요, 미워하거나 사랑하는 마음이 나지 않으면 도의 마음이 푹 익어진 것이니라.

비록 이런 경지에 이르렀더라도 아직은 미움과 사랑이 자연히 일어나지 않는 경지는 아니니, 또 다시 음미하고 다질지어다. 만일 미움과 사랑의 경계를 만날 때 특별히 미움과 사랑의 경계를 취하려 하여도 그 마음이 일어나지 않으면 그 마음은 걸림 없이 된 것이라, 마치 한데[露地]서도 흰 소 [白牛]가 곡식을 해치지 않는 것 같으리니, 옛부터 부처를 꾸짖고 조사를 나무라는 이들이 있는 것은 이 마음과 마주 응하기 때문이니라.

요즘 보니, 겨우 종문(宗門)에 들어와서 도의 멀고 가까움도 잘 알지 못하면서 문득 부처를 꾸짖고 조사를 나무라는 법부터 배우는데 이는 너무 조급한 계교니라.

14. 眞心無知(진심무지)
- 참마음은 알음알이가 없다 -

或이 曰 眞心與妄心을 對境時에 如何辨別眞妄耶오.
혹   왈 진심여망심   대경시   여하변별진망야

曰 妄心對境은 有知而知라. 於順違境에 起貪瞋心하니 又於中容境에
왈 망심대경   유지이지   어순위경   기탐진심   우어중용경

起痴心也니 旣於境上에 起貪瞋痴三毒인댄 足見是妄心也로다.
기치심야   기어경상   기탐진치삼독   족견시망심야

祖師云 逆順相爭是爲心病이라시니 故知하라 對於可不可者是妄心也니라.
조사운 역순상쟁시위심병   고지   대어가불가자시망심야

若眞心者인댄 無知而知라. 平懷圓照故로 異於草木하고 不生憎愛故로
약진심자   무지이지   평회원조고   이어초목   불생증애고

普照 眞心直說(보조 진심직설)

異於妄心하나니 卽對境虛明하야 不憎不愛하며 無知而知者眞心이니라.
이어망심　　　즉대경허명　　　부증불애　　　무지이지자진심

[학인] 참마음과 허망한 마음이 경계를 대할 때, 어떻게 참과 거짓을 분별합니까?

[보조] 허망한 마음으로 경계를 대하는 것은 알음알이[知]가 있어 아는지라 거슬리고 순하는 역순(逆順) 경계에 탐욕·성냄 등의 마음을 일으키고 또 그 중간인 경계에 대해서는 치심(痴心)을 일으키나니 이미 경계에 임하여 탐욕·성냄·어리석음 등 삼독을 일으킨다면 족히 그가 허망한 마음임을 알 수 있느니라.

조사께서 말씀 하시기를, "거슬림과 순함이 서로 다투는 것이 마음의 병이 된다" 하시니, 그러므로 옳음과 옳지 못함을 상대하는 것이 허망한 마음임을 알 수 있느니라.

만일 참마음이라면 알음알이가 없이 아는지라 평탄한 생각으로 두루 비추는 까닭에 초목과는 다르고, 미움도 사랑도 없는 까닭에 허망한 마음과도 다르나니, 곧 경계를 대하여 비고 밝아 미워하지도 않고 사랑하지도 않으리니, 알음알이가 없이 아는 것이 참마음이니라.

故로 肇論에 云하사대 大聖心者는 微妙無相이라 不可爲有요
고 조론 운   부성심자 미묘무상   불가위유

用之彌勤이라 不可爲無요 乃至 非有故로 知而無知하고 非無故로
용지미근   불가위무 내지 비유고 지이무지   비무고

無知而知라 하시니 足以로 無知卽知라 無以言異於聖人心也로다.
무지이지   시이 무지즉지   무이언이어성인심야

又妄心은 在有着有하고 在無着無하야 常在二邊할새 不知中道하나니
우망심 재유착유   재무착무   상재이변   부지중도

永嘉云하사대 捨妄心取眞理여 取捨之心이 成巧僞로다.
영가운   사망심취진리 취사지심 성교위

學人이 不了用修行하야 深成認賊將爲子로다 하니 若是眞心인댄
학인 불료용수행   심성인적장위자   약시진심

居有無而不落有無하고 常處中道니라.
거유무이불락유무　상처중도

　조론(肇論)에 말하기를, "성스러운 마음이란 미묘해서 형상이 없는지라 있다고 할 수 없고, 쓸수록 더욱 부지런한지라 없다고 할 수도 없도다" 하고, 나아가서는 "있는 것이 아니므로 알되 아는 것이 없고, 없는 것이 아니므로 알음알이가 없되 안다" 하시니, 그러므로 알음알이가 없되 아는지라 성인의 마음과 다르다고 말할 수 없느니라.

　또 허망한 마음은 있음에서는 있음에 집착하고 없음에서는 없음에 집착하여 항상 두 쪽에 치우치기 때문에 중도(中道)를 알지 못하나니, 영가가 말하기를, "허망한 마음을 버리고 참마음을 취하면 취하고 버리는 마음이 교묘한 거짓을 이룬다. 학인은 수행하는 법을 몰라서 도적을 잘못 알아 자식으로 여기는 병이 깊었도다" 하니, 진실로 참마음이라면 있음과 없음에 처하되 있음과 없음에 떨어지지 않고 항상 중도에 처하느니라.

故로 祖師 云하사대 不逐有緣하며 勿住空忍이어라. 一種平懷하면
고　조사 운　　불축유연　물주공인　　일종평회

泯然自盡이라. 肇論에 云하사대 是以로 聖人은 處有不有하고

민연자진 조론 운   시이 성인 처유불유

居無不無로다. 雖不取於有無나 然이나 不捨於有無로다. 所以로
거무불무 수불취어유무 연 불사어유무   소이

和光塵勞하며 周旋五趣호대 寂然而往하며 忽爾而來하야
화광진로 주선오취   적연이왕   홀이이래

恬淡無爲而無不爲라 하시니 此는 說聖人이 垂手爲人하고 周旋五趣하사
염담무위이무불위   차 설성인 수수위인   주선오취

接化衆生하시대 雖往來而無往來相이라 妄心은 不爾故로
접화중생   수왕래이무왕래상   망심 불이고

眞心妄心不同也니라. 又眞心은 乃平常心也오. 妄心은 乃不平常心也니라.
진심망심부동야   우진심 내평상심야   망심 내불평상심야

或이 曰 何名平常心也오. 曰 人人이 具有一點靈明호대 湛若虛空하야
혹 왈 하명평상심야 왈 인인 구유일점영명   담약허공

偏一切處하나니 對俗事하야는 假名理性이요 對行識하야는 權號眞心이니라.
편일체처   대속사   가명이성   대행식   권호진심

無分毫分別이로대 遇緣不昧하고 無一念取捨로대 觸物皆周라
무분호분별   우연불매   무일념취사   촉물개주

不逐萬境遷移로대 設使隨流得妙라도 不離當處湛然이라
불축만경천이   설사수류득묘   불리당처담연

覓卽知君不可見이니 乃眞心也니라.
멱즉지군불가견   내진심야

  그러므로 조사께서 말씀하시기를 "있음의 반연을 쫓지도 말고, 공이라는 지혜에도 머물지 말라. 한 가지 생각이 평탄하면 빈듯이[泯然] 저절로 다하리라" 하시며,

  또 조론에 말씀하시기를, "그러므로 성인은 있음에 처하되 있음이 아니요, 없음에 있으되 없음이 아니다. 비록 있음과 없음을 취하지 않으나 있음과 없음을 버리지도 않도다. 그러므로 햇빛과 먼지가 섞이듯이 다섯 갈림[五趣]에 두루하되 고요히 가고 갑자기 돌아와 편안한 듯 담담한 듯 함이 없

되 하지 않는 것이 없다" 하시니,

  이는 성인께서 중생들을 위하여 다섯 갈래에 두루하면서 중생들을 건져 교화하시기 위하여 비록 왕래하지만 왕래함이 없는 것이니라. 허망한 마음은 그렇지 않아서 참과 허망함이 같지 않으니라. 또 참마음은 곧 평상(平常)한 마음이요, 허망한 마음은 곧 평상치 못한 마음이니라.

[학인] 평상의 마음이란 어떠한 것입니까?

[보조] 사람마다 제각기 한 점의 신령스런 광명이 있되 맑기가 허공과 같아서 모든 곳에 두루 했나니, 세속 일[俗事]을 대하여는 거짓으로 이성(理性)이라 하고, 정신의 움직임[行識]에 대하여 방편으로 참마음이라 부르느니라. 털끝만큼의 분별도 없으되 인연을 만나면 어둡지 않고, 한 생각도 취하고 버릴 것이 없으되 만나는 물건마다 두루하는 지라 만 가지 경계를 따라 변화하지 않는다. 설사 흐름을 따라 묘함을 얻을지라도 제자리를 여의지 않고 항상 담연(湛然)하니 찾으면 그대가 곧 볼 수 없다는 것을 알 것이니, 이것이 참마음이니라.

或이 曰 何名不平常心耶오. 曰 境有聖與凡하며 境有染與淨하며
혹   왈 하명불평상심야   왈 경유성여범   경유염여정

境有斷與常하며 境有理與事하며 境有生與滅하며 境有動與靜하며
경유단여상   경유이여사   경유생여멸   경유동여정

境有去與來하며 境有好與醜하며 境有善與惡하며 境有因與果하나니
경유거여래   경유호여추   경유선여악   경유인여과

境有를 細論則萬別千差어니와 今乃且擧十對호니 皆名不平常境也니라.
경유   세론즉만별천차   금내차거십대   개명불평상경야

心隨此不平常境而生하고 不平常境而滅하나니 不平常境心을
심수차불평상경이생   불평상경이멸   불평상경심

對前平常眞心일새 所以로 名不平常妄心也니라 眞心이 本具하야
대전평상진심   소이   명불평상망심야   진심   본구

不隨不平常境에 生起種種差別일새 所以로 名平常眞心也니라.
불수불평상경   생기종종차별   소이   명평상진심야

或이 曰 眞心은 平常하야 無諸異因인댄 奈何로 佛說因果와

혹 왈 진심 평상 부재이인 내하 불설인과

善惡報應乎아 曰 妄心이 逐種種境호대 不了種種境하야 遂起種種心일새
선악보응호 왈 망심 축종종경 불료종종경 수기종종심

佛說種種因果法하사 治伏種種妄心호려 하사 須立因果也어니와
불설종종인과법 치복종종망심 수립인과야

若此眞心은 不逐種種境하며 由是不起種種心할새 佛이
약차진심 불축종종경 유시불기종종심 불

卽不說種種法하시니 何有因果也리요 或이 曰 眞心은 平常不生耶아
즉불설종종법 하유인과야 혹 왈 진심 평상불생야

曰 眞心有時施用이 非逐境生이나 但妙用遊戱하야 不昧因果耳니라.
왈 진심유시시용 비축경생 단묘용유희 불매인과이

[학인] 어떤 것이 '평상치 못한 마음' [不平常心]인가요?
[보조] 경계에는 성인과 범부, 물들음과 깨끗함, 없어짐과 항상함, 이론과

현실, 일어남과 사라짐, 움직임과 고요함, 감과 옴, 예뻐함과 미워함, 선과 악, 인(因)과 과(果) 등이 있나니, 자세히 논한다면 천만 가지 차별이 있거니와 모두가 평상치 못한 경계니라.

마음은 이 평상이 아닌 경계를 따라 생기고 이 평상이 아닌 경계를 따라 사라지나니, 평상이 아닌 경계의 마음이란 전의 평상(平常)한 참마음에다 견주므로 평상치 못한 허망한 마음이라 하느니라. 참마음은 본래부터 완전[具]하여 평상치 못한 경계에 대해 갖가지 차별을 일으키지 않으므로 평상한 참마음이라 하느니라.

[학인] 참마음이 평상하여 모든 차별된 인(因)이 없다면 어찌하여 부처님은 인과(因果)와 선악(善惡)과 그 응보(應報)를 말씀하셨는가요?

[보조] 허망한 마음이 가지가지 경계를 따르되 가지가지 경계를 알지 못하여 가지가지 마음을 일으키므로 부처님께서 가지가지로 인과법을 말씀하셔서 가지가지 허망한 마음을 조복시키려고 인과의 법을 세우셨거니와, 참마음은 가지가지 경계를 따르지 않으며 가지가지 마음을 일으키지 않으므로 부처님께서 가지가지 법을 말씀하시지 않았거늘 어찌 인과가 있으리요?

[학인] 참마음은 항상 나지 않는 것인가요?

[보조] 참마음은 때때로 베풀고 작용하지만 경계를 따라 생기는 것이 아니나 다만 묘한 작용으로 마음대로 노닐므로(遊戱) 인과에 어두워지지(昧) 않느니라.

15. 眞心所往(진심소왕)
   - 참마음이 가는 곳 -

或이 曰 未達眞心人은 由迷眞心故로 作善惡因하나니 由作善因故로
혹 왈 미달진심인 유미진심고   작선악인   유작선인고

生善道中하고 由作惡因故로 入惡道中호대 逐業受生은 其理를 不疑어니와
생선도중   유작악인고   입악도중   축업수생   기리   불의

若達眞心人인댄 妄情이 歇盡하야 契證眞心하면 無善惡因이라.
약달진심인   망정   헐진   계증진심   무선악인

一靈이 身後에 何所依託耶고 曰 莫謂有依託者가 勝無依託耶며
일령   신후   하소의탁야 왈 막위유의탁자   승무의탁야

又莫將無依託者하야 同人間飄零之蕩子하며 似鬼趣無主之孤魂하라.
우막장무의탁자   동인간표령지탕자   사귀취무주지고혼

普照 眞心直說(보조 진심직설)

特爲此問은 求有依託耶아. 或이 曰 然하다.
특위차문　구유의탁야　혹　왈 연

[학인] 참마음을 통달치 못한 사람은 참마음을 미혹함 때문에 선과 악을 짓나니, 선한 인을 지은 까닭에 좋은 길에 태어나고, 악한 인을 지은 까닭에 나쁜 길에 태어나되, 업을 따라 몸을 받는 그 이치는 의심치 않겠거니와 참마음을 통달한 사람은 망정(妄情) 다 쉬어 참마음에 계합하여 증득하면 선악의 인(因)이 없는지라 하나의 영(靈)은 죽은 뒤에 어디에 의탁하는가요?

[보조] 의탁할 곳이 있는 것이 의탁할 곳이 없는 것보다 나으리라고 여기지도 말고, 또 의탁할 곳이 없단 말로써 인간이 갈 곳 없는 방랑자와 같다고 여기지도 말고, 귀신 무리에 끼어 의지할 데 없는 무주고혼 같다고도 여기지 말라. 특별히 이렇게 물은 뜻은 의탁할 곳이 있기를 바라는 것인가?

[학인] 그렇습니다.

曰 達性則不然也니 一切衆生은 迷覺性故로 妄情愛念하야
왈 달성즉불연야　일체중생　미각성고　망정애념

結業爲因일새 生六趣中하야 受善惡報니라. 假如天業이 爲因이면
결업위인　생육취중　수선악보　가여천업 위인

只得天果니 除合生處하고는 餘竝不得受用이니 諸趣도 皆爾하니라.
지득천과　제합생처　　여병부득수용　　제취　개이

旣從其業일새 故로 合生處로 爲樂하고 不生處로 爲非樂하며
기종기업　　고　합생처　위락　　불생처　위비락

以合生處로 爲自己依託하고 不生處로 爲他人依託일새 所以로
이합생처　위자기의탁　　　불생처　위타인의탁　　소이

有妄情則有妄因하고 有妄因則有妄果하고 有妄果則有依託하고
유망정즉유망인　　유망인즉유망과　　　유망과즉유의탁

有依託則分彼此하고 分彼此則有可不可也어니와 今達眞心은
유의탁즉분피차　　분피차즉유가불가야　　　금달진심

契無生滅之覺性하야 起無生滅之妙用하나니 妙體는 眞常이
계무생멸지각성　　기무생멸지묘용　　　묘체　진상

本無生滅하며 妙用은 隨緣이라 似有生滅이로다. 然이나
본무생멸　　묘용　수연　　사유생멸　　　연

從體生用일새 用卽是體라 何生滅之可有리오. 達人은 卽證眞體어니
종체생용　　용즉시체　하생멸지가유　　달인　즉증진체

其生滅이 何干涉耶리요 如水以濕性으로 爲體하고 波浪으로
기생멸　하간섭야　　여수이습성　　위체　　파랑

爲用이라 濕性은 元無生滅이니 故波中濕性인달 何生滅耶리요.
위용　　습성　원무생멸　　　고파중습성　　하생멸야

然이나 波離濕性하고는 別無故로 波亦無生滅이니라.
연　　파리습성　　　별무고　파역무생멸

[보조] 성품을 통달하면 그렇지가 않나니, 모든 중생은 각성(覺性)을 미혹한 때문에 망정으로 사랑하고 생각하여 업을 모아 인을 만들었으므로 여섯 갈래[六趣]에 태어나 선과 악의 과보를 받느니라. 가령 하늘의 업으로 인을 삼으면 하늘의 과보만을 받나니, 꼭 태어날 곳을 제하고는 딴 곳에서는 수

용(受用)치 않느니라.

다른 갈래에도 그러하니라.

이미 그 업을 따르므로 태어나야 할 곳을 즐겁다 하고,
태어나지 않을 곳은 즐겁지 않다 하며,
태어나야할 곳을 자기가 의지할 곳이라 하고,
태어나지 않을 곳을 딴 사람의 의지할 곳으로 하나니,
그러므로 허망한 감정이 있으면 허망한 인이 있고,
허망한 인이 있으면 허망한 결과가 있고,
허망한 결과가 있으면 의지할 곳이 있고,
의지할 곳이 있으면 너와 내가 나뉘고,
너와 나를 나누면 옳고 옳지 못함이 있거니와

이제 참마음을 통달한 이는 생멸이 없는 각성(覺性)에 계합하여 생멸 없는 묘용(妙用)을 일으키나니, 묘한 본체는 참되고 항상 한지라 본래 생멸이 없으며, 묘한 작용은 인연을 따르는지라 생멸이 있는 듯 하니라.

그러나 본체로부터 작용이 일어났으므로 작용이 곧 본체인지라 무슨 생멸이 있을 수 있으리오? 그러므로 달인(達人)은 진실의 본체를 증득하였으니 어찌 생멸이 간섭하겠는가. 마치 물이 습성(濕性)으로서 본체를 삼고, 파

도로써 작용을 삼는 것 같으니라. 습성은 원래 생멸이 없으니 파도 속의 습성인들 무슨 생멸이 있으리요? 그러나 파도가 습성을 여의면 따로이 없는 까닭에 파도의 생멸이 없느니라.

所以로 古人이 云하사대 盡大地가 是沙門一隻正眼이요
소이   고인   운   진대지   시사문일척정안

盡大地가 是箇伽藍이라 하니 是는 悟理人의 安身立命處니라.
진대지   시개가람   시   오리인   안신입명처

旣達眞心인댄 四生六道가 一時消殞하고 山河大地가 悉是眞心이니
기달진심   사생육도   일시소운   산하대지   실시진심

不可離此眞心之外에 別有依託處也니라. 旣無三界妄因이면
불가리차진심지외   별유의탁처야   기무삼계망인

必無六趣妄果로다 妄果가 旣無인댄 說甚依託이리요 別無彼此니라.
필무육취망과   망과   기무   설심의탁   별무피차

旣無彼此인댄 則何可不可也리요. 卽十方世界가 唯一眞心全身受用이라.
기무피차　　즉하가불가야　　즉시방세계　유일진심전신수용

無別依託이로다. 又於示現門中에는 隨意往生하되 而無障礙니라.
무별의탁　　　우어시현문중　　수의왕생　　이무장애

그러므로 옛사람이 말하기를 "온 땅덩이가 사문의 한쪽 바른 눈이요, 온 땅덩이가 하나의 가람(伽藍)이라" 하시니, 이는 진리를 깨달은 사람의 몸을 안정시키고 생명을 누려 나갈 곳이니라.

이미 참마음을 통달했을진댄 사생 육도(四生六道)가 일시에 소멸하고 산, 강, 땅 모두가 참마음뿐이니, 이 참마음을 떠난 밖에 따로이 의탁할 곳이 없느니라.

이미 삼계(三界)의 허망한 인이 없으면 반드시 육취의 허망한 결과도 없고, 허망한 결과가 없으면 무슨 의탁할 곳을 말하리요?

너와 내가 따로이 없느니라. 이미 너와 나가 없다면 무슨 옳고 그름이 있으리요?

곧 시방세계가 오직 하나의 참마음이어서 온몸으로 수용(受用)하리라. 따로이 의탁할 곳이 없느니라. 또 시현(示現: 방편으로 나타나 보이심)하는 부분에서도 뜻을 따라 태어나되 장애가 없느니라.

故로 傳燈에 云하사대 溫操尙書가 問圭峰曰 悟理之人이 一期壽終에
고 전등 운   온조상서 문규봉왈 오리지인 일기수종

何所依託고 圭峰이 曰 一切衆生이 無不具有靈明覺性이라 與佛無殊하니
하소의탁   규봉 왈 일체중생   무불구유영명각성   여불무수

若能悟此性이면 卽是法身이 本自無生이어니 何有依託이리요. 靈明不昧하며
약능오차성   즉시법신 본자무생   하유의탁   영명불매

了了常知하야 無所從來며 亦無所去니 但以空寂으로 爲自體하야
요료상지   무소종래   역무소거   단이공적   위자체

勿認色身하며 以靈知로 爲自心하야 勿認妄念이어라 妄念이 若起어든
물인색신   이영지   위자심   물인망념   망념 약기

都不隨之則臨命終時에 自然業不能繫라 雖有中陰이나 所向自由하야
도불수지즉임명종시 자연업불능계   수유중음   소향자유

天上人間에 隨意寄託이라 하시니 此即眞心의 身後所往者也니라.
천상인간　수의기탁　　　차즉진심　신후소왕자야

그러므로 전등록(傳燈錄)에서 온조 상서(溫操尙書)가 규봉(圭峰)에게 묻기를 "진리를 깨달은 사람이 한 기간의 수명이 다하면 어디에 의탁하는가?" 하니,

규봉이 대답하기를, "온갖 중생이 신령하고 밝은 각성(覺性)을 갖추지 않은 이가 없어서 부처와 다름이 없나니, 만일 이 참 성품을 깨달으면 본래부터 태어남도 없거니, 무슨 의탁함이 있으리요? 신령하게 밝아서 어둡지 않으며, 또렷또렷하게 항상 알아서 온 곳도 없으며, 간 곳도 없으니, 다만 비고 고요함으로써 본체를 삼아서 색신(色身)을 오인하지 말며, 다만 신령한 지혜[靈知]로 자기의 마음을 삼아 망념을 오인하지 말지어다. 망념이 만일 일어나더라도 전혀 따르지 않으면 목숨이 마칠 때에 자연히 업에 얽매이지 않으리라. 비록 중음(中陰)의 세계에 있으나 향하는 곳마다 자유로워서 하늘과 인간에 마음대로 의탁하리라" 하시니,

이것이 참마음이 육신 떠난 뒤에 가는 곳이니라.

禪警

禪警語
선경어

공부하는 사람은 고개를 들어도 하늘이 보이지 않고,
머리를 숙여도 땅이 보이지 않으며, 산을 보아도 산이라고
하지 않으며 물을 보아도 물이라 하지 않고, 다녀도 다니는
줄 모르고, 앉아도 앉은 줄 모르며, 천 만명 청중에
있더라도 한 사람도 보이지 않아야 한다.
온몸 안팎이 오직 하나의 의단(疑團)뿐이어야 하나니,
의단을 깨뜨리지 못하면 맹세코 쉬지 말라.
이것이 공부하는데 가장 긴요한 법이다.

1. 博山無異禪師說(박산무이선사설)
 -박산 무이선사의 말씀-

○ 먼저 생사의 마음을 깨뜨려라

做工夫호대 最初에 要箇破生死心이니 堅硬看破世界身心이 悉是假緣이라
주공부   최초   요개파생사심   견경간파세계신심   실시가연

無實主宰라 하라 若不發明本具底大理則生死心이 不破요 生死心이
무실주재   약불발명본구저대리즉생사심   불파   생사심

旣不破인댄 無常殺鬼 念念不停하나니 却如何排遣고.
기불파   무상살귀 염념부정   각여하배견

공부를 하되 첫째는 생사의 마음을 깨뜨리는 것이 가장 요긴하니라. 세계와 몸과 마음이 모두가 거짓 인연이라 실로 주재자가 없음을 굳게 간파(看破)하라. 만일 본래 갖추어진 큰 진리를 밝히지 못하면 생사의 마음을 깨뜨리지 못하고, 생사의 마음을 깨뜨리지 못했으면 무상한 살귀(殺鬼)가 생각생각에 멈추지 못하나니, 어떻게 물리치려는가?

將此一念하야 作個敲門瓦子호대 如坐在熱火焰中求出相似하야
장차일념   작개고문와자   여좌재열화염중구출상사

亂行一步不得이며 停止一步不得하며 別生一念不得이며 望別人救不得이니
난행일보부득   정지일보부득   별생일념부득   망별인구부득

當恁麽時하야는 只須不顧猛火하며 不顧身命하며 不望人救하며
당임마시   지수불고맹화   불고신명   불망인구

不生別念하며 不肯暫止하고 往前直奔호대 奔得出하야사 是好手니라.
불생별념   불긍잠지   왕전직분   분득출   시호수

장차 일념으로 기왓장처럼 굳은 마음으로 법의 문을 두드려야 할 때는 활활 타는 불구덩이 속에서 벗어나기를 바라는 것 같이 한 걸음 어지러이 나아갈 수도 없고, 한 걸음 멈출 수도 없으며, 다르게 한 생각 낼 수도 없으며, 딴 사람의 구제를 바랄 수도 없나니, 이럴 때를 당하여는 오직 사나운 불길을 돌아보지 않으며, 목숨도 돌아보지 않으며, 남의 구제를 바라지 않으며, 딴 생각을 내지도 않으며, 잠깐 그치려고도 하지 말아야 하느니라. 앞을 향해 곧장 달려 나아가되 달려서 벗어나야만 능숙한 솜씨니라.

禪警語(선경어)

做工夫호대 貴在起疑情이니 何謂疑情고 如生不知何來인댄 不得不疑來處요
주공부　　귀재기의정　　　하위의정　　여생부지하래　　　부득불의래처

死不知何去인댄 不得不疑去處니라. 生死關竅를 不破則 疑情이 頓發하리니
사부지하거　　부득불의거처　　　생사관규　불파즉 의정　돈발

結在眉睫上하야 防亦不下하며 趁亦不去하야 忽然一朝에 撲破疑團하면
결재미첩상　　　방역불하　　　진역불거　　홀연일조　박파의단

生死二字가 是甚麽閒家具오 噁!
생사이자　시심마한가구　　악

　공부를 하되 의정(疑情:의문)을 일으키는 일이 귀중하니 무엇을 의정이라 하는가? 태어나되 어디서 온 줄을 모르면 온 곳을 의심치 않을 수 없고, 죽되 어디로 가는 줄을 모르면 가는 곳을 의심치 않을 수 없느니라. 생사의 관문(關竅)을 깨뜨리지 못하면 의정이 몰록 일어나리니, 눈썹 위에 두고 놓아도 내리지 못하며, 쫓아도 가지 않아서 갑자기 하루아침에 의문 덩어리를 두드려 깨뜨리면 생사(生死) 두 글자가 무슨 부질없는 물건이겠는가?
　악(噁)!

做工夫호대 最怕耽着靜境이니 使人으로 困于枯寂이어늘 不覺不知로다. 動境은
주공부 최파탐착정경 사인 곤우고적 불각부지 동경

人多厭하고 靜境은 人多不厭은 良以行人이 一向에 處乎喧鬧之場이라가
인다염 정경 인다불염 양이행인 일향 처호훤요지장

一與靜境相應하면 如食飴食蜜이라 如人이 倦久喜睡니 安得自知耶아.
일여정경상응 여식이식밀 여인 권구희수 안득자지야

공부를 하되 고요한 경계를 탐내어 집착하는 것을 가장 두려워해야 한다. 수행자로 하여금 메마른 적멸에 시달리게 하거늘 느끼지도 알지도 못하는 도다. 시끄러운 경계는 사람들이 모두 싫어하고 고요한 경계는 사람들이 모두 싫어하지 않는 것은, 수행하는 사람들이 항상 떠드는 마당에 있다가 한 번 고요한 경계와 마주하면 엿이나 꿀을 먹는 것 같은지라, 마치 오랜 피로 끝에 잠자기를 좋아하는 것 같거니 어찌 스스로 깨달을 수 있으랴?

○ 인정에 이끌리지 말고 의심덩어리와 더불어 오직 한 곳만

做工夫호대 要中正勁挺하야 不近人情하라. 苟循情應對則工夫做不上하리라.
주공부   요중정경정   불근인정   구순정응대즉공부주불상

不但工夫做不上이라 日久月深하면 必隨流谷阿師無疑也리라.
부단공부주불상   일구월심   필수류곡아사무의야

공부를 하되 반드시 중심을 바르게 하고, 굳건하거나 우뚝하여 인정에 가까이 하지 말지어다. 인정을 따르면 공부가 늘지 못하리라. 공부가 늘지 못할 뿐 아니라 날이 오래고 달이 깊으면 반드시 세속의 속물로 떨어질 것은 뻔한 일이니라.

做工夫人은 擡頭不見天하고 低頭不見地니라. 看山에 不是山이요 見水에
주공부인   대두불견천   저두불견지   간산 불시산   견수

不是水로다 行不知行하고 坐不知坐로다. 千人萬人之中이라도 不見有一人하야
불시수   행부지행   좌부지좌   천인만인지중   불견유일인

通身內外只是一箇疑團이니 疑團不破면 誓不休니라. 心此爲工夫緊要也니라.
통신내외지시일개의단　의단불파　서불휴　심차위공부긴요야

공부하는 사람은 고개를 들어도 하늘이 보이지 않고, 머리를 숙여도 땅이 보이지 않으며, 산을 보아도 산이라고 하지 않으며 물을 보아도 물이라 하지 않고, 다녀도 다니는 줄 모르고, 앉아도 앉은 줄 모르며, 천만 명 청중에 있더라도 한 사람도 보이지 않아야 한다. 온몸 안팎이 오직 하나의 의단(疑團)뿐이어야 하나니, 의단을 깨뜨리지 못하면 맹세코 쉬지 말라. 이것이 공부하는데 가장 긴요한 법이다.

做工夫호대 不怕死不得活하고 只怕活不得死니 果與疑情으로
주공부　불파사부득활　지파활부득사　과여의정

斯結在一處아 動境은 不待遣而自遣하고 妄心은 不待淨而自淨하리라.
시결재일처　동경　부대견이자견　　망심　부대정이자정

六根門頭 自然虛豁豁地에 點著卽到하고 呼著卽應이니 何愁不活也리오.
육근문두 자연허활활지　점착즉도　호착즉응　　하수불활야

禪警語(선경어)

공부를 하되 죽었다가 깨어나지 못할까를 걱정하지 말고, 다만 살았다가 죽지 못할까를 걱정할지니, 과연 의정(疑情)과 더불어 한 곳에 매어있게만 하면. 시끄러운 경계는 버리려 하지 않아도 저절로 버려지고 허망한 마음은 맑히려 하지 않아도 저절로 맑아지리라. 육근(六根)의 문턱이 원래부터 텅 비고 넓어서 손짓하면 곧 오고, 부르면 곧 대꾸하거늘 어찌 살지 못할까를 근심하리요?

做工夫호대 擧起話頭時어든 要歷歷明明호대 如猫捕鼠相似하라.
주공부   거기화두시   요역력명명   여묘포서상사

古所謂不斬薰奴면 誓不休라 하니라.
고소위불참려노   서불휴

不然則坐在鬼窟裏하야 昏昏沉沉하야 過了一生하리니 有何所益이리요.
불연즉좌재귀굴리   혼혼침침   과료일생   유하소익

공부를 하되 화두(話頭)를 들 때에 또렷또렷 분명히 하되 마치 고양이가 쥐를 잡듯이 하라. 옛사람이 말하기를 훈노(薰奴: 번뇌)를 베지 못하면 맹세코 쉬지 않으리라 하였느니라. 그렇지 못하면 귀신굴 속에 우두커니 앉아서 어두컴컴하게 한 평생을 보내리니, 무슨 이익이 있겠는가?

猫捕鼠에 睛開兩眼하고 四脚撑撑하야 只要拿鼠到口하야사 始得다.
묘포서　정개양안　　사각탱탱　　지요나서도구　　　시득

縱有鷄犬이 在傍하야도 亦不暇顧니 參禪者도 亦復如是하야
종유계견　　재방　　　역불가고　참선자　역부여시

只是憤然要明此理니 縱八境이 交錯于前이라도 亦不暇顧니라.
지시분연요명차리　송팔경　교착우전　　　역불가고

纔有別念이면 非但鼠라 兼走却猫兒리라.
재유별념　　비단서　겸주각묘아

고양이가 쥐를 잡을 때에 두 눈을 부릅뜨고, 네 다리를 팽팽히 버티고, 오직 쥐를 잡아 입에 넣고야 말려 한다. 닭이나 개가 곁에 있더라도 돌아보지 않나니 참선하는 이도 이 같이 하여 오직 분연히 이 일을 밝히겠다는 각오로 실사 여덟 가지 경계가 눈앞에 나타나더라도 한눈을 팔지 말아야 하느니라. 자칫 딴 생각이 일어나면 쥐뿐만 아니라 고양이까지도 달아나 버릴 것이다.

禪警語(선경어)

○ 마음에 머무름이 있으면 도(道)와 멀다

做工夫호대 不可在古人公案上하야 卜度妄加解釋이니 縱一一領畧得過라도
주공부　　불가재고인공안상　　복탁망가해석　　종일일령략득과

與自己로 沒交涉하리라 殊不知古人의 一語一言이 如大火聚하야
여자기　몰교섭　　수부지고인　일어일언　여대화취

近之不得하며 觸之不得이온 何況坐臥其中耶아.
근지부득　　촉지부득　　하황좌와기중야

更于其中에 分大分小하며 論上論下인댄 不喪身失命者 幾希리라.
갱우기중　분대분소　　논상논하　　불상신실명자 기희

　공부를 하되 옛사람의 공안(公案)에 대하여 망령되게 해석을 붙이려 하지 말지니, 비록 낱낱이 풀이해 안다 하여도 자기 자신에게 허물이 되며 아무런 교섭(交涉)도 없는 것이다. 옛사람의 한 마디, 한 말씀이 마치 큰 불덩이와 같아서 가까이 할 수도 없고 만질 수도 없거늘 하물며 그 속에 앉기나 누울 수 있으랴. 다시 거기에서 크고 작음을 나누거나 높고 낮음을 따진다면

생명을 다치지 않을 자 매우 드물다는 것을 전혀 알지 못하는 도다.

做工夫호대 人不可尋文逐句하며 記言記語니 不但無益이라 與工夫로
주공부　　인불가심문축구　　기언기어　　부단무익　　여공부

作障礙하야 眞實工夫가 返成緣慮하리니 欲得心行處絶인들 豈可得乎아.
작장애　　진실공부　반성연려　　　욕득심행처절　　기가득호

공부를 하되 문구(文句)를 찾아 쫓지 말며 말이나 어록을 기록하지도 말지니, 이익이 없을 뿐 아니라 공부에 장애가 되어서 진실한 공부가 도리어 분별을 이루리니, 마음의 자취가 끊어지기를 바란들 될 수 있겠는가.

做工夫호대 最怕比量이니 將心湊泊하면 與道轉遠이라
주공부　　최파비량　　장심진박　　여도전원

做到彌勒下生去라도 管取沒交涉하리라. 若是疑情이 頓發的漢子인댄
주도미륵하생거　　관취몰교섭　　　약시의정　돈발적한자

禪警語(선경어)

如坐在鐵壁銀山之中하야 只要得箇活路니 不得箇活路하면
여좌재철벽은산지중　　지요득개활로　　부득개활로

如何得安穩去리요. 但恁麽做去하면 時節이 到來에 自有箇倒斷하리라.
여하득안온거　　단임마주거　　시절　도래　자유개도단

공부를 하되 사량분별함을 가장 두려워해야 한다. 마음을 가지고 범접하려 하면 도와는 더욱 멀어지리니, 미륵이 탄생할 때까지 공부를 하여도 전혀 관계가 없으리라. 만일 의문이 활짝 일어난 사람이 마치 철벽은산(鐵壁銀山) 속에 앉아서 오직 살길(活路)을 찾으려 하는 것 같이 할지니, 만일 살길을 찾지 못했다면 어찌 편할 수 있겠는가? 다만 이렇게 철저히 하여 시절이 오기만 하면 저절로 뒤집어지고 끊어지는 경계가 있을 것이다.

黃蘗禪師云하사대 塵勞逈脫事非常이니 緊把繩頭做一場이어다.
황벽선사운　　　진로형탈사비상　　긴파승두주일장

不是一 翻 寒徹骨이면 爭得梅花撲鼻香이리오 하니 此語가 最親切이로다.
불시일번한철골　　쟁득매화박비향　　　차어　최친절

若將此偈하야 時時警策하면 工夫自然得上하리라.
약장차게   시시경책   공부자연득상

황벽(黃蘗) 선사가 말하기를 "티끌 번뇌를 활짝 벗어나는 일은 예사롭지 않으니, 고삐를 꼭 잡고 한바탕 애쓸 지어다. 한차례 추위가 뼈에 사무치지 않으면 코를 찌르는 매화향기 어찌 얻으랴" 하였으니, 이 말씀이 가장 친절하니라. 만일 이 게송을 들어 때때로 경책하면 공부가 자연히 향상 될 것이다.

做工夫호대 最要緊이 是箇切字니 切字 最有力하니라.
주공부   최요긴   시개절자   절자 최유력

不切則懈怠生하고 懈怠生則 放逸縱意 靡所不至하리라.
부절즉해태생   해태생즉 방일종의 미소부지

若用心眞切이면 放逸懈怠가 何繇得生이리요.
약용심진절   방일해태   하유득생

當知하라 切之一字는 不愁不到古人田地하며 不愁生死不破니라.
당지   절지일자   불수부도고인전지   불수생사불파

공부를 하되 가장 긴요한 것은 '간절 절(切)' 자이니, 절 자가 가장 힘이 있느니라. 간절하지 않으면 게으름이 생기고 게으름이 생기면 방종(放縱)이 이르지 않는 곳이 없으리라. 만일 마음을 쓰되 참되고 간절하면 방종하고 게으름이 어찌 생길 수 있으리요? 그러므로 알라. 간절함의 이 한 자는 옛사람의 경지에 이르지 못할까 근심치 않으며 생사가 타파되지 않음을 걱정하지도 않는다.

○ 오로지 의정 일으켜 귀결처 찾아내야

切之一字는 當下에 超善惡無記三性하나니 用心이 甚切則不思善하며
절지일자   당하   초선악무기삼성   용심   심절즉불사선

用心이 甚切則不思惡하며 用心甚切則不落無記하나니
용심 심절즉불사악   용심심절즉불락무기

話頭切이면 無悼擧하고 話頭切이면 無昏沉이니라.
화두절   무도거   화두절   무혼침

간절할 절(切) 이 한 자, 당장에 선과 악과 무기(無記), 세 가지 성품을 초월하나니, 마음 쓰기를 간절히 하면 선을 생각지 않게 되고, 마음 쓰기를 간절히 하면 악을 생각지 않게 되며 무기에 떨어지지도 않나니, 화두가 간절하면 도거(掉擧, 散亂)도 없고 화두가 간절하면 혼침(昏沈)도 없느니라.

切之一字는 是最親切句니 用心이 親切則無間隙故로 魔不能入하고
절지일자　시최친절구　용심　친절즉무간극고　마불능입

用心이 親切不生計度有無等故로 不落外道니라.
용심　친절불생계탁유무등고　불락외도

'간절할 절(切)' 이 한 자는 가장 친절한 구절이니 마음 쓰기를 간절히 하면 틈이 없으므로 마(魔)가 침노하지 못하고, 마음 쓰기를 간절히 하면 있음과 없음 등을 계교하여 헤아리지 않으므로 외도(外道)에 떨어지지도 않느니라.

做工夫호대 最怕思惟하야 做詩做偈做文賦等이니 詩偈成則名詩僧이요
주공부　최파사유　주시주게주문부등　시게성즉명시승

文賦工則稱文字僧이라 與參禪으로 總沒交涉이니라. 凡遇着逆順境緣이
문부공즉칭문자승   여참선   총몰교섭   범우착역순경연

動人念處어든 便當覺破하야 提起話頭호대 不隨境緣轉하야사 始得다
동인념처   변당각파   제기화두   불수경연전   시득

或云不打緊이라 하나니 這三個字가 最是悞人이라 學者는 不可不審이니라.
혹운불타긴   저삼개자   최시오인   학자   불가불심

　공부를 하되 생각을 기울여서 시나 게송이나 문장을 지으려는 일을 두려워할지니, 시나 게송을 지으면 시승(詩僧)이라 하고, 문장에 공교로우면 문자승(文字僧)이라 하여 이것은 참선과는 모두가 아무런 관계도 없느니라.
　무릇 역경계(逆境界)나 순경계(順境界)가 사람의 마음을 움직일 만한 염처(念處)를 만나거든 얼른 깨닫고서 화두를 들되 경계의 반연을 따라 움직이지 않아야 비로소 옳다. 어떤 이는 말하기를 급할 것이 없다고(不打緊) 말하지만 이 '불타긴(不打緊)' 세 자가 가장 사람을 그르치는 것이라, 공부하는 사람은 살피지 않을 수 없느니라.

做工夫호대 不得將心待悟어다.
주공부   부득장심대오

如人이 行路에 住在路上하야 待到家하면 終不到家일새 只須行到家인달하야
여인   행로   주재로상   대도가   종부도가   지수행도가

若將心待悟하면 終不悟니 只須逼拶令悟라 非待悟也니라.
약장심대오   종불오   지수핍찰영오   비대오야

공부를 하되 마음을 가지고 깨닫기를 기다리지 말라. 어떤 사람이 길을 가매 길 위에 머물러서 집에 이르기를 기다리면 끝내 집에 이를 수 없으므로 계속 걸어야 집에 이를 수 있듯이, 마음을 가지고 깨닫기를 기다리면 마침내 깨달을 수 없으므로, 오직 애써서 깨닫게 할 뿐이요 깨달음을 기다릴 것이 아니니라.

做工夫호대 着不得一絲毫別念이니 行住坐臥에 單單只提起本參話頭하야
주공부   착부득일사호별념   행주좌와   단단지제기본참화두

發起疑情하야 憤然要討箇下落이니라. 若有絲毫別念이면 古所謂雜毒이
발기의정   분연요토개하락   약유사호별념   고소위잡독

入心에 傷乎慧命이라 하니 學者 不可不謹이니라.
입심   상호혜명   학자 불가불근

공부를 하되 실 한 올만치의 딴 생각도 붙이지 말지니, 다니고 멈추고 앉고 누우매 다만 본래부터 참구하던 화두만을 들어 의문을 일으켜서 분연히 화두의 낙처(落處: 해답)를 찾으려 해야 하느니라. 만일 한 올만치라도 딴 생각이 있으면 옛사람이 말한 "잡된 독이 심장에 들어가니 지혜의 생명을 상하게 한다"고 이른 것이니 공부하는 사람은 삼가지 않을 수 없느니라.

余云別念은 非但世間法이라 除究心之外에는 佛法中一切好事라도
여운별념   비단세간법   제구심지외   불법중일체호사

悉名別念이니라. 又豈但佛法中事리요 於心體上에라도 取之捨之하며
실명별념   우기단불법중사   어심체상   취지사지

執之化之가 悉別念矣니라.
집지화지 실별념의

내가 말한 딴 생각[別念]이라 함은 세간의 법뿐 아니라 마음을 궁구하는 일 이외에는 불법 안의 온갖 좋은 일까지라도 모두가 딴 생각이니라. 또 어찌 불법 안의 일 뿐이리요, 마음바탕 위에서 취하거나 버리거나 집착하거나 교화한다는 것 모두가 딴 생각이니라.

做工夫호대 做到無可用心處와 萬仞懸崖處와 水窮山盡處와
주공부   주도무가용심처   만인현애처   수궁산진처

羅紋結角處하면 如老鼠入牛角하야 自有倒斷也리라.
나문결각처   여노서입우각   자유도단야

공부를 짓되 지어서 더 마음 쓸 수 없는 곳과 만 길 낭떠러지와 물이 다하고 산이 다한 곳과 비단 짤 때 날이 다한 곳에 이르면, 마치 늙은 쥐가 쇠뿔 속에 들어간 듯 저절로 끝장나게 되리라.

○ 진전 없다고 물러나면 백천 겁을 태어나도 어쩔 수 없다

做工夫호대 最怕一箇伶悧心이니 伶悧心이 爲之藥忌니라.
주공부   최파일개영리심   영리심 위지약기

犯着些毫하면 雖眞藥이 現前이라도 不能救耳니라.
범착사호   수진약   현전   불능구이

若眞是箇參禪漢인댄 眼如盲耳如聾하며 心念이 纔起時에
약진시개참선한   안여맹이여롱   심념 재기시

如撞着銀山鐵壁相似하리니 如此則工夫始得相應耳니라.
여당착은산철벽상사   여차즉공부시득상응이

　공부를 하되 영리한 마음 하나가 가장 두려우니, 영리한 마음은 독약과 같아서 한 번 중독되면 비록 진짜 약이 나타나더라도 구제하지 못하느니라. 만약 진정한 참선객이라면 눈은 소경 같고 귀는 귀머거리 같으며, 마음이 조금이라도 일어날 때면 은산철벽(銀山鐵壁)에 부딪히는 것 같으리니, 이와 같이 하면 공부가 비로소 서로 응하게 되리라.

做工夫호대 不可避喧向寂하야 瞑目合眼하야 坐在鬼窟裏作活計어다.
주공부　 불가피훤향적　　 명목합안　　 좌재귀굴리작활계

古所謂 黑山下坐에 死水浸이라 하니 濟得甚麼邊事리요.
고소위 흑산하좌　 사수침　　　 제득심마변사

只要在境緣上做得去하야사 始是得力處니라 一句話頭를
지요재경연상주득거　　　 시시득력처　 일구화두

頓起在眉睫上하야 行裏坐裏와 着衣吃飯裏와 迎賓送客裏에
돈기재미첩상　　 행리좌리　 착의흘반리　 영빈송객리

只要明這一句話頭落處니 一朝洗面時에 摸着鼻孔하면 原來太近이니라.
지요명저일구화두낙처　 일조세면시　 막착비공　 원래태근

　　공부를 하되 시끄러움을 피해 고요함을 향하려 하지 말지니, 두 눈을 감고 귀신굴(鬼窟) 속에 앉아서 살 계교를 꾸미지 말라. 옛사람이 말하기를 "검은 산(黑山: 지옥) 밑에서 썩은 물에 잠겼다" 하였으니, 무슨 일을 이루랴. 다만 경계와 반연 속에서 공부를 지어나가야 비로소 힘을 얻게 되리라.

한 귀절의 화두를 몰록 일으켜서 눈썹 위에 모으고, 다닐 때와 앉을 때와 옷 입고 밥 먹을 때와 손님을 맞고 보낼 때에 오직 이 한 귀절 화두의 해답을 밝히려 할지니, 하루 아침 세수하다가 콧구멍을 만지듯이 너무나 가까운 곳에 있었음을 알게 될 것이다.

工夫를 不怕做不上이니 做不上이어든 要做上하면 便是工夫니라.
공부　불파주불상　　주불상　　　요주상　　　변시공부

做不上이라 하야 便打退鼓하면 縱百劫千生인달 其奈爾何리요.
주불상　　　변타퇴고　　종백겁천생　　　기나이하

공부를 하되 향상하지 않는 것을 두려워 말지니, 공부가 향상하지 않거든 향상되도록 하는 것이 문득 공부니라. 공부가 향상되지 않는다고 바로 문득 물러서는 북을 친다면 비록 백겁 천생을 지낸다 하여도 어찌할 수 없으리라.

疑情이 發得起하야 放不下가 便是上路니 將生死二字하야 貼在額頭上호대
의정　발득기　　방불하　　변시상로　　장생사이자　　　첩재액두상

如猛虎趕來니 若不直走到家면 必喪身失命이라 豈可住脚耶리요.
여맹호간래　약부직주도가　필상신실명　　기가주각야

의정(疑情)이 일어나 놓아버릴 수 없는 곳이 바로 향상의 길이다. 생사(生死)라는 두 글자를 가져 이마 위에 붙여 두되 마치 사나운 호랑이에게 쫓기는 것 같이 할지니, 만일 집에 이르지 못하면 생명을 잃는 것이라, 어찌 잠시인들 멈출 수 있으리요.

○ 알음알이는 도의 안목을 막는다

做工夫호대 只在一則公案上用心이언정 不可一切公案上에 作解會니
주공부　　지재일칙공안상용심　　불가일체공안상　작해회

縱能解得이라도 終是解요 非悟也니라. 法華經에 云하사대 是法은
종능해득　　　종시해　비오야　　법화경　운　　　시법

非思量分別之所能解라 하시고 圓覺經에 云하사대 以思惟心으로
비사량분별지소능해　　　　　원각경　운　　　이사유심

測度如來圓覺境界인댄 如將螢火하야 爇須彌山인달하야 終不能得이라시고
측탁여래원각경계　　여장형화　　설수미산　　　종불능득

洞山이 云하사대 擬將心意學玄宗인댄 大似西行却向東이라 하시니
동산　운　　의장심의학현종　　대사서행각향동

大凡穿鑿公案者여 須皮下에 有血커든 識慚愧하야사 始得다.
대범천착공안자　수피하　유혈　　식참괴　　　시득

　　공부를 하되 한 가지 공안에만 마음을 쓸지언정 여러 공안을 풀어 알려고 하지 말지니, 설사 풀이해 안다 하여도 끝내 지식이요 깨달음은 아니니라.
　　법화경(法華經)에 말씀하시기를 "이 법은 분별하는 마음으로는 이해할 수 없다."하시고,
　　원각경(圓覺經)에 말씀하시기를 "생각해 따지는 마음으로 여래의 원각의 경계를 헤아릴진대 마치 반딧불(螢火)을 가지고 수미산을 태우려는 것 같아서 끝내 이루어지지 않는다." 하셨고,
　　동산(洞山)이 말씀하시기를 "마음과 의식으로써 현묘한 종지를 배우려 하면 마치 서쪽으로 가려는 이가 동쪽을 향한 것 같다." 하시니,
　　무릇 공안을 따져 알려는 사람들이여 살갗 밑에 피가 돈다면(멀쩡하게 살아

있다면) 모름지기 부끄러움을 알아야 만이 그때서야(始) 이를 것이다.

道不可須臾離니 可離면 非道也요 工夫를 不可須臾間斷이니 可間斷이면
도불가수유리   가리 비도야   공부 불가수유간단   가간단

非工夫也니라. 眞正參究人은 如火燒眉毛上하며 又如救頭燃하나니
비공부야   진정참구인   여화소미모상   우여구두연

何暇爲他事動念耶리요. 古德이 云하사대 如一人이 與萬人敵할새
하가위타사동념야   고덕   운   여일인 여만인적

覰面에 那容貶眼看이리요 하니 此語가 做工夫最要라 不可不知니라.
적면   나용폄안간   차어 주공부최요   불가부지

도는 잠시도 여의지 말지니, 여의면 도가 아니요, 공부는 잠시도 끊이지 말지니, 끊이면 공부가 아니니라. 진정한 납자라면 마치 눈썹에 붙은 불을 끄듯 머리에 붙은 불을 끄듯 하나니, 어찌 딴 일을 할 겨를이 있으리요.
  옛 어른이 말씀하시기를 "한 사람이 만 사람의 적을 만났을 때, 어찌 얼굴을 대해 눈알을 멀뚱거리며 바라볼 겨를이 있으리요" 하니, 이 말씀이 가장

요긴하니, 몰라서는 안 되느니라.

做工夫호대 曉夕에 不敢自怠니 如慈明大師는 夜欲將睡면 用引錐刺之하시고
주공부   효석 불감자태   여자명대사   야욕장수   용인추자지

又云하사대 古人은 爲道에 不食不寢이어늘 予는 何人耶오 하시니라.
우운   고인 위도 불식불침   여   하인야

공부를 하되 아침 저녁으로 게으르지 말지니, 자명(慈明) 대사는 밤에 잠이 오면 송곳을 들어 찌르시고, 또 말씀하시기를 "옛사람은 도를 위하여 먹지도 않고 자지도 않으셨거늘 나는 어떤 사람인고" 하셨느니라.

做工夫호대 不得向意根下 卜度思惟니 使工夫로 不得成片하며
주공부   부득향의근하 복탁사유   사공부   부득성편

不能發得起疑情이니 思惟卜度四字는 障正信하고 障正行하며
불능발득기의정   사유복탁사자   장정신   장정행

兼障道眼이니 學者가 於彼에 如生冤家相似하야사 乃可耳니라.
　　겸장도안　　학자　어피　여생원가상사　　　내가이

공부를 짓되 의식 속에 '알음알이'를 내어서는 안 된다. 이는 공부도 못 이루고 의심도 일으킬 수 없게 한다. 그러므로, 사유복탁(思惟卜度: 알음알이) 네 글자는 바른 믿음과 바른 수행을 장애하고 아울러 도의 안목을 막아버린다. 그러므로 납자들은 그것을 마치 원수 집안 같이 여겨야 한다.

做工夫호대 不得向擧起處承當이니 若承當이면 正所謂瞞肝儱侗이라
　주공부　　부득향거기처승당　　약승당　　정소위만한롱동

與參究로 不相應이니라. 只須發起疑情하야 打敎徹無承當處하며
　여참구　불상응　　　지수발기의정　　　타교철무승당처

亦無承當者면 如空中樓閣이 七通八達이니라.
　역무승당자　여공중누각　　칠통팔달

不然이면 認賊爲子하며 認奴作郞이니라. 古德이 云하사대 莫將驢鞍橋하야
　불연　　인적위자　　　인노작랑　　　　고덕　운　　　막장려안교

喚作阿爺下頷이라 하시니 斯之謂也인저.
환작아야하함　　　　사지위야

공부를 하되 들어 제창하는 자리에서 아는 체[承當] 하지 말지니, 아는 체 하면 진짜 어리석은 바보인지라 참구하지 않는 자와 꼭 같으리라. 다만 의정을 일으켜서 아는 체 할 이도 없게 한다면 마치 허공의 누각(樓閣)이 칠통팔달(七通八達)로 뚫린 것 같으리라. 그렇지 않으면 도적을 잘못 알아 자식으로 여기며, 하인을 잘못 알아 상전으로 여기는 짓이 되리라. 옛 어른이 말씀하시기를 "나귀의 안장을 보고 아버지의 턱이라 하지 말라" 하시니, 이를 이르는 말인가 한다.

○ 시방세계가 하나의 의심덩어리

做工夫호대 不得求人說破니 若說破라도 終是別人底라 與自己로
주공부　　부득구인설파　　약설파　　종시별인저　　여자기

沒相干이니라. 如人이 問路到長安에 但可要其指路언정 不可更問長安事니
몰상간　　　여인　문로도장안　　단가요기지로　　불가경문장안사

彼一一說明長安事라도 終是彼見底요 非問路者의 親見也니라.
피일일설명장안사   종시피견저   비문로자   친견야

若不力行으로 便求人說破도 亦復如是니라.
약불력행   변구인설파   역부여시

　공부를 하되 다른 사람이 설파하여 주기를 구하지 말라, 설파하여 준다 하더라도 끝내 딴 사람의 말일 뿐이므로 자기 자신과는 전혀 관계가 없느니라. 마치 사람이 장안(長安)으로 가는 길을 물을 때, 다만 길 가르쳐 주기만을 청할지언정 다시 장안의 일은 묻지 말지니 그가 낱낱이 장안의 일을 설명할지라도 끝내 그가 본 일이요, 길 물은 이가 직접 본 것은 아니니라. 만일 힘써 길을 수행치 않고 남이 설파하여 주기를 구하는 것도 이와 같으니라.

做工夫호대 不只是念公案이니 念來念去인들 有甚麽交涉이리요.
주공부   부지시념공안   염래염거   유심마교섭

念到彌勒下生時어도 亦沒交涉이니 何不念阿彌陀佛하야 更有利益고
염도미륵하생시   역몰교섭   하불념아미타불   갱유이익

不但敎不必念이라 不妨一一擧起話頭니

부단교불필념　　불방일일거기화두

공부를 짓되 공안을 염하지 말지니, 염하여 오고 염하여 간들 공부와 무슨 소용이 있으리오. 미륵이 하생할 때까지 해도 역시 도와는 상관없다. 차라리 아미타불을 염(念)하면 공덕이나 있지 않겠는가?
　염불은 참선에 도움이 된다. 그것은 불필요한 생각을 없애 줄 뿐 아니라 화두를 하나하나 드는 데에도 무방하기 때문이다.

如看無字인댄 便就無上하야 起疑情하고 如看栢樹子인댄

여간무자　　변취무상　　기의정　　여간백수자

便就栢樹子하야 起疑情하고 如看一歸何處인댄 便就一歸何處하야

변취백수자　　기의정　　여간일귀하처　　변취일귀하처

起疑情이니 疑情이 發得起하면 盡十方世界가 是一箇疑團이라.

기의정　　의정　발득기　　진시방세계　　시일개의단

가령 '개에게는 불성이 없다(無)' 하는 화두를 들 때는 그 '없다'는 말에

달라붙어 의정을 일으키고,

또 '뜰 앞의 잣나무'라 하는 화두를 들 때는 그 '잣나무'에 대하여 의정을 일으키고,

'만법이 하나로 돌아가는데 그 하나는 어디로 가는가?' 하는 화두를 들 때는 '그 하나는 어디로 가는가?' 하는 데에만 의정을 일으켜야 한다.

일단 의심이 일어나면 시방세계가 다 하나의 의심덩어리가 된다.

不知有父母身心하며 不知有十方世界하며 非內非外하야 成一團하야
부지유부모신심　　부지유시방세계　　비내비외혼성일단

一日如桶篐自爆하리라. 再見善知識하면 不待開口而大事了畢矣리라.
일일여통고자폭　　재견선지식　　부대개구이대사요필의

그리하여 부모에게서 받은 몸과 마음이 있는지도 알지 못하고, 시방세계가 있는지도 모르고, 안팎을 잊은 채 의심만이 물밀듯이 다가온다. 그러다가 어느 하루 테를 두른 통이 탁 터지듯이 의심이 풀릴 것이다. 그리고 다시 선지식을 친견하면 입을 열기도 전에 큰일을 끝마치게 될 것이다.

做工夫호대 不可須臾失正念이니 若失了參究一念이면 必流入異端하야
주공부　　불가수유실정념　　약실료참구일념　　필유입이단

茫茫不返하리라. 如有人이 靜坐에 只喜澄澄湛湛하야 純淸絶點으로
망망불반　　여유인　정좌에　지희징징담담　　순청절점

爲佛事하면 此는 喚作失正念이라 墮在澄湛中이요 或認箇能講能譚
위불사　　차　환작실정념　　타재징담중　　혹인개능강능담

能動能靜하야 爲佛事면 此는 喚作失正念이라 認識神이라.
능동능정　　위불사　차　환작실정념　　인식신

공부를 하되 잠깐이라도 정념(正念)을 잃어서는 안 된다. 만일 참구한다는 일념(一念)을 잊으면 반드시 이단(異端: 바른 도가 아닌 길)에 빠져서 끝없이 헤매다가 돌아오지 못하리라.

만일 어떤 사람이 조용히 앉아 맑고 고요함을 좋아하며 순수하고 청정하게 마음의 흔적을 없애는[絶點] 것이 불법이라 여기면 이는 정념(正念)을 잃고서 맑고 고요함에 떨어졌기 때문이니라.

어떤 사람이 강설을 잘 한다거나 담론을 잘 한다거나 동정에 두루 통하는

[能動能靜] 것을 잘못 알아 불법이라 여기면 이는 정념을 잃고 영혼을 인정하는 사람이라 할 것이다.

○ 의심이 일어나면 그것을 깨부셔라

或將妄心遏捺하야 令妄心不起로 爲佛事하면 此는 喚作失正念이라
혹장망심알날   영망심불기   위불사   차 환작실정념

如石壓草요 又如剝芭蕉葉子며 或觀想身이 如虛空하야
여석압초 우여박파초엽자   혹관상신   여허공

不起念을 如牆壁하면 此는 喚作失正念이라 落空亡外道며
불기염 여장벽   차 환작실정념   낙공망외도

魂不散底死人이니 總而言之컨대 皆失正念故니라.
혼불산저사인   총이언지   개실정념고

혹 허망한 마음을 가지고 억눌러서 허망한 마음을 일어나지 못하게 하는

것으로 불법이라 여기면 이는 바른 생각을 잃고서 돌로 풀을 누르는 것과 같으며 또한 파초 껍질을 벗겨내는 것과 같아 한 겹 벗기면 또 한 겹이 생겨나서 끝이 없을 것이다.

  어떤 사람이 자기 자신이 마치 허공 같다고 관상(觀想)한다거나 딴 생각 일으키지 않기를 담(墻)과 같이 하면 이는 바른 생각을 잃고서 공망(空亡: 아무것도 없음)에 떨어진 외도라 하며, 혼이 흩어지지 않은 죽은 사람이라 할 것이니 통틀어 말하건대 모두가 바른 생각을 잃은 것이니라.

  做工夫호대 疑情을 發得起어든 更要撲得破니 若撲不破時에는
  주공부   의정   발득기   갱요박득파   약박불파시

  當確實正念호대 發大勇猛하야 切中에 更加箇切字하야사 始得다. 徑山이
  당확실정념   발대용맹   절중   갱가개절자   시득   경산

  云하사대 大丈夫漢이 決欲究竟此一段大事因緣인댄 一等打破面皮하야
  운   대장부한   결욕구경차일단대사인연   일등타파면피

  性燥히 竪起脊梁骨하야 莫順人情하고 把自己平昔所疑處하야
  성조   수기척량골   막순인정   파자기평석소의처

貼在額頭上호대 常時에 一似欠人百萬貫錢하고 被人追索에 無物可償이라
첩재액두상　　　상시　일사흠인백만관전　　피인추색　무물가상

怕被人恥辱일까 하야 無急得急하며 無忙得忙하며 無大得大底一件事라사
파피인치욕　　　　무급득급　　무망득망　　무대득대저일건사

方有趣向分하리라 하시니라.
방유취향분

　공부를 하되 의정이 일어났다면 다시 그 의정을 쳐부수려 할지니, 만일 쳐부수지 못할 때는 마땅히 정념을 확실히 하고 대 용맹심을 내어 간절함에 간절함을 더 해야만이 비로소 성취할 수 있다.
　경산(經山: 대혜大慧 선사, 1088-1163)이 말씀하시기를 "대장부가 이 궁극적인 일단대사인연(一段大事因緣)을 밝혀내려고 한다면 한꺼번에 안면을 바꾸고 성급히 척추뼈를 곤두세우고는 인정을 좇지 말고 평소 자기가 의심한 화두를 잡아 이마에 붙여 두라. 늘 한결같이 남의 돈 백만 관을 빚지고 빚 독촉을 받으면서도 갚을 길이 없고, 남에게 창피 당할 것은 두렵고 하여, 급할 일 없어도 급해지고 바쁠 일 없어도 바빠지고 큰일 없어도 큰 사건을 만난 것 같이 여겨야 비로소 공부를 해 나아갈 분수가 있다." 하셨느니라.

2. 蒙山和尙示聰上人(몽산화상시총상인)
　- 몽산화상이 총상인에게 보이심 -

黃蘗이 見百丈의 擧再參機緣하시고 便吐舌하시니 是는 得百丈力耶아.
황벽　견백장　거재참기연　　변토설　　시　득백장력야

得馬祖力耶아. 巖頭가 見德山一喝하고 便禮拜하니 是는 知恩耶아 報恩耶아.
득마조력야　암두　견덕산일갈　　변예배　시　지은야　보은야

　황벽(黃蘗)이 백장(百丈)께서 두 번째 참문(再參)했던 기연20) (機緣: 동기와 사연)을 말씀하시는 것을 보자 문득 혀(舌)를 토하시니 이는 백장의 힘을 얻은 것인가, 마조(馬祖)의 힘을 얻은 것인가?
　암두(巖頭)가 덕산(德山)의 외마디 할(喝)21)을 당하여 문득 절을 했으니 이

---

20) 두 번째 참문[再參]했던 기연: 황벽이 마조(馬祖)를 친견코자 백장에게 인사를 드리니, 백장이 말하기를 "마조께서는 이미 열반에 드셨다" 알려주었다. 황벽이 통탄하면서 말하되 "내가 박복해서 대선지식이 나타나셨어도 뵙지 못했도다" 하고, 다시 백장에게 묻되 "사부님께서 마조께 참문(參問: 뵈옵고 법을 질문함) 하셨을 때 어떤 법을 말씀하십디까?" 하니 백장이 이렇게 대답했다.
"내가 두 번째 마조께 참문했을 때, 이렇게 하시더라" 하고는 문득 벽력같이 할(喝)을 하니, 황벽이 활연대오하고 혀를 토했다는 기연(機緣).
21) 덕산(德山)의 외마디 할: 암두(巖頭)가 덕산을 뵈옵고 묻되 "내가 범부입니까? 성인입니까?" 하니, 덕산이 할(喝)을 하거늘 암두가 얼른 절을 하였다는 기연.

는 은혜를 아는 일인가, 은혜에 보답하는 일인가?

又答洞山語하야 云하사대 我當時에 一手擡一手搦호라 하니
우답동산어　운　　아당시　일수대일수익

那裏가 是他擡搦處오 見徹二老의 骨髓者는 便好着一轉語하야
나리　시타대익처　견철이로　골수자　변호착일전어

截斷諸方舌頭니 許汝得入門已이어니와 其或未然인댄 急宜參究어다.
절단제방설두　허여득입문이　　　　기혹미연　　급의참구

또 동산(洞山)의 말씀에 답하시기를[22] "내가 그때 이 한 손은 들어올리고, 한 손은 내렸었느니라" 하셨으니 어느 쪽이 올린 것이고 어느 쪽이 내렸던가? 두 노숙(老宿)의 속마음(骨髓)을 꿰뚫어보았다면 한마디 일러서 제방(諸

---

22) 동산(洞山)의 말씀에 대답하기를: 암두 전활(岩頭全豁)선사가 덕산(德山)에게 참문할 때 문턱에 걸터앉아 묻되 "내가 성인입니까, 범부입니까" 하니, 덕산이 벼락 같이 할을 하였다.
이에 암두가 얼른 절을 하였는데, 동산이 이 말을 전해 듣고 말하기를 "만일 암두상좌(岩頭上座)가 아니었다면 알아듣기 어려웠을 것이다" 하였다.
그 뒤, 암두가 이 말을 전해 듣고 대답하기를 "동산 노인이 좋고 나쁜 것도 가릴 줄 몰라서 남의 이야기를 잘못 전갈하는구나 …… 그런 것이 아니라 내가 그때에 한 손을 들어 올리고 한 손은 내려 떨구었었느니라" 한 기연.

方: 여러 곳)의 시비(舌頭: 분분한 설명)를 끊을지니, 그때 비로소 문(門)에 들어왔음을 허락하겠거니와 만일 그렇지 못하거든 서둘러서 참구(參究: 참선 공부)하여야 하느니라.

若涉參究인댄 便論工夫호리니 直須依本分如法하야사 始得다
약섭참구   변론공부   직수의본분여법   시득

當於本參公案上에 有疑호리니 大疑之下에 必有大悟니라 千疑萬疑를
당어본참공안상 유의   대의지하 필유대오   천의만의

併作一疑하야 於本參上에 取辨호리니 若不疑言句인댄 是爲大病이니라.
병작일의   어본참상 취변   약불의언구   시위대병

만일 참구하는 길에 들었다면 문득 공부하는 법을 의논해야겠으니 반드시 본분(本分: 근본 법칙)에 의하여 법다이 하여야 비로소 옳다. 그리고 본래부터 참구하던 공안 위에 의정을 일으킬지니, 큰 의정이 있는 곳에 반드시 큰 깨달음이 있느니라. 천 가지 만 가지 의정을 모두 한 의정으로 만들어 본래 참구하던 공안 위에서 끝장을 내도록 할지니, 만일 화두에 대하여 의정을 일으키지 않으면 이것은 큰 병통이니라.

仍要盡捨諸緣하고 於四威儀內와 二六時中에 單單提箇話頭하야
잉요진사제연   어사위의내 이륙시중   단단제개화두

廻光自看이니라. 若於坐中에 得力이 最多이든 坐宜得法이언정
회광자간   약어좌중 득력   최다   좌의득법

不要瞠眉努目하야 遏捺身心이 若用氣力이면 則招病苦하리라.
불요당미노목   알날신심   약용기력   즉초병고

但端身正坐하야 平常開眼하야 身心境界를 不必顧着이어다.
단단신정좌   평상개안   신심경계   불필고착

그대로 계속해서 모든 반연을 버리려고 네 가지 위의(威儀: 행동)와 열두 시각(十二時: 하루 종일) 사이에 그저 화두만을 들어서 광채를 돌리어 스스로 살필지어다.

만일 앉아있는 동안에 힘 얻어진 것이 가장 많거든 앉아서 법을 얻을지언정 눈알을 굴리거나 부릅떠서 몸과 마음을 억누르지 말지어다. 만일 기운을 쓰면 병고를 일으키게 되리라. 다만 단정히 바르게 앉아 보통 때와 같이 눈을 뜨고 몸과 마음과 경계를 돌보지 말지어다.

或有昏沉掉擧어든 着些精彩하야 提擧一二聲話頭하면 自然諸魔가
혹유혼침도거   착사정채   제거일이성화두   자연제마

消滅하리라 眼定하면 而心定하고 心定하면 而身定이니 若得定時에는
소멸   안정   이심정   심정   이신정   약득정시

不可以爲能事니라 或忘話頭하야 沉空滯寂하면 不得大悟하야 反爲大病이니
불가이위능사   혹망화두   침공체적   부득대오   반위대병

五祖西來하사 單提直指하심은 以大悟로 爲入門하시고 不論禪定神通하시니
오조서래   단제직지   이대오   위입문   불론선정신통

此是末邊事니라 若於定中에 得悟明者는 智慧却能廣大하야 水陸並進也니라
차시말변사   약어정중   득오명자   지혜각능광대   수륙병진야

　혹 혼침[昏]과 도거(掉擧)가 생기거든 정신을 차려서 한두 번 소리내어 화두를 들면 자연히 모든 마가 물러나리라. 눈이 안정되면 마음도 안정되고 마음이 안정되면 몸도 안정되나니, 만일 정이 이루어지더라도 이 정을 능시로 삼지 말지니라. 혹 화두를 잊어서 공에 잠기고 고요함에 빠지게 되면 큰

깨달음을 얻지 못하고 도리어 큰 병이 되리라.

우리 조사께서 서쪽에서 오셔서 곧바로 가리킴을 제시하여 큰 깨달음으로써 문에 듦을 삼으시고, 선정(禪定)이나 신통(神通)은 논하지 아니 하시니, 이는 말변사(末邊事)인 까닭이니라.

만일 선정 가운데서 깨달음이 밝아진 이는 지혜가 광대해져서 물과 육지를 마음대로 다니게 되리라.

工夫가 若到濃一相淡一上하야 無滋味時에 正好進步하야 漸入程節이니
공부 약도농일상담일상 무자미시 정호진보 점입정절

切不可放捨어다 惺惺이면 便入靜이니 靜而後에 定이니라 定各有名하야
절불가방사 성성 변입정 정이후 정 정각유명

有邪有正이니 宜知之니라. 起定後에 身心이 輕淸하야 一切處에 省力하리니
유사유정 의지지 기정후 신심 경청 일체처 성력

於動中에 打成一片이라도 卻當仔細用心이어다. 趁逐工夫始終이
어동중 타성일편 각당자세용심 진축공부시종

不離靜淨二字니 靜極하면 便覺이요 淨極하면 光通達이니 氣肅風淸하야
불리정정이자 정극   변각   정극   광통달   기숙풍청

動靜境界가 如秋天相似時에 是第一箇程節이니라.
동정경계   여추천상사시   시제일개정절

便宜乘時進步하면 如澄秋野水하며 如古廟裏香爐相似하리니 寂寂惺惺하야
변의승시진보   여징추야수   여고묘리향로상사   적적성성

心路不行時에 亦不知有幻身이 在人間이라 但見箇話頭綿綿不絶이로다
심로불행시 역부지유환신   재인간   단견개화두면면부절

到這裏하야는 塵將息而光將發이니 是第二箇程節이니라 於斯에
도저리   진장식이광장발   시제이개정절   어사

若生知覺心하면 則斷純一之妙하리니 大害也니라. 無此過者는 動靜一如하고
약생지각심   즉단순일지묘   대해야   무차과자 동정일여

寤寐惺惺하야 話頭現前호미 如透水月華가 在灘浪中活潑潑하야
오매성성   화두현전   여투수월화   재탄랑중활발발

觸不散蕩不失時에 中寂不搖하며 外撼不動矣니 是第三箇程節이니라.
촉부산탕부실시   중적불요   외감부동의   시제삼개정절

疑團이 破하면 正眼開近矣니 忽然築着磕着하야 㘞地絶爆地斷하면
의단   파   정안개근의   홀연축착합착   쇄지절폭지단

洞明自己하야 捉敗佛祖得人憎處하리라. 又宜見大宗匠하야 求煅煉成法器이언정
동명자기   착패불조득인증처   우의견대종장   구하련성법기

不可得少爲足이니 悟後에 若不見人이면 未免不了後事하리니 其害非一이니라.
부가득소위족   오후   약불견인   미면불료후사   기해비일

공부가 늘었다 줄었다 하여 재미가 없거든 더욱 전진해서 차츰차츰 과정[程節]적으로 들어가는 것이 좋으리니, 절대로 놓아버리지 말지니라.
성성(惺惺)하면 곧 고요함에 들어가리니 고요해진 뒤에야 선정(定)을 이루리라. 선정에는 각각 이름이 있어서 사(邪)와 정(正)이 있으니 알아두어야 하느니라.

선정에서 일어난 뒤에 몸과 마음이 가볍고 밝아서 일체처에 힘씀이 덜려서 움직이는 가운데에도 타성일편(打成一片)[23]이 되거든 또한 마땅히 자세히 마음을 쓸 지니라.

공부를 해 나감에 처음부터 끝까지 고요함[靜]과 깨끗함[淨]의 두 자를 여의지 말지니, 고요함이 지극하면 곧 깨칠 것이요, 맑음이 지극하면 광명이 통달하나니라. 기상(氣)이 엄숙하고 풍채(風)가 맑아서 동정(動靜) 경계가 마치 가을 하늘 같이 되는 것이 첫째 과정이니라.

이때 얼른 시기를 맞추어 전진하면 마치 가을 들판의 맑은 물 같으며, 옛 사당(古廟)안의 향로와 같으리니, 적적(寂寂)하고 성성(惺惺)하여 마음의 움직임이 멈출 때엔 허환한 이 몸이 인간 속에 살아있다는 사실마저 잊고 오직 면면(綿綿)히 이어지는 화두만이 보이리니, 이런 경지에 이르르면 번뇌는 쉬려하고 광채는 생기려 하나니, 이것이 둘째 과정이니라.

여기에서 만일 알거나 느끼는 마음을 내면 순일(純一)한 묘(妙)가 끊어지리니 크게 해로우니라. 이런 허물이 없는 이는 동정(動靜)에 일여(一如)하고 자나 깨나 성성하여 화두가 앞에 남이 마치 물에 비친 달빛과 같아 여울물결 가운데 있어 파도 속에서 펄펄 살아서 건드려도 흩어지지 않고 버려도 잃어지지 않을 때에 중심이 고요하여 흔들리지 아니하며 겉의 흔들음에도

---

[23] 타성일편(打成一片): 좌선할 때 자타(自他)의 대립이 끊어져 오직 화두에 대한 의심만이 독로(獨露)한 경계.

움직이지 아니하리라. 이것이 셋째 과정이니라.

　의심덩어리가 깨어지면 바른 안목이 열릴 때가 가까워졌나니, 갑자기 척척 들어맞아서 쪼듯이 끊어지고 튀듯이 깨지면[24] 자기를 훤하게 밝혀서 불조(佛祖)[25]가 사람에게 미움 받은 경지를 포착하게 되거든 다시 마땅히 대종장(宗匠)[26]을 친견하여 연마해 주기를 청하여 법기(法器)[27]를 이루려 할지언정 조금 얻은 것으로 만족하게 여기지 말지니 깨달은 뒤에 스승을 찾아뵙지 않으면 뒷일(後事)[28]을 모르는 사람을 면하지 못하리니, 그 해독이 매우 크니라.

或於佛祖機緣上에 有礙處하면 是는 悟淺이라 未盡玄妙니라 旣盡玄妙하야는
혹어불조기연상　유애처　시　오천　　미진현묘　　기진현묘

---

24) 쇄지절폭지단(啐地絶爆地斷): 쇄지절은 병아리가 알에서 껍데기를 쪼고 나올 때를 말하며 폭지단은 밤을 구울 때 속이 다 익어 탁 터지는 순간을 말하는데 정진의 기연(機緣)이 성숙하여 확철대오(廓徹大悟)할 때의 상황을 형용함.
25) 불조(佛祖)가 사람들의 미움을 받던 경지: 불조는 부처님이니, 새로 닦아 이룬 경지로서 신훈(新薰)이라 하고, 사람들이란 본래부터 지니고 있는 경지로서 본분(本分)이라 하는데 본분의 입장에서 보면 신훈의 경지는 공연한 평지풍파라 한다. 그러므로 여기서 말하는 "사람들의 미움을 받던 경지"란 사람마다 지니고 있는 본분의 자리가 된다. 참고로 본분인의 입장에서 신훈인을 낮추어 말한 예를 든다. 장부에게 원래부터 하늘 찌를 기상 있으니 여래께서 행하시던 곳도 따르지 않는다. 본분의 관문에서 자리를 찾고 보면 불조도 도리어 원수 같아라.
26) 종장(宗匠): 선지식.
27) 법기(法器): 법을 담을 만한 그릇, 즉 바른 법을 배워 깨달을 만한 재목.
28) 뒷일(後事): 닦는 일이니, 깨달은 뒤엔 그 깨달음을 체험하기 위해 닦는 수행 과정과 그 과정에서 얻어지는 진정한 깨달음.

又要退步하야 韜晦保養호대 力量을 全備니 看過藏敎儒道諸書하야
우요퇴보   도회보양   역량   전비   간과장교유도제서

消磨多生習氣어다. 淸淨無際하며 圓明無碍하야사 始可高飛遠擧하며
소마다생습기   청정무제   원만무애   시가고비원거

庶得光明이 盛大하야 不辱先宗하리라. 其或換舊時行履處를 未盡하면
서득광명   성대   불욕선종   기혹환구시행리처   미진

便墮常流니라. 更若說時에 似悟나 對境에 還迷하야 出語가 如醉人하야
변타상류   갱약설시   사오   대경   환미   출어   여취인

作爲似俗子하리라. 機不識隱顯하고 語不知正邪하야 撥無因果인댄 極爲大害니라.
작위사속자   기불식은현   어부지정사   발무인과   극위대해

　혹 불조(佛祖)의 기연(機緣)에 대하여 걸리는 곳이 있거든 이는 깨달음이 얕으니, 현묘(玄妙)함으로 다하지 못했기 때문이니라.
　이미 현묘함을 다했거든 또 다시 물러서서 자취를 감추고 보존 양성하되 역량(力量)을 완전히 갖출지니 장경과 유교 도교의 서적들을 통독하여 여러

생의 습기를 녹일지어다. 청정하여 끝이 없고, 뚜렷이 밝아 걸림이 없어야 비로소 높이 날고 멀리 가게 되며 광명이 성대해져서 옛 종풍을 욕되지 않게 하리라.

만일 예전의 행위를 고치지 못하면 문득 예사로운 무리에 떨어지리니, 말할 때엔 깨달은 듯 하나 경계를 대하면 도리어 미혹해서 말을 냄이 마치 취한 사람 같아 속인을 면치 못하리라. 기지(機智)가 숨고 나타남을 알지 못하고 말이 바르고 삿됨을 알지 못해서 인과가 없다고 무시한다면 극히 큰 손해가 되느니라.

先輩의 正之與邪가 大有樣子하니 了事者는 生死岸頭에 能易麤爲細하며
선배　정지여사　대유양자　　요사자　생사안두　능역추위세

能易短爲長하되 以智光明解脫로 得出生一切法三昧王이니라.
능역단위장　　이지광명해탈　득출생일체법삼매왕

以此三昧故로 得意生身하며 向後에 能得妙應身信身하나니 道如大海하야
이차삼매고　득의생신　　향후　능득묘응신신신　　도여대해

轉入轉深이니라. 達摩有頌云하사 悟佛心宗은 等無差互나 行解相應하야사
전입전심　　달마유송운　　오불심종　등무차호　행해상응

名之曰祖라 하시니 更莫說宗門中에 有超佛越祖之作略이니라.
명지왈조　　　갱막설종문중　유초불월조지작략

聰上人은 信麽아. 信與不信은 向後自知하리라.
총상인　신마　　신여불신　향후자지

　선배(先輩)들의 바름과 삿됨(正邪)에 큰 본보기가 있으니, 일을 마친 이는 생사의 언덕에서 거칠은 것을 바꾸어 세밀하게 하고 짧은 것을 바꾸어 길게 하되 지혜의 광명과 해탈로써 온갖 법의 삼매를 얻느니라. 이 삼매 때문에 의생신(意生身)을 얻으며, 나중에는 묘응신신(妙應信身)을 얻게 되나니, 도는 큰 바다와 같아서 들어갈수록 깊어지리라.
　달마(達磨)께서 게송을 보이시기를 "부처 마음을 깨닫는데는 아무런 차별이 없으나 아는 것(解)과 행(行)이 서로 상응해야 이름을 조사라 한다" 하시니,
　더 이상 종문(宗門)안에는 부처와 조사를 초월하는 방략이 있다고 말하지 말라.
　총상인(聰上人)아, 믿어지는가?
　믿고 안 믿는 것은 뒷날 스스로 알게 되리라.

3. 皖山正凝禪師 示蒙山法語(완산정응선사 시몽산법어)
- 완산 정응선사가 몽산(蒙山)에게 주신 법어 -

師가 見蒙山이 來禮하시고 先自問云하사대 爾還信得及麽아.
사 견몽산 내례   선자문운   이환신득급마

山이 云하사대 若信不及인댄 不到這裏니라.
산 운   약신불급   부도저리

師云하사대 十分信得이라도 更要持戒니 持戒하야사 易得靈驗하리라.
사운   십분신득   갱요지계 지계   이득영험

若無戒行이면 如空中架樓閣이니 還持戒麽아 山이 云호대 見持五戒니이다.
약무계행   여공중가누각   환지계마 산 운   견지오계

師云하사대 此後에 只看箇無字호대 不要思量卜度하며 不得作有無解會하며
사운   차후 지간개무자   불요사량복탁   부득작유무해회

且莫看經敎語錄之類하고 只單單提箇無字하라. 於十二時中과 四威儀內에
차막간경교어록지류   지단단제개무자   어십이시중   사위의내

須要惺惺하야 如猫捕鼠하며 如鷄抱卵하야 無令斷續이어다.
수요성성   여묘포서   여계포란   무령단속

未得透徹時에는 當如老鼠가 咬棺材相似하야 不可改移니라.
미득투철시   당여노서   교관재상사   불가개이

선사께서 몽산(蒙山)이 와서 절하는 것을 보시자 먼저 물으셨다.
"너는 믿음이 이르렀느냐?"
몽산이 대답했다.
"만일 믿음이 미치지 못했다면 여기에 오지 않았을 것입니다."
선사께서 말씀하셨다.
"충분히 믿었더라도 계행은 꼭 지켜야 하나니, 계행을 지켜야 쉽게 영험을 얻으리라. 만일 계행이 없으면 공중의 누각과 같나니, 계행을 지키느냐?"
몽산이 대답했다.
"현재 5계를 지키고 있습니다."

선사께서 말씀하셨다.

"이 뒤에는 오직 '무자(無字: '개에게는 불성이 없다'는 화두)'만을 들되 생각으로 헤아리지도 말고, 있다 없다는 생각으로 따지지도 말고, 경전이나 어록(語錄)의 종류를 보지도 말고, 다만 외곬으로 무자만을 들어 하루 동안 네 가지 위의 안에 모름지기 성성(惺惺)하게 고양이가 쥐를 잡듯 닭이 알을 품듯하여 끊이지 말지어다. 터득하기 전에는 마치 늙은 쥐가 관재목(棺材木)을 씹는 것 같을 것이나 옮기지 말지니라.

時復鞭起疑云호대 一切含靈이 皆有佛性커늘 趙州는 因甚道無오.
시부편기의운　　일체함령　개유불성　　조주　인심도무

意는 作麽生고. 旣有疑時어든 默默提箇無字하야 廻光自看하라. 只這箇無字로
의　자마생　기유의시　묵묵제개무자　　회광자간　　지저개무자

要識得自己하며 要識得趙州하며 要捉敗佛祖得人憎處니라. 但信我如此說話하야
요식득자기　　요식득조주　　요착패불조득인증처　　　단신아여차설화

驀直做將去하면 決定有發明之時節하리니 斷不誤爾云云이니라.
맥직주장거　　결정유발명지시절　　　단불오이운운

때때로 의정을 일으키되, '모든 중생이 모두가 불성을 가지고 있다'는데 조주(趙州)는 무슨 일로 없다고 하였는가, 그 뜻이 무엇일까? 하라.

이미 의정이 생겼거든 묵묵히 '무자'만을 들고서 광명을 돌이켜 스스로 살펴보아라. 오직 이 무자로써 자기를 알고자 하며, 조주를 알고자 하며, 부처님과 조사들이 사람들에게 미움 받던 곳을 붙잡고 하라.

다만 나의 이런 말을 믿고 곧장 나아가면 결단코 깨달을 때가 있을 것이니, 결단코 그대를 그르치지는 않을 것이니라.

4. 古潭和尙 法語(고담화상 법어)

若欲參禪인댄 不用多言이니 趙州無字를 念念相連하야 行住坐臥에
약욕참선 　불용다언　　조주무자　 염념상련　　행주좌와

相對目前이어다. 舊金剛志하야 一念萬年이라 廻光返照하야 察而復觀하다가
상대목전　　　분금강지　　 일념만년　　 회광반조　　 찰이부관

昏沉散亂에 盡力加鞭이어다. 千磨萬鍊하면 轉轉新鮮이요 日久月深하면
혼침산란　 진력가편　　　　천마만련　　 전전신선　　 일구월심

密密綿綿이라 不擧自擧호미 亦如流泉하며 心空境寂하야 快樂安然하리라.
밀밀면면　　 불거자거　　 역여유천　　 심공경적　　 쾌락안연

善惡魔來어든 莫懼莫歡이어다. 心生憎愛하면 失正成顚하리라.
선악마래　　 막구막환　　　 심생증애　　 실정성전

立志如山하고 安心似海하면 大智如日하야 普照三千하리라.
입지여산　　 안심사해　　 대지여일　　 보조삼천

迷雲이 散盡하면 萬里靑天에 中秋寶月이 湛徹澄源이라.
미운 산진   만리청천   중추보월   담철징원

虛空에 發焰하고 海底에 生烟하면 驀然磕着하야 打破重玄하리니
허공   발염   해저   생연   맥연합착   타파중현

祖師公案을 一串都穿하며 諸佛妙理를 無不周圓하리라.
조사공안   일관도천   제불묘리   무불주원

到伊麼 時하야는 早訪高玄하야 機味完轉하야 無正無偏하고 明師가 許儞어든
도이마시   조방고현   기미완전   무정무편   명사 허이

再入林巒하야 茅菴土洞에 苦樂을 隨緣호대 無爲蕩蕩하야 性若白蓮케 하라.
재입림만   모암토동   고락 수연   무위탕탕   성약백련

時至出山하야 駕無底船하고 隋流得妙하며 廣度人天하고 俱登覺岸하야
시지출산   가무저선   수류득묘   광도인천   구등각안

同證金仙하리라.
동증금선

  만일 참선을 하려면 여러 말이 필요치 않으니, 조주(趙州)의 무자(無字)를 생각마다 이어서 다니고 머물고 앉고 누울 때 눈앞에 마주할지어다. 금강(金剛) 같이 굳은 뜻을 세워 한 생각이 만년 가게 하라. 빛을 돌이켜 반조하여 살피고 다시 관찰하다가 혼침이나 산란이 생기거든 힘을 다해 채찍질을 할지어다. 천 번 갈고 만 번 단련하면 더욱더욱 새로워질 것이요, 날이 오래고 달이 깊어지면 밀밀(密密: 비밀함)하고도 면면(綿綿: 계속됨)하게 되리라. 들지 않아도 저절로 들려지는 것이 마치 흐르는 물 같을 것이며 마음이 비고 경계가 고요하여 쾌락하고도 편안하리라.

  선과 악의 마가 오거든 두려워하지도 말고 기뻐하지도 말라. 마음에 증애심(憎愛心)을 내면 바름(正)을 잃고 전도되리라. 뜻 세우기를 산 같이 하고, 마음 안정하기를 바다 같이 하면 큰 지혜가 해와 같이 삼천세계를 두루 비칠 것이요, 미혹의 구름이 다 흩어지면 만리의 푸른 하늘에 가을달이 휘청 밝으리라.

  허공에서 불꽃이 일고, 바다 밑에서 연기가 나면 갑자기 척척 들어맞아서 겹겹의 현관을 타파하리니, 조사의 공안(公案)을 한 꼬챙이에 몽땅 꿰며, 부처님들의 묘한 진리를 두루 원만치 않음이 없으리라.

이런 경지에 이르러서는 일찌감치 덕 높은 선지식을 찾아서 기미(機味: 소질)를 충분히 움직여서 바름(正)도 치우침(偏)도 없게 하고, 스승이 허용하거든 다시 숲속으로 들어가서 띠집과 동굴에서 고락을 인연에 따르되, 하염없이 탕탕(蕩蕩: 자유로움)하여 성품이 마치 백련(白蓮) 같게 할지니라.

때가 되거든 산에서 나와서 밑 없는 배를 타고 흐름을 따라 묘한 법을 얻어서 널리 인천(人天)을 제도하여 다 같이 깨달음의 기슭에 올라 부처를 증득할지어다.

5. 普濟尊者 示覺悟禪人 (보제존자 시각오선인)
- 보제존자가 각오납자에게 보이심 -

念起念滅을 謂之生死니 當生死之際하야 須盡力提起話頭어다.
염기념멸 위지생사 당생사지제   수진역제기화두

話頭純一하면 起滅卽盡하리니 起滅卽盡處를 謂之寂이라.
화두순일   기멸즉진   기멸즉진처   위지적

寂中에 無話頭하면 謂之無記요 寂中에 不昧話頭면 謂之靈이니라.
적중 무화두   위지무기 적중 불매화두 위지령

卽此空寂靈知가 無壞無雜하야 如是用功하면 不日成之하리라.
즉차공적영지   무괴무잡   여시용공   불일성지

생각이 일어나고 생각이 사라지는 것을 생사(生死)라 하나니, 생사하는 사이에 처해서는 모름지기 힘을 다하여 화두를 들지어다. 화두가 순일(純一)하여지면 일어나고 사라짐이 곧 다하리니, 일어나고 사라짐이 다하는 곳을 고요함(寂)이라 하느니라.

고요함 가운데 화두가 없으면 무기(無記)라 하고, 고요한 가운데 화두를 어둡히지 않으면 신령함(靈)이라 하나니, 이 비고 고요하고 신령한 알음[空寂靈知]이 무너짐도 잡됨도 없게 하여 이렇게 공부를 쌓으면 하루가 다하기 전에 성취하리라.

禪警語(선경어)

| 발문 |

조사(祖師)의 문(門) 안에 들어
불조(佛祖)의 근본 체득하는 길

- 妙峯 雲勒(묘봉 운륵) 쓰다

　神妙(신묘)한 힘을 얻어 보지 않고서 祖師(조사) 문 안으로 들 자가 없으며 오묘한 가피를 입지 않고 佛祖(불조)의 근본을 체득하는 일은 없다 하시었는데, 생각해 보니 語錄(어록)이나 심심할 제 뒤척이고 말 같지도 않은 雜言(잡언)들이 法門(법문)인 줄 알고 대들어 필요한 대로 기억해 두었다가 적시에 懸羊賣狗(현양매구: 양고기를 걸어놓고 개고기라 속여 팜) 하는 때이다 보니 사람도 보이지 않고 공부 길도 더더욱 멀어져만 간다.
　이때를 당하여 어찌할 것인가?

달마 대사 이래의 귀한 법문들은 아무리 가까이 해도 實證(실증)이 되지 않는다. 인간의 삶은 이렇게 어리석음과 깨우침을 반복한다. 읽고 또 읽지만 뜻 가늠하기 바쁘고 나름대로 해석 풀이하느라 바쁘니 결국 공양 한번 올려 보지도 못하고 허접스런 땜질 간식하느라 세월만 모두 허비하는 것이다. 부디 참된 공양 한번 제대로 올릴 수 있는 이가 될 일이다.

　자, 임제와 보화의 법문을 의지하고 窮究(궁구)할 것이다.
　잘 보라!

普化與臨濟在施主家齋
濟問 毛呑巨海 芥納須彌 爲復是神通妙用 爲復是法爾如然
師遂 踢倒飯牀
濟云 大麤生
師云 這裏是甚所在說麤說細
濟休去

　선사 普化(보화)가 臨濟(임제)스님과 더불어 施主(시주)의 집 잔치에 참석하였는데,
　임제 스님이 묻되, "터럭이 巨海(거해)를 삼키었고 겨자씨가 須彌(수미)산

을 품었다니 말하자면 이는 神通 妙用(신통 묘용)이라 불러야 하겠는가, 아니면 이는 法(법)이란 것이 이와 같은 것이라 불러야 하겠는가?"

선사 보화가 밥상을 둘러 엎어버리었다.

임제 스님이 말하되, "크게 거칠구나." 하였다.

보화선사가 "이 안에 무엇을 두고 거칠다느니 부드럽다느니 말하는가?"

임제스님이 이에 쉬었다.

明日又同一家赴齋

濟問 今日供養何似昨日

師又趯倒飯牀

濟云 大麤生

師云 瞎漢佛法說甚麤細

濟乃休去 [一本濟乃吐舌向天]

다음 날 같은 집 齋(재)에 참석하였는데

임제 스님이 말하기를, "오늘 공양은 어제 공양에 비하여 어떤가?"

라고 묻자, 선사가 다시 밥상을 뒤엎어 버리었다.

임제 스님이 이르되, "크게 거칠구나." 하니

선사가 말하기를, "눈 먼 놈이 불법을 두고 甚(심)히 거치니 부드러우니 말하는구나!"

하자, 임제가 이에 쉬었느니라. [일설에는 임제 스님이 하늘을 향해 혀를 내밀었다고 하였다.]

大覺璉頌(대각련 송)
或毛吞或芥納 只見飯牀頭倒卓
明朝一箇又如斯 麤細不論甚安著

혹은 터럭이 삼키었고 혹은 겨자씨가 품었다는데
보이는 것은 다만 밥상머리 뒤집혀진 탁자뿐이다.
다음 날 아침 下達(하달)된 公文(공문) 역시 어제와 같으니
거침과 부드러움 말할 것 없이 安著(안착)된 것이로다.

這風顚終不錯 至竟舌頭須
吐卻乾爆爆 作麼生奸老鶴

저 바람의 정수리가 종내 뒤섞이지 않더니
마침내 혀끝을 기다릴 수밖에 없이 되었다.
뱉어내자 매말라 불살라 버릴 것만 같으니

저 간교한 늙은 鶴(학)을 어찌하여야 할꼬?

나 같으면 이렇게 頌(송)하리라

다른 것은 다 치우고 한 마디 일러 보라!
마침내 "혀끝을 기다려야 한다"니
이 무엇을 이른 것인가? 나는
풍류 없는 곳에 풍류가 있다[不風流處 有風流] 하리라.

海印信頌(해인신 송)
要識眞金須入火 再三煆鍊見精麤
上行買賣不饒讓 好物從來價自殊

眞金(진금)을 알려면 모름지기 불 속에 넣어야 되리니
再三(재삼) 갈고 닦아 精密(정밀)한지 거친지를 보게 된다.
으뜸 買賣(매매)에는 너그러움도 양보함도 없나니
좋은 물건은 처음부터 스스로 값이 빼어나니라.

나 같으면 이렇게 頌(송)하리라

"스스로 빼어난 값"이라니 무엇을 말하는가?

값이 없거늘 "빼어나다"니 더욱 멀도다.

차라리 날도둑들[白賊]이 팔고 사기 바쁘다 하리라.

上方益頌(방상익 송)

蘭羞供養不尋常 兩度遭伊趲飯牀

摠似這般無禮漢 將何因果利存亡

좋은 잔칫상[佳肴] 공양 받기 심상치 않으니

두 번씩이나 저이 만나 밥상이 뒤집혔다.

모두 한결같이 저들처럼 무례하기로 말한다면

장차 무슨 인과로 存亡(존망)에 이익 될 수 있으랴?

나 같으면 이렇게 頌(송)하리라

普化(보화)선사의 趲牀(적상)이야 그렇다 치더라도

무엇이 臨濟(임제)의 그렇듯 無禮(무례)함인가?

조용히 한쪽 구석에 앉아 가효나 즐기지

잔치 벌린 시주와 천하인을 밟아 죽였도다.

金鑾善拈(금란선 염)

直饒 吐舌到梵天 猶是第二月

금란선이 拈(염)하기를, [일설에 대한 對句다]
곧장 혀를 내 뻗어 梵天(범천)까지 다다르더라도
지금은 여전히 二月(이월)이로다.

나 같으면 이렇게 頌(송)하리라

반 토막짜리다.

雪竇顯拈(설두현 염)

兩个老賊 與飯也不了 好與二十棒

棒雖行且 那个是正賊

雪竇重顯이 拈하기를,

두 사람이 다 늙은 도적이라 밥조차 먹지 못하였다.
스무 棒[방]으로 다스려야 마땅하리라.
방망이야 그렇다지만 누가 바른 도적이더냐?

托鉢(탁발) 가던 德山(덕산)의 쉬어 들어감 같으니

앞서 가는 이나 뒤쫓아 가는 이

앞서거니 뒤서거니 다투어 도망치니

천오백 선지식이 話頭(화두)조차 모른다!

香山良上堂擧此話云
忽然有人問五峯 毛呑巨海至 法爾如然五峯向伊道
亦是神通妙用 亦是本體如然 本體如然即且置 作麼生
是神通妙用乃拈拄杖下座 以拄杖趕散大衆咄云 漆桶參堂去

향산 량선사가 上堂(상당)하여 이 화두를 들어 이르기를,

"홀연 어떤 이가 五峰(오봉)에게 묻기를, '털끝에 巨海(거해)를 삼키고 겨자씨 속에 수미산이 들었다니 이것이 신통묘용인가 아니면 본체가 그와 같은 것인가?'라고 묻는다면 오봉은 그에게 대답하기를, "역시 신통 묘용이고, 역시 본체가 그와 같은 것이라." 말하리라.

본체가 그러함은 내버려두고 그렇다면 무엇이 신통 묘용이더란 말이냐? 하고는 주장자를 잡아 들고 下座(하좌)하여 주장자로 대중을 흩어 내쫓으며 꾸짖어 이르되, "칠통이여, 방에 가 참구(參究)나 하라." 하였다.

나 같으면 이렇게 頌(송)하리라

밥상 엎은 것도 옛 일이거늘
이제 와 拄杖(주장: 지팡이)으로 내쫓는구나.
깨묵은 옛 이야기 담아 두기는 쉬우나
당장 남에게 전하기조차 예사롭지 않네.

眞淨 文上堂 擧此話云
古人이 一等參禪에 悟得脫洒見處하야
明白得用便用하고 不在擬議之間이니
何也오 爲他無佛法知見爲礙라 而今에 莫有無佛法爲礙者麽오
良久喝云 設有 又打在無事甲裏로다.

眞淨 文(진정 문) 선사가 上堂(상당)하여 이 話頭(화두)를 들어 이르되,
"옛 어른이 참선함에 있어 으뜸이라, 昏迷(혼미: 脫酒하고)를 벗은 見處(견처)를 깨닫고서 명명백백하게 用處(용처)를 얻고 바로 쓰니 模擬(모의)하거나 議論(의논)하는 데 있지 않았다. 왜냐하면 저들에게 佛法(불법)이란 知見(지견)으로 障礙(장애)를 입지 않기 때문이니, 그렇다면 지금도 불법이라는 지견에 상애를 입지 않는 이가 있더란 말인가?"

良久(양구)하다 喝(게)하며 이르기를, 설사 있다 하더라도 無事甲(무사갑: 無字 화두 살피다 떨어지는 10가지 病弊 중의 하나이니 '일 없다'는 안일한 생각에 떨어짐을 말한다) 속에 떨어진 것이로다. 하였다.

나 같으면 이렇게 頌(송)하리라

無事(무사)의 늪은 한 없이 깊어 측량키 어려우니
천하의 駿馬(준마)와 怜悧(영리)한 여우들도 近接(근접)이 어렵다.
만약 臨濟(임제)와 普化(보화)를 저들에서 찾는다면
애초에 佛法(불법)은 趙州(조주)의 개만도 못한 것이리라.

蔣山勤拈
精金不百鍊이면 爭見光輝며 至寶를 不酬價면
爭辨眞假리오 不是臨際면 不能驗他普化요
不是普化인댄 不能抗他臨際이리니 所謂如水入水며
如金博金이로다. 雖然如是나 放過則彼此作家요
點撿則二俱失利이니 具擇法眼者는 試請辨看하라.

蔣山 勤(장산 근)선사가 拈(염)하기를,

純度(순도) 높이려거든 수백 번 鍊磨(연마)하지 않고야 어찌 빛나는 光澤(광택)을 얻어 볼 것이며, 至寶(지보: 값진 보물)에 報酬(보수)를 치르지 않고 어찌 진품과 모조를 따져 보랴? 臨濟(임제)가 아니었던들 저 普化(보화)를 실험할 수 없음이요, 普化(보화)가 아니었던들 저 임제를 對抗(대항)할 수 없으리니, 마치 물에 물을 탄 것 같고 금에 금을 입힌 것 같으리라. 이치 상 그렇더라도 지나쳐버리면 저 둘 모두가 作家(작가: 선지식)인듯 싶으나, 자세히 點檢(점검)하면 피차에 잃은 것과 이득 본 것이 각각 있다. 法眼(법안)을 갖춘 이가 있거든 한번 가리어 내 보라!

白雲昞拈

臨際는 覿面提撕하고 普化는 全機酬酢로다.

直得南山鼈鼻吞卻東海鯉魚하고 陝府鐵牛가 觸倒嘉州大像이로다.

爲甚如此오 相逢不下馬하니 各自趁前程이로다.

임제는 얼굴 마주보면서 提起(제기)한 것이고,

보화는 기틀 전부를 응수하여 대꾸하였다.

남산의 자라는 코로 東海(동해)의 잉어를 삼키었고

陝府(섬부)의 무쇠 소, 嘉州(가주)의 큰 코끼리를 넘어뜨렸다.

어찌하여 이렇게 되었는가?

서로 마주치고도 말에서 내리지 않으니
각자 앞 다투어 제 길을 간 것이니라.

나 같으면 이렇게 頌(송)하리라

나도 덧 붙여 한 마디 하리라.
밥맛 내려 한 마디 했다가 재만 뿌린 꼴이지만
오히려 시주의 은혜를 곱절로 갚았으니 장하고
잔치로 알고 갔다가 되레 내 집 음식 내 놓으니
먹을 것은 없되 모두 싱글벙글 웃으며 떠나간다.

부록

대승찬大乘讚

심왕명心王名

보지공 화상 대승찬(寶誌公和尙 大乘讚)

1)

大道常在目前(대도상재목전) 대도는 항상 앞에 있지만
雖在目前難覩(수재목전난도) 눈앞에 있다 해도 보긴 어려워
若欲悟道眞體(약욕오도진체) 도의 참된 본체 깨달으려면
莫除聲色言語(막제성색언어) 소리와 빛과 언어 없애지 말라.
言語卽是大道(언어즉시대도) 언어 곧 그대로 대도이거니

不假斷除煩惱(불가단제번뇌) 번뇌를 끊어 없앨 필요가 있나.
煩惱本來空寂(번뇌본래공적) 번뇌는 본래로 공적하지만
妄情遞相纏繞(망정체상전요) 망령된 생각들이 서로 얽히네.
一切如影如響(일체여영여향) 일체는 그림자와 메아리 같아
不知何惡何好(부지하오하호) 뭐가 좋고 나쁜 줄, 알지 못하네.
有心取相爲實(유심취상위실) 유심으로 상을 취해 실로 여기면
定知見性不了(정지견성불료) 견성하지 못함을 반드시 알라.
若欲作業求佛(약욕작업구불) 업을 지어 부처를 구하려 하나
業是生死大兆(업시생사대조) 업이 바로 생사의 큰 조짐일세.
生死業當隨身(생사업당수신) 생사업은 당연히 몸을 따르나
黑闇獄中未曉(흑암옥중미효) 흑암지옥 속에서도 깨닫지 못해
悟理本來無異(오리본래무이) 깨닫는 이치 본래, 다름없으니
覺後誰晚誰早(각후수만수조) 깨친 뒤엔 누가 늦고 누가 빠른가.
法界量同太虛(법계량동태허) 법계의 크기는 허공 같거늘
衆生智心自小(중생지심자소) 중생의 지혜는 스스로 작아
但能不起吾我(단능불기오아) 다만 능히 너·나 생각, 안 일으키면
涅槃法食常飽(열반법식상포) 열반의 법식(法食)에 항상 배불러.

2)

妄身臨鏡照影(망신임경조영) 허망한 몸 거울에 비추어보면
影與妄身不殊(영여망신불수) 영상과 허망한 몸 다르지 않네.
但欲去影留身(단욕거영유신) 영상 버리고 몸만을 남기려 하면
不知身本同虛(부지신본동허) 몸과 근본 모두 빈 것 알지 못하네.
身本與影不異(신본여영불이) 몸의 근본, 영상과 다르지 않아
不得一有一無(부득일유일무) 하나 있고 하나 없게 하지 못하네.
若欲存一捨一(약욕존일사일) 하나 있고 하나 없게 하려 한다면
永與眞理相疎(영여진리상소) 영원히 진리와는 서로 멀어져.
更若愛聖憎凡(갱약애성증범) 다시금 성인 좋고 범부 싫다면
生死海裏沈浮(생사해리침부) 생사의 바다 속에 빠져들리라.
煩惱因心有故(번뇌인심유고) 번뇌는 마음 있는 까닭이거니
無心煩惱何居(무심번뇌하거) 마음이 없다면 번뇌 어딨나.
不勞分別取相(불로분별취상) 분별하여 형상을 취하지 않으면
自然得道須臾(자연득도수유) 자연히 잠깐 사이에 도를 얻으리.
夢時夢中造作(몽시몽중조작) 꿈꿀 때 꿈속에선 조작 하지만
覺時覺境都無(각시각경도무) 깨어난 경지에선 도무지 없네.
翻思覺時與夢(번사각시여몽) 깨었을 때, 꿈꿀 때 생각해보니
顚倒二見不殊(전도이견불수) 뒤바뀐 두 소견이 다르지 않네.

보지공 화상 대승찬(寶誌公和尙 大乘讚)

改迷取覺求利(개미취각구리) 미혹 바꿔 각을 취해 이익 구하면
何異販賣商徒(하이판매상도) 장사하는 무리들과 뭐가 다르랴.
動靜兩亡常寂(동정양망상적) 동정이 모두 없어 늘 고요하면
自然契合眞如(자연계합진여) 자연히 진여에 계합하리라.
若言衆生異佛(약언중생이불) 중생과 부처가 다르다 하면
迢迢與佛常疎(초초여불상소) 부처와는 까마득히 멀어만지고
佛與衆生不二(불여중생불이) 부처와 중생이 둘이 아니면
自然究竟無餘(자연구경무여) 자연히 마지막엔 남음 없으리.

3)

法性本來常寂(법성본래상적) 법성은 본래부터 항상 고요해
蕩蕩無有邊畔(탕탕무유변반) 활짝 트이여 끝이 없건만
安心取捨之間(안심취사지간) 취하고 버리는 마음 내는 사이에
被他二境迴換(피타이경회환) 저 두 가지 경계에 휘말리도다.
歛容入定坐禪(감용입정좌선) 얼굴 빛을 가다듬어 선정에 들고
攝境安心覺觀(섭경안심각관) 경계에 마음 안 두고 관찰하지만
機關木人修道(기관목인수도) 기관목인 수행함과 다름없어서
何時得達彼岸(하시득달피안) 어느 때나 피안에 도달하려나.
諸法本空無著(제법본공무착) 모든 법 본래 공해 집착이 없고

境似浮雲會散(경사부운회산) 경계는 뜬 구름처럼 모여 흩어져
忽悟本性元空(홀오본성원공) 본성이 원래 공한 줄 문득 깨치면
恰似熱病得寒(흡사열병득한) 열병에 찬 기운을 얻음과 같네.
無智人前莫說(무지인전막설) 지혜 없는 사람에게 말하지 말라
打爾色身星散(타이색신성산) 몸뚱아리 별똥처럼 흩어버리리.

4)
報爾衆生直道(보이중생직도) 중생에게 바른 도 알려주노니
非有卽是非無(비유즉시비무) '있지 않음' 그대로 '없지도 않음'
非有非無不二(비유비무불이) '있지 않음' '없지 않음' 둘이 아니니
何須對有論虛(하수대유논허) 무엇하러 있음을 논해 없다 말하랴
有無妄心立號(유무망심입호) 유·무란 망심으로 세워진 이름
一破一箇不居(일파일개불거) 하나가 없어지면 다른 것 없어
兩名由爾情作(양명유이정작) 두 이름은 망정으로 생긴 것이니
無情卽本眞如(무정즉본진여) 망정없음 그대로 본래 진여일세.
若欲存情覓佛(약욕존정멱불) 망정으로 부처를 찾으려 하면
將綱山上羅魚(장강산상라어) 그물을 산에 쳐서 고기 잡는 격.
徒費功夫無益(도비공부무익) 헛되이 공들여도 이익 없거늘
幾許枉用工夫(기허왕용공부) 얼마나 부질없는 수고했던가.

不解卽心卽佛(불해즉심즉불) 마음이 곧 부처임을 알지 못하면
眞似騎驢覓驢(진사기려멱려) 나귀를 타고서 나귀 찾는 꼴.
一切不憎不愛(일체부증불애) 일체를 미워 않고 사랑 않으면
遮箇煩惱須除(차개번뇌수제) 그 번뇌 모두가 없어지리라.
除之則須除身(제지즉수제신) 번뇌가 없어지면 몸도 없어져
除身無佛無因(제신무불무인) 몸 없으면 부처 없고 원인 없으리.
無佛無因可得(무불무인가득) 부처도 원인도 얻지 못하면
自然無法無人(자연무법무인) 자연히 법도 없고 사람도 없네.

5)
大道不由行得(대도불유행득) 대도는 수행하여 얻음 아니니
說行權爲凡愚(설행권위범우) 수행의 말 범부 위한 방편이라네.
得理返觀於行(득리반관어행) 이치 얻고 수행한 바 살펴본다면
始知枉用工夫(시지왕용공부) 비로소 헛된 공부한 줄 알리라.
未悟圓通大理(미오원통대리) 원통한 큰 이치를 못 깨달았다면
要須言行相扶(요수언행상부) 말과 행동 서로가 같게 하여라.
不得執他知解(부득집타지해) 알음알이에 집착하지 않는다며는
廻光返本全無(회광반본전무) 회광반조하니 근본에는 아무것없네.
有誰解會此說(유수해회차설) 누가 있어 이같은 말 알아들으랴.

敎君向己推求(교군향기추구) 자기 향해 구하라 말해주노니
自見昔時罪過(자견석시죄과) 스스로 지난날의 허물 보아서
除却五欲瘡疣(제각오욕창우) 오욕의 부스럼을 없애야 하리.
解脫逍遙自在(해탈소요자재) 해탈하면 자재로이 노닐으면서
隨方賤賣風流(수방천매풍류) 곳곳에서 풍류를 싸게 파나니
誰是發心買者(수시발심매자) 누가 살 마음을 낸 사람인가
亦得似我無憂(역득사아무우) 그도 역시 나와 같이 근심 없으리.

6)

內見外見總惡(내견외견총오) 불법소견 외도소견 모두 나쁘고
佛道魔道俱錯(불도마도구착) 불도와 마도 역시 모두 틀렸네.
彼此二大波旬(피차이대파순) 이 같은 두 가지는 파순과 같아
便卽厭苦求樂(변즉염고구락) 괴로움을 싫어하고 즐거움 구해
生死悟本體空(생사오본체공) 생사 본체 공한 줄 깨닫고 나니
佛魔何處安著(불마하처안착) 부처와 마귀가 어디 붙으랴.
只由妄情分別(지유망정분별) 다만 망령된 분별 때문에
前身後身孤薄(전신후신고박) 앞몸과 뒷몸이 외롭고 박해
輪廻六道不停(윤회육도부정) 육도의 윤회를 쉬지 못하고
結業不能除却(결업불능제각) 윤회 업을 없애지 못하는구나.

所以流浪生死(소이유랑생사) 무슨 까닭에 생사에 헤매이는가
皆由橫生經略(개유횡생경략) 모두가 잔꾀를 부리기 때문.
身本虛無不實(신본허무부실) 몸은 본래 허무하여 진실 아니니
返本是誰斟酌(반본시수짐작) 근원으로 돌아가면 누가 따지랴.
有無我自能爲(유무아자능위) '있다' '없다' 내 스스로 만든 것이니
不勞妄心卜度(불로망심복탁) 망심으로 사량복탁 애쓰지마라.
衆生身同太虛(중생신동태허) 중생의 몸 허공과 같은 것이니
煩惱何處安著(번뇌하처안착) 번뇌가 어디에 붙을 것인가.
但無一切希求(단무일체희구) 아무 것도 바라거나 구함 없으면
煩惱自然消落(번뇌자연소락) 번뇌는 자연히 없어지리라.

7)
可笑衆生蠢蠢(가소중생준준) 가소롭다 고물대는 중생들이여
各執一般異見(각집일반이견) 제각기 다른 소견 집착하나니
但欲傍鐵欲餠(단욕방철욕병) 단지 쇠옆에서 떡을 구하고
不解返本觀麵(불해반본관면) 근본인 밀가루를 볼 줄 모르네.
麵是正邪之本(면시정사지본) 밀가루는 옳고 그름의 근본이어서
由人造作百變(유인조작백변) 사람 인해 백 가지로 달라지는 것.
所須任意縱橫(소수임의종횡) 마음대로 이것 저것 될수 있으니

不假偏耽愛戀(불가편탐애연) 치우쳐 애욕에 탐착치 말라.
無著卽是解脫(무착즉시해탈) 집착이 없으면 곧 해탈이요
有求又遭羅罥(유구우조라견) 구함이 있으면 그물에 걸려
慈心一切平等(자심일체평등) 자심으로 일체에 평등하다면
眞卽菩提自現(진즉보리자현) 참된 보리, 스스로 나타나리라.
若懷彼我二心(약회피아이심) 만약에, 너와 나란, 두 맘 있으면
對面不見佛面(대면불견불면) 부처를 대하고도 부처 못 보리.

8)
世間幾許癡人(세간기허치인) 세간에 어리석은 이, 얼마나 되나
將道復欲求道(장도복욕구도) 도 가지고 다시 도를 구하려 하고
廣尋諸義紛紜(광심제의분운) 모든 이론 분분하게 널리 찾으며
自求己身不了(자구기신불료) 자기 몸도 스스로 구제 못했네.
專尋他文亂說(전심타문난설) 오로지 남의 글과 난설(亂說) 찾으며
自稱至理妙好(자칭지리묘호) 지극한 이치 묘하다고 일컬으면서
徒勞一生虛過(도로일생허과) 수고로이 일생을 헛되이 보내
永劫沈淪生老(영겁침륜생로) 영겁토록 생사에 빠짐이로다.
濁愛纏心不捨(탁애전심불사) 애욕에 마음 묶여 끊지 못하면
淸淨智心自惱(청정지심자뇌) 청정한 마음 번뇌에 쌓여진다네.

眞如法界叢林(진여법계총림) 진여 법계의 울창한 숲이
返生荊棘荒草(반생형극황초) 도리어 가시밭과 잡초밭 되니
但執黃葉爲金(단집황엽위금) 누런 잎을 황금이라 집착하고서
不悟棄金求寶(불오기금구보) 금 버리고 보배를 구할 줄 몰라
所以失念狂走(소이실념광주) 그 까닭에 마음 잃고 미쳐 날뛰니
强力裝持相好(강력장지상호) 애써서 겉 모습만 꾸미려 하네.
口內誦經誦論(구내송경송론) 입으론 경 외우고 논을 외우나
心裏尋常枯고(심리미상고고) 마음 속은 언제나 마짝 말랐네.
一朝覺本心空(일조각본심공) 하루 아침에 마음 공함 깨닫고나면
具足眞如不少(구족진여불소) 구족한 진여는 모자람 없어
聲聞心心斷惑(성문심심단혹) 성문은 생각생각 미혹 끊으나
能斷之心是賊(능단지심시적) 끊는다는 그 마음이 도적인 것을.
賊賊遞相除遣(적적체상제견) 도적으로 도적을 없애려하니
何時了本語默(하시료본어묵) 어느 때 깨달아서 말[語]이 쉬려나.
口內誦經千卷(구내송경천권) 입으로는 천 권의 경 읽고 있으나
體上問經不識(체상문경불식) 제일의제 물어보면 알지 못하니
不解佛法圓通(불해불법원통) 불법의 원통함을 알지 못하고
徒勞尋行數墨(도로심행수묵) 수고로이 글 자취 찾아다니네.
頭陀阿練苦行(두타아련고행) 고요한 곳에서 두타행 하며

希望後身功德(희망후신공덕) 뒷몸의 공덕을 희망한다면

希望卽是隔聖(희망즉시격성) 희망함이 곧 성인과 멀어짐이네.

大道何由可得(대도하유가득) 대도를 어찌해야 얻을 수 있나

譬如夢裏度河(비여몽리도하) 비유하면 꿈 속에서 강 건넘이라

船師度過河北(선사도과하북) 사공이 강 건너로 건네 줬으나

忽覺床上安眠(홀각상상안면) 평상에서 잠자다 문득 깨어보니

失却度船軌則(실각도선궤칙) 나룻배도 건너감도 모두 없구나.

船師及彼度人(선사급피도인) 사공과 저곳으로 건넌 사람이

兩箇本不相識(양개본불상식) 그 둘이 본래로 서로가 몰라

衆生迷倒羈絆(중생미도기반) 중생은 미혹함에 얽매임 되어

往來三界疲極(왕래삼계피극) 삼계에 오고 가기 매우 피로해.

覺悟生死如夢(각오생사여몽) 생사가 꿈과 같음 깨달았다면

一切求心自息(일체구심자식) 구하려는 모든 마음 스스로 쉬리.

9)

悟解卽是菩提(오해즉시보리) 깨달아 아는 것 이것이 보리.

了本無有階梯(료본무유계제) 마음을 깨달으면 층계가 없네.

堪歎凡夫傴僂(감탄범부구루) 아! 곱새 같은 범부들이여

八十不能跋蹄(팔십불능발제) 팔십이 되어도 발목 못 빼고

徒勞一生虛過(도로일생허과) 수고로이 일생을 헛 보내면서
不覺日月遷移(불각일월천이) 세월 흐름 깨닫지 못하는구나.
向上看他師口(향상간타사구) 위를 향해 스승의 입 바라보는 게
恰似失孃孩兒(흡사실내해아) 마치 어미 잃은 아이와 같아
道俗崢嶸集聚(도속정협집취) 도인과 속인이 빽빽히 모여
終日聽他死語(종일청타사어) 종일토록 죽은 말만 듣고 있구나.
不觀己身無常(불관기신무상) 자기의 몸 무상한 줄 관하지 않고
心行貪如狼虎(심행탐여랑호) 마음으론 虎狼같이 탐욕 부리네.
堪嗟二乘狹劣(감차이승협열) 애달프다 이승은, 근기 하열해
要須摧伏六府(요수최복육부) 육근만을 항복 받으려 하니
不食酒肉五辛(불식주육오신) 술과 고기 오신채, 먹지 않으며
邪眼看他飮咀(사안간타음저) 다른 사람 먹는 것에 눈 찡그리네.
更有邪行猖狂(갱유사행창광) 삿되고 미친 기운으로 수행하는 이
修氣不食鹽醋(수기불식염초) 수행한다 소금 식초, 먹지 않으나
若悟上乘至眞(약오상승지진) 상승의 지극한 뜻 깨달았다면
不假分別男女(불가분별남녀) 남자와 여자라는 분별 없으리.

부대사 심왕명(傅大士 心王名)

觀心空王(관심공왕) 마음인 공왕(空王)을 관찰해보니
玄妙難測(현묘난측) 그윽하고 묘하여 측량 어려워
無形無相(무형무상) 형체도 없고 모양 없으나
有大神力(유대신력) 크나 큰 신통력을 가졌음이네.
能滅千災(능멸천재) 능히 천 가지 재앙 소멸시키고
成就萬德(성취만덕) 만 가지 복덕을 성취시키니

體性雖空(체성수공) 체성은 비록 공하다지만
能施法則(능시법칙) 능히 온갖 법칙 이루어내네.
觀之無形(관지무형) 관찰해 보며는 형상 없지만
呼之有聲(호지유성) "아무개야" 부르면 대답은 있어
爲大法將(위대법장) 크나 큰 법의, 장수 되어서
心戒傳經(심계전경) 마음의 계로써 경을 전하네.
水中鹽味(수중염미) 물 속에 짠맛과
色裏膠淸(색리교청) 색 속의 아교
決定是有(결정시유) 결정코 있으나
不見其形(불견기형) 형체 안 보여
心王亦爾(심왕역이) 심왕 역시 이러해
身內居停(신내거정) 몸 안에 있네.
面門出入(면문출입) 눈과 입으로 드나들면서
應物隨情(응물수정) 사물에 응하고 정에 따르며
自在無礙(자재무애) 스스로 존재하고 걸림이 없어
所作皆成(소작개성) 짓는 바 모두가 이루어지네.
了本識心(료본식심) 본래의 마음을 요달하며는
識心見佛(식심견불) 마음으로 부처를 보게 됨이니,
是心是佛(시심시불) 이 마음이 바로 부처님이요

是佛是心(시불시심) 부처님 바로, 이 마음일세.

念念佛心(념념불심) 생각 생각이, 부처님 마음

佛心念佛(불심념불) 부처님 마음으로 부처 생각해.

欲得早成(욕득조성) 빨리 성취하길 바란다며는

戒心自律(계심자율) 계심(戒心)으로 스스로 단속할지니

淨律淨心(정률정심) 계와 마음 모두가 깨끗하다면

心卽是佛(심즉시불) 그 마음이 그대로 부처님일세.

除此心王(제차심왕) 이러한 심왕을 제하고서는

更無別佛(갱무별불) 다시금 별다른 부처 없나니

欲求成佛(욕구성불) 성불함 구하길 원한다며는

莫染一物(막염일물) 한 마음[一物] 번뇌에 물들게 말라.

心性雖空(심성수공) 마음의 성품이 비록 공하나

貪瞋體實(탐진체실) 탐냄·성냄의 체성은 영 없진 않아,

入此法門(입차법문) 이러한 법문에 바로 들어와

端坐成佛(단좌성불) 단정히 앉으면 부처 이루어,

到彼岸已(도피안이) 저 언덕에 도착해

得波羅蜜(득바라밀) 바라밀 얻네.

慕道眞士(모도진사) 도를 흠모하는 참된 보살은

自觀自心(자관자심) 자기 마음 스스로 관찰하여라.

부대사 심왕명(傅大士 心王名)

知佛在內(지불재내) 부처는 이 안에 있는 것이니
不向外尋(불향외심) 밖을 향해 찾아도 찾지 못하네.
卽心卽佛(즉심즉불) 마음이 그대로 부처님이요
卽佛卽心(즉불즉심) 부처님이 곧 바로 이 마음이니
心明識佛(심명식불) 마음 밝아져서 부처를 알면
曉了識心(효료식심) 이 마음을 환하게 깨닫게 되네.
離心非佛(이심비불) 마음을 떠나서는 부처 아니요
離佛非心(이불비심) 부처를 떠나서는 마음 아니니
非佛莫測(비불막측) 부처가 아니면 측량 못하고
無所堪任(무소감임) 바른 법을 감내할 능력이 없네.
執空滯寂(집공체적) '공'에 집착하고 '고요'에 체해
於此漂沈(어차표침) 여기에서 표류하고 가라앉지만
諸佛菩薩(제불보살) 모든 부처님과 보살님들은
非此安心(비차안심) 공(空)·적(寂)에 마음을 머물지 않네.
明心大士(명심대사) 마음을 밝힌, 큰 보살들은
悟此玄音(오차현음) 이러한 현묘한 뜻 깨달았으니
身心性妙(신심성묘) 몸과 마음의, 성품 오묘해
用無更改(용무갱개) 마음껏 사용해도 변함이 없네.
是故智者(시고지자) 이러한 까닭에 지혜로운 이

放心自在(방심자재) 마음을 놓아도 자재롭도다.
莫言心王(막언심왕) 마음의 체성이 비고 없다는
空無體性(공무체성) 이러한 말을 하지 말지니,
能使色身(능사색신) 능히 색신을 사용하여서
作邪作正(작사작정) 삿됨을 짓거나 바름을 짓네.
非有非無(비유비무) '있음'도 아니고 '없음' 아니니
隱顯不定(은현부정) '숨음'과 '나타남' 일정치 않아
心性離空(심성이공) 마음의 성품이 '공'을 떠나면
能凡能聖(능범능성) 능히 범부 되고 성인도 되네.
是故相勸(시고상권) 이러한 까닭에 서로 권하니
好自防愼(호자방신) 스스로 잘 지켜서 신중하여라.
刹邦造作(찰방조작) 찰라에 지은 업으로 인해
還復漂沈(환복표침) 도리어 다시금 흘러 다니니
淸淨心智(청정심지) 청정한 마음의 밝은 지혜는
如世黃金(여세황금) 세상의 황금과 같음이로다.
般若法藏(반야법장) 반야의 법창고는 어디에 있나
並在身心(병재신심) 몸과 마음에 함께 존재해
無爲法寶(무위법보) 무위법의 참된 보배는
非淺非沈(비천비심) '얕음'도 '깊음'도 아님이로다.

부대사 심왕명(傅大士 心王名)

諸佛菩薩(제불보살) 모든 부처님과 보살님들은

了此本心(료차본심) 이러한 본마음을 요달했나니,

有緣遇者(유연우자) 인연 있어 대승법 만나는 이는

非去來今(비거래금) 과거 현재 미래의 차별 없도다.